本研究得到如下课题的资助和支持：
国家自然科学基金重点课题(No.71333010)
上海市科委重点课题(No.066921082)
上海市科委重点课题(No.086921037)
上海市政府咨询课题(No.2016-A-77)
上海交通大学行业研究院医药行业研究基金
上海交通大学安泰经济与管理学院出版基金

美国医药产业研发创新动力机制研究

范纯增 著

上海财经大学出版社

图书在版编目(CIP)数据

美国医药产业研发创新动力机制研究/范纯增著.—上海:上海财经大学出版社,2021.12
ISBN 978-7-5642-3700-4/F·3700

Ⅰ.①美… Ⅱ.①范… Ⅲ.①制药工业—产业发展—研究—美国 Ⅳ.①F471.267

中国版本图书馆 CIP 数据核字(2021)第 014202 号

□ 策划编辑　刘光本
□ 责任编辑　邱　仿
□ 封面设计　贺加贝

美国医药产业研发创新动力机制研究

范纯增　著

上海财经大学出版社出版发行
(上海市中山北一路369号　邮编200083)
网　　址:http://www.sufep.com
电子邮箱:webmaster@sufep.com
全国新华书店经销
江苏凤凰数码印务有限公司印刷装订
2021年12月第1版　2021年12月第1次印刷

710mm×1000mm　1/16　12.25印张(插页:2)　220千字
定价:69.00元

内 容 简 介

20世纪70年代以来,随着人口老龄化的加重,人均收入、人均支付能力的提高,平均预期寿命的延长,人们对医治疾病的新药、特药的渴求,巨量公共研发投资、重磅新药带来的超级收益,以及美国政府对生物医药的高度重视与相对完备的制度与政策环境等现实因素,有力地推动了美国医药研发创新的持续加强,也创造了美国医药行业在世界范围内发达、领先的超强地位。探讨美国生物医药研发创新的动力机制与规律,对中国及全球医药行业研发创新必将具有重要的借鉴与启发意义。本研究从分析美国医药产业发展特点入手,在归纳医药产业研发创新的核心理论、总结医药研发创新进展的基础上,利用上市公司数据库及调查数据,从微观的企业维度及宏观的时空维度构建不同的回归模型,阐释了美国医药产业研发创新的动力机制,通过对未来中国医药产业研发创新的"风口"分析,进一步提出了促进中国医药研发创新的对策建议。

目 录

第一章 绪论 / 1

第一节 研究意义、内容结构及创新 / 1

一、问题的提出与研究的意义 / 1

二、研究内容结构 / 4

三、数据方法及创新之处 / 5

第二节 医药产业及其研发创新特点 / 6

一、医药是带动作用强大的研发密集型朝阳产业 / 6

二、医药研发创新发展水平对国民福利影响巨大 / 8

三、需求与支付能力的提高拉动新药研发创新 / 9

四、研发创新不断增强是医药行业发展的基本趋势 / 12

五、医药研发创新的产业化发展呈现非均衡 / 13

六、新药研发周期长且风险高 / 18

七、美国生物医药全球优势地位突出 / 22

第二章 相关研究综述 / 26

第一节 关于内生研发创新动力研究 / 26

一、学研机构是内生性基础研发创新动力源 / 26

二、政府是内生性基础研究的关键策动源 / 27

三、医药企业是研发创新的核心动力源 / 28

第二节 研发动力的外生支持机制 / 28

一、基于研发政策的外生研发动力支持机制 / 29

二、研发网络的支持与驱动 / 32

三、需求拉动机制 / 33
　　四、系统综合集成机制 / 34
　　五、总结 / 36

第三章　研发投入产出分析 / 37

第一节　研发投入分析 / 37
　　一、研发成本的投入不断上升 / 37
　　二、政府的研发投入不断加大 / 39
　　三、大学研发资金不断增多 / 43
　　四、企业研发投入日趋增加 / 47
　　五、研发投入不均衡 / 53
　　六、研发投入高度集中且风险投资不断增加 / 55

第二节　医药研发创新的产出分析 / 58
　　一、专利分析 / 58
　　二、新药研发分析 / 68
　　三、论文产出分析 / 73

第四章　研发创新的地区布局分析 / 87

第一节　美国医药研发的国内布局 / 87
　　一、研发及其州际分布 / 87
　　二、医药研发创新在不同大都市区分布 / 93
　　三、研发创新集群及其空间分布 / 97

第二节　美国医药研发的全球布局 / 103
　　一、企业研发创新投入的全球布局 / 103
　　二、全球布局网络 / 104
　　三、头部企业注重全球研发网络构建 / 107

第五章　医药研发创新的基本动力机制 / 111

第一节　医药研发创新的基本动力系统 / 111
　　一、医药研发创新生态系统动力结构 / 111

二、美国医药研发创新生态系统动力结构 / 112

第二节 基本动力机制分析 / 115

一、严格的专利制度和自由定价激励机制 / 115

二、并购成长机制 / 121

三、国际一流大学的驱动机制 / 124

四、强大的风险支持机制 / 130

五、不断完善的政策体系支持 / 133

六、需求驱动机制 / 140

七、通过促进竞争与降低成本推动医药研发创新 / 141

第六章 研发创新动力实证分析 / 144

第一节 研发创新类型及其动力分析 / 144

一、新药研发的动力分析 / 144

二、美国专利研发的动力因素分析 / 148

第二节 医药研发创新主体及其动力分析 / 149

一、空间视角的医药研发创新动力分析 / 149

二、企业微观动力分析 / 153

第七章 结论与启示 / 159

一、结论 / 159

二、启示 / 161

参考文献 / 164

后记 / 186

第一章　绪　　论

第一节　研究意义、内容结构及创新

一、问题的提出与研究的意义

关于医药产业的定义尚未达成一致。本书使用的医药产业（相当于生物医药产业）是指基于相关生命科学理论及相关先进技术研发，结合现代生物医学工程，对人类疾病进行预防、治疗和康复所涉及的化学与生物制药、中药、医疗器械、医疗辅助材料、诊疗技术、方法与医疗服务等细分部门的综合产业体系。

世界医药产业发展迅速，其带动能力强大。如 2003 年世界医药产业总产值（aggregate value）1.99 万亿美元，2019 年增长为 5.79 万亿美元，到 2020 年 9 月达到 6.65 万亿美元，预计到 2021 年将超过 7 万亿元美元（见表 1-1）。这充分反映了药品市场的全球化快速发展及药品消费的爆发性扩张。[1]

根据 statista 的统计，全球医药研发投入在 2012 年为 1 360 亿美元，到 2019 年达到了 1 860 亿美元，预期到 2021 年达到 1 950 亿美元，2026 年将达到 2 330 亿美元（见表 1-2）。如此规模巨大的研发投入和逐步增长，显示了医药行业的研发密集性及持续扩张的研发需求。

---

[1] Torreya.Biopharmaceutical Sector Update：Market Outlook for 2021[EB/OL]（2021-01-11）.https://torreya.com/publications/biopharma-market-update-torreya-2021-01-11.pdf.

表 1-1　　　　　　　2003—2020 年医药行业增长情况　　　　　单位：万亿美元

年份	2003	2013	2014	2015	2016	2018	2019	2020年9月	2021*
总产值	1.99	3.76	4.31	5.16	5.02	5.28	5.79	6.65	7.01

注：*表示估计值。

资料来源：Torreya. Biopharmaceutical Sector Update：Market Outlook for 2021. https://torreya.com/publications/biopharma-market-update-torreya-2021-01-11.pdf.

表 1-2　　　　　　　　全球医药研发投入情况　　　　　　单位：10 亿美元；%

年份	2010	2011	2012	2013	2014	2015	2016	2017	2018
金额	129	137	136	139	145	149	159	168	181
增长率	—	6.2	−0.4	1.8	4.4	3.7	6.7	5.1	6.5
年份	2019	2020	2021	2022	2023	2024	2025	2026	
金额	186	188	195	202	211	221	227	233	
增长率	1.6	4.0	3.5	3.2	2.8	2.7	2.7	2.6	

资料来源：① Statista. Total global spending on pharmaceutical research and development from 2012 to 2026［EB/OL］. （2020 - 06 - 01）. https：//www. statista. com/statistics/309466/global-r-and-d-expenditure-for-pharmaceuticals/.

② valuatePharma. World Preview 2019，Outlook to 2024［EB/OL］.（2019 - 6 - 30）. https：//info. evaluate.com/rs/607-YGS-364/images/EvaluatePharma_World_Preview_2019.pdf.

作为全球性研发密集型高技术产业，医药产业在世界主要发达国家和部分发展中国家深受重视。近年来，美国医药企业的研发投入不断扩大，并将生物医药作为四大优先发展的重要产业之一。中国颁布一系列医药新政，带量采购、医保目录、基药目录调整、仿药一致性评价、新药审批制度改革、推行 MAH 等对中国医药研发创新形成了很大支持。Torreya 预测，2030 年全球医药行业的规模将比 2017 年增加 60%，美国将增加 34%，中国将增加 130%，英国、德国、日本、意大利、法国、西班牙、加拿大等将增长 10%—30%。韩国、印度、印度尼西亚、巴西、澳大利亚等将增长 40%。2060 年全球医药行业产业规模将比 2017 年增长 217%，美国、日本、德国、俄罗斯、法国、英国、加拿大、澳大利亚和韩国分别增长 143%、77%、59%、116%、96%、145%、328%、186% 和 188%，中国、墨西哥、巴西、沙特阿拉伯、印度、阿根廷、印度尼西亚分别增长 354%、245%、205%、248%、654%、204% 和 434%（见表 1-3）。

日趋增长的产业规模也带来了支付规模的扩张，两者都是支持医药研发创新的坚实基础。从全球支付能力看，2017 年为 10 425.45 亿美元，2030 年将增长到 16 719.32 亿美元，2060 年将增长到 33 074.07 亿美元。其中，美国分别为

3 851.91亿美元、5 176.78亿美元和9 377.02亿美元,中国分别为1 227.28亿美元、2 817.01亿美元和5 572.60亿美元(见表1-3)。

表1-3　　　　　　　　　　未来医药行业增长预测

国家	未来产业规模		医药费用支出(亿美元,当前价)		
	2030年比2017年增长(%)	2060年比2017年增长(%)	2017年	2030年	2060年
全球	60	217	10 425.45	16 719.32	33 074.07
美国	34	143	3 851.91	5 176.78	9 377.02
中国	130	354	1 227.28	2 817.01	5 572.60
日本	17	77	1 030.06	1 202.85	1 825.36
德国	18	59	640.07	757.10	1 020.45
俄罗斯	47	116	466.93	685.70	1 010.23
法国	29	96	455.24	588.90	893.67
意大利	18	85	369.09	436.57	682.39
墨西哥	54	245	362.63	560.06	1 251.07
英国	28	145	332.35	424.48	815.43
加拿大	31	328	291.13	381.44	1 245.51
韩国	41	188	283.50	400.84	815.43
西班牙	29	96	271.23	350.87	532.46
巴西	69	205	259.15	436.93	791.44
澳大利亚	49	186	155.75	231.64	444.97
波兰	40	88	140.82	196.60	264.99
沙特阿拉伯	71	248	133.45	227.82	464.08
印度	132	654	128.63	298.87	969.34
阿根廷	58	204	115.99	183.70	352.89
印度尼西亚	96	434	108.58	212.49	579.36

资料来源:Torreya forcast based on OECD GDP projections and historical relationship between country GDP growth and pharmaceutical consumption[EB/OL].(2020－9－1). https://torreya.com/publications/pharma1000-report-torreya-sept2020.pdf.

全球医药企业中的头部公司规模不断增大。2011年全球排名前35的头部医药企业总产值达到1.6万亿美元,2015年达到3.0万亿美元,2020年达到3.6万亿美元,2015年和2020年的总产值分别比2011年增长了87.5%和125%。

其中，强生、辉瑞、默克、安进、百时美-施贵宝、礼来、吉利德、渤健在2011年的产值分别为1 750亿美元、1 440亿美元、1 000亿美元、500亿美元、490亿美元、400亿美元、300亿美元和220亿美元，到2020年分别为3 920亿美元、2 050亿美元、2 130亿美元、1 450亿美元、1 340亿美元、1 360亿美元、830亿美元、440亿美元，分别增加了124%、42%、113%、190%、173%、240%、177%和100%。2015年艾伯维和再生元市值分别为980亿美元和430亿美元，到2020年分别为1 600亿美元和610亿美元，分别增长了63%和42%。[①] 如此庞大的规模支持了强大的研发能力，一定程度上增加了抵御研发创新风险的能力。

美国是世界上医药研发创新最为发达的国家，生物医药科技资源和生物医药资产都很丰富，已构建起强大的研发创新网络和创新生态系统，具有非常完善的且能自我更新、富有活力的动力体系。研究美国医药研发创新动力体系，促进中美在生物医药领域合作创新、开放创新、协同创新，对中国生物医药研发创新的快速崛起意义重大。

二、研究内容结构

本书共分七章。第一章是绪论，主要包括问题的提出与研究的意义、研究内容结构和创新之处。

第二章为研究综述，主要阐述国内外相关研究现状和发展趋势。

第三章是研发投入产出的基本特征，包括政府研发投资趋势分析、企业研发投资趋势分析、专利比较分析和研发组织分析。

第四章是地区布局分析，主要从各州新药研发分布、不同大都市区研发分布、不同集群研发分布和企业研发的全球布局进行分析。

第五章是基本动力机制分析，主要构建综合作用机制图，揭示美国医药研发创新的基本机制与内在机理。

第六章是定量分析，主要从综合时间序列、地区和微观企业角度进行回归分析，寻找美国医药研发创新的动力。当然由于数据限制，从这些定量研究中要甄别的变量和机制十分有限，仅是一部分重要变量。

第七章是结论，在概述主要结论的基础上，提出若干启示与对策（见图1-1）。

---

① Torreya. pharma1000-intro-presentation-sep2020[EB/OL].(2020-9-1). https://torreya.com/publications/pharma1000-report-torreya-sept2020.pdf.

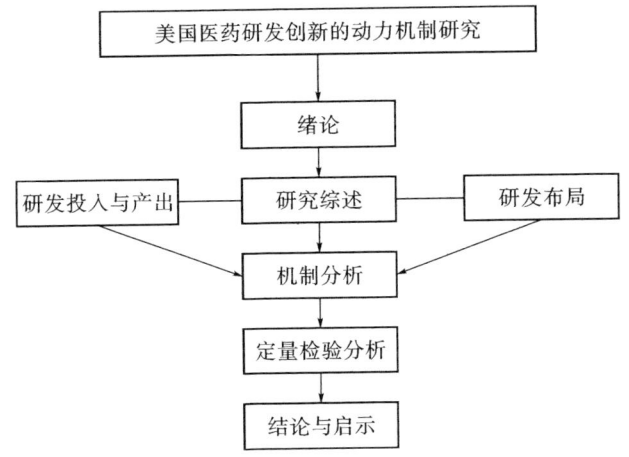

图 1-1 基本内容结构图

三、数据方法及创新之处

1. 本研究需要大量数据和资料的支持

这些数据主要来自 Wind 数据库、国泰君安数据库、同花顺数据库、沃顿（WARDS，Wharton Research Data Services）数据库、世界知识产权组织数据库、中国国家知识产权局、生物技术创新组织（BIO，Biotechnology Innovation Organization）、医药魔方、美国国立卫生研究院（NIH，National Institutes of Health）、美国自然科学基金（NSF，National Science Foundation）、经济合作与发展组织（OECD，Organization for Economic Co-operation and Development）数据库、美国国家标准与技术研究院（NIST，National Institute of Standards and Technology）、中国科技统计年鉴、托里埃（Torreya）、美国食品药品监督管理局（FDA，Food and Drug Administration）、欧洲药品管理局（EMA，European Medicines Agency）、欧盟网站数据库、中国国家药品监督管理局发布数据、中国国家医疗保障局、中国国家卫生健康委员会、中国统计年鉴发布的相关数据及调研数据等。

2. 本研究力求利用多种方法进行分析

这些方法主要包括：

（1）文献法。利用各种相关文献对本研究进行理论分析。

（2）比较分析法。医药行业的相关研发创新主体在不同时空尺度呈现出的发展模式、政策环境、创新生态、规模速度、成本收益、竞争策略、研究管线布局、结构功能等不同维度,对其进行对比,揭示相关规律,服务于本研究。

(3) 计量分析法。利用上述相关数据构造不同的模型,定量分析隐藏在数据深处的研发创新影响因素、机制与规律。

(4) 案例分析法。针对某些典型的医药产业集群、典型的跨国公司、典型的药物研发机构等进行立体分析,解释医药研发创新的基本机制与规律。

3. 本研究力求创新

具体而言,本研究基于系统、综合的角度探讨美国医药行业研发创新的动力,具有较强的创新性。其创新点主要体现在如下三个方面:

一是多维度地分析了美国医药研发创新的综合机制。

二是构建了模型,从总体的时间序列角度、地区角度和企业微观角度分析了美国医药研发创新的动力。

三是从研发创新生态系统的角度分析了创新结构、创新功能及其动力生发机制。

第二节 医药产业及其研发创新特点

一、医药是带动作用强大的研发密集型朝阳产业

医药产业是在基础研发、应用基础研发和应用技术研发密集支持下的全产业链驱动发展的全球性产业。其市场范围大,受经济周期影响小,产业的前向、后向及平行联系强,对相关产业的带动作用大。从发展前景看,随着经济的发展及居民支付能力的提高,居民对医药需求不断增加,因此,作为为生命保驾、为生命续时的医药产业是人类永恒的朝阳产业,其规模和带动能力会持续加强。2016 年美国生物科学企业直接雇用了 174 万员工。2001 年以来,美国生物科学产业创造了 27.3 万高工资岗位。2016 年,美国生物科学产业平均工资高达 98 961 美元,是美国企业员工平均工资 45 000 美元的 2 倍多。生物科学产业对经济的总体影响达到 2 万亿美元,而且还在迅速增长,成为经济增长和工作岗位创造的主导动力源。[①]

[①] The TEConomy/BIO. National Bioscience Industry Report Shows $2T Economic Impact, Accelerated Venture Capital Investment & Job Growth[EB/OL].(2018-6-5). https://www.bio.org/press-release/national-bioscience-industry-report-shows-2t-economic-impact-accelerated-venture.

2016年美国生物科学产业经济引致的就业达797.54万人,带来的劳动收入达到5 581.53亿美元,增加值1.05万亿美元,地方税收和联邦税收分别为810.76亿美元和1 410.68亿美元。2018年美国生物科学产业直接与间接带来的工资收入提高到6 994.86亿美元,增加值提高到1.32万亿美元,地方税收和联邦税收分别提高到966.03亿美元的1 495.78亿美元,就业、劳动收入、增加值和产值的影响因子分别高达5.00、3.07、2.45和2.27(见表1-4)。

表1-4　2016—2018年美国生物科学产业(Bioscience industry)的经济影响情况

单位：人；百万美元

年份	影响类型	就业人数	劳动收入	增加值	产值	州/地方政府税收	联邦税收
2016	直接影响	1 743 639	181 526	422 520	884 545	27 418	52 083
	间接影响	2 763 391	201 634	314 176	574 249	24 245	46 063
	引致影响	3 468 360	174 993	309 087	549 423	29 413	42 921
	总影响	7 975 390	558 153	1 045 783	2 008 218	81 076	141 068
2018	直接影响	1 869 955	228 022	537 976	1 147 179	32 455	52 387
	间接影响	3 496 978	253 877	397 365	781 598	27 817	50 935
	引致影响	3 984 387	217 588	381 999	678 212	36 331	46 255
	总影响	9 351 320	699 486	1 317 340	2 606 989	96 603	149 578
	影响因子	5.00	3.07	2.45	2.27	—	—

资料来源：① TEConomy_BIO_2018_Report-Investment, Innovation and Job Creation in a Growing U.S. Bioscience Industry.
② TEConomy/BIO. The Bioscience Economy: Propelling Life-Saving Treatments, Supporting State & Local Communities 2020[EB/OL].(2020-6-30). https://www.bio.org/sites/default/files/2020-06/BIO2020-report.pdf.

生物科学产业是典型的技术、知识驱动型的产业部门。生物医药产业作为核心的生命科学产业,带动了美国经济的增长。2016—2018年美国生物科学产业就业增加7.2%,超过全部就业增长率3.3%的2倍,仅次于计算机和软件业8.8%的增长率,远高于航空航天产业3.5%的增长率和计算机硬件行业-4.6%的增长率。医药企业增加18%,是全部企业增加率3.3%的6倍。工资增长了8.7%,明显超过美国平均工资增长率(6.9%)。[1]

---

[1] TEConomy/BIO. The bioscience economy: propelling life-saving treatments, supporting state & local communities[EB/OL].(2020-10-2). https://www.bio.org/sites/default/files/2020-06/BIO2020-report.pdf.

2018年美国生物医药行业（Biopharmaceutical industry）直接贡献了81.11万个就业岗位，间接贡献了322.78万个就业岗位，两者合计创造了404.0万个就业岗位，加上其他诱致引发的就业岗位，总计达到940万人。生物医药对美国经济的贡献达到1.1万亿美元，生物科学产业总经济影响达2.6万亿美元，联邦税收666亿美元，全部州及地方税收为970亿美元，总计贡献了1500多亿美元税收，全部工资福利为6990亿美元。每个生物医药从业者创造的产值为691 523美元，是全美平均173 808美元的3.98倍。从事生物医药行业的平均工资达到126 587美元，是全美平均工资水平60 705美元的2.1倍，创造了一大批高收入岗位和群体（PhRMA，2020）。[①]

二、医药研发创新发展水平对国民福利影响巨大

医药产业发展水平决定着各类治疗药物的研发生产能力，决定着提高患者生活质量、延长患者寿命的能力，是标志国家福利水平、文明水平和发展水平的重要指标。同时，发达的医药产业会不断研制出新药，治愈重大疑难病患。如癌症是人类面临的重大生命安全疾病，当前许多新药不断出现，不但提高了患者5年存活率，还可以使某些癌症转变为慢性病，甚至完全治愈。再如，美国心脏病人死亡率从1983年的389人/10万人降到2019年的165人/10万人；癌症死亡率从1991年的215人/10万人下降到2019年的152人/10万人，下降了29%。自从1981年发现首例艾滋病人，1996年发明了HAAT疗法，到2017年艾滋病死亡率下降了90%。

一些新药，如降胆固醇的他汀类药物（Statins）研制成功，减少了60%的心脏病风险，减少了30%的死亡率，减少了17%—30%的心肌梗死；钙拮抗药（calcium antagonist）研制成功，减少了39%的心梗死亡，减少了28%的心血管疾病；ACEI（angiotensin converting enzyme inhibitors或ACE inhibitors）通过抑制血管紧张素Ⅱ的生物合成而控制高血压，减少了30%的心梗，减少了29%的冠状血管疾病；β受体阻断药（Beta blockers）可以降低23%的长期死亡风险。综合使用上述4种药物，可以减少患者72%—80%的死亡率。[②]

---

① PhRMA. Biopharmaceutical sector's contribution to the u.s. economy[EB/OL].(2020-10-2). https://www.phrma.org/-/media/Project/PhRMA/PhRMA-Org/PhRMA-Org/PDF/PhRMA_GB_StateFactSheet/PhRMA_GB_NationalFactsheet_2019.pdf,2020.

② Adnan Badran. Role of Science, Technology & Innovations in Pharmaceutical Industry[EB/OL]. (2015-09-10). https://www.uop.edu.jo/download/Research/members/394_3558_Prof.pdf.

总之,新药给病人带来的良好治疗和健康护理,使病人寿命延长,身体健康。PhRMA 对 52 个国家和地区的统计资料表明,1986—2000 年新药使得患重大疾病者的 2 年存活率达到 40%。在过去的 25 年里,新药的研制使很多无可医治的疾病变得可以控制,变成了慢性病。[1] 心脏病、精神分裂症、镰状细胞贫血、艾滋病等疑难病症变得可以治疗,从而延长这类患者的寿命,降低医疗费用,患者的生活质量有了很大提高,也使得部分患者能恢复工作,为个人及国家创造更多财富。这充分显示了医药产业对国家文明程度和发展水平的决定性影响,明显地提高了国民福利。

三、需求与支付能力的提高拉动新药研发创新

新药需求是新药研发的重要拉动动力,因此新药研发需要迎合患者群体的需求。这种需求至少体现在两个方面:

一是因为缺乏有效治疗药物或治疗药选择不足,急需新药创新研制。目前,美国主要医药研发企业针对患者的需求强度和规模,主要投资于肿瘤药物、心血管疾病治疗药物、抗感染药物及罕见病治疗药物等研发。

二是新药研制可以降低患者的支付压力。这主要是由于新药与既有类似药存在明显的市场竞争和原研药药物专利到期等会带来处方药价格降低。特别是美国《斯蒂文森-威德勒技术创新法案》(*Stevenson-Wydler Technology Innovation Act*)颁布后,美国政府规制了价格竞争和仿制药合法化发展"渠道",仿制药或生物类似药的研发积极性不断释放出来,形成持续的激励机制,可以持续降低处方药的价格。如 2017—2021 年美国因为仿制药和生物类似药市场竞争而降价,节约了 1 334 亿美元的处方药费,表 1-5 显示,该期段内由于专利到期带来的处方药降幅在 21.2%—30.6%。PhRMA 研究表明,新药在医疗费用中占比不高,但每 1 美元医疗费用中 10.5 美分花费在治疗用的处方药物上,而其中 7 美分是花费在新药上。而在新药支出上每花费 1 美元,可以减少住院费用 4.44 美元。[2] 因此,新药研发成功上市可以通过减少住院和延迟进入养老院而降低医疗费用,进而减轻患者的支付压力。这从另一方面通过压缩非专利药的支付比例进而提高了患者对新药的可及性和市场需求能力。

---

[1] PhRMA. Biopharmaceuticals_in_Perspective[EB/OL].(2021-2-2). https://www.phrma.org/-/media/Project/PhRMA/PhRMA-Org/PhRMA-Org/PDF/A-C/ChartPack _ Biopharmaceuticals _ in _ Perspective_Fall2020.pdf.

[2] PhRMA. Pharmaceutical industry profile 2004 [EB/OL].(2004-3-31). https://www.pharmamanufacturing.com/assets/Media/MediaManager/2004-03-31.937.pdf.

表1-5　2017—2021年专利到期引发的美国处方药支出节约趋势　　单位：10亿美元

年份	2017	2018	2019	2020	2021
处方药支出节省	27.4	27.3	30.6	26.9	21.2

资料来源：IQVIA, Outlook for global medicine through 2020.

在自由定价的情况下，美国医药企业的原研新药一旦成功上市就可能获取高额的垄断利润，从而形成强劲的企业盈利并为研发筹集到资金，进而推动新药研发的持续和升级。

从患者来看，患者支付能力是决定新药可及性并形成消费能力的关键，是拉动医药研发创新的重要保障。从年龄段看，年龄越高的组人均医疗支出越高。如18岁以下人均年医疗费用支出仅为平均水平的46.96%，19—44岁年龄组人均年医疗支出为平均支出的58.94%，而45—64年龄组、65—84年龄组和85岁以上年龄组每年人均医疗费用支出分别是平均水平的1.26倍2.23倍和4.28倍（见表1-6）。老龄人口需要更多医疗支出，而如何提高和保持老年阶段对医药的支付能力十分重要。美国通过政府推动的各种医疗保障项目和商业保险等不断提高老年人口的医疗/医药支付能力，客观上拉动了医药研发创新。

表1-6　　　　　美国不同年龄组人均年医疗支出情况　　　　单位：美元；%

年龄组	人均年医疗支出额	不同年龄组与全部人口人均年医疗费用支出比
18岁以下	3 552	46.96
19—44岁	4 458	58.94
45—64岁	9 513	125.77
65—84岁	16 872	223.06
85岁以上	32 411	428.49
全部年龄人口	7 564	100.00

资料来源：https://www.justfacts.com/index.asp.

从医药支出能力看，美国医药支出占收入的比重从1930年的0.71%增加到1960年的1.05%，再到1990年的1.54%，到2016年达到3.8%。不断加速的支付能力为研发创新提供日趋增加的资金供给，成为美国医药研发创新的重要推动力（见表1-7）。

表 1-7　　　　　　　　　美国医药支出占收入的比重

年份	1930	1940	1950	1960	1970
比重	0.71%	0.84%	0.78%	1.05%	1.13%
年份	1980	1990	2000	2010	2016
比重	1.07%	1.54%	2.33%	3.23%	3.80%

资料来源：Statista. Top 10 pharmaceutical companies based on R&D spending as revenue share in 2019 and 2026[EB/OL].(2020-9-4).https://www.statista.com/statistics/309471/randd-spending-share-of-top-pharmaceutical-companies/.

从绝对值和增长变化来看，美国医疗费用和处方药支出分别从1960年的272.14亿美元和26.76亿美元，增加到2018年的36 493.86亿美元和3 350.37亿美元（见图1-2），分别增长133.1倍和124.2倍。2000年以后美国处方药物支付能力的提高对美国医药研发创新的加速发展起到很大的拉动作用。

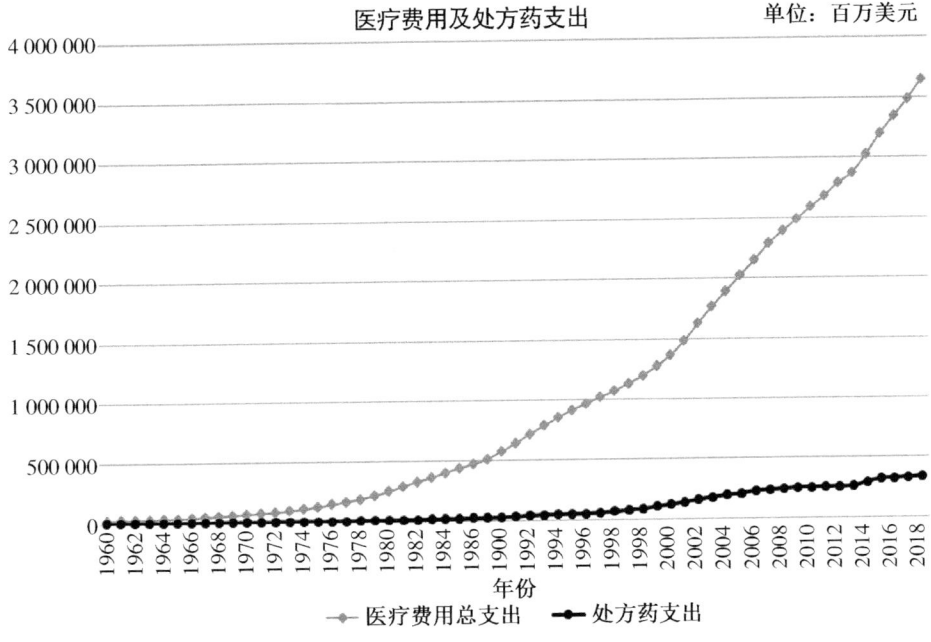

图1-2　1960—2018年美国医疗费用支出及处方药支出情况

资料来源：CMS. National health expenditures by type of service and source of funds: calendar years 1960[EB/OL].(2021-7-20). https://www.cms.gov/Research-Statistics-Data-and-Systems/Statistics-Trends-and-Reports/NationalHealthExpendData/NationalHealthAccountsHistorical.

四、研发创新不断增强是医药行业发展的基本趋势

1. 加强研发是全球主要医药企业的普遍选择

以全球56家生物制药公司为样本进行统计分析(代表60%的全球研发支出),发现2018年全球56家企业研发费用共计1 096.85亿美元,增速达到2013年来最高,为6.1%。预计2019—2020年研发支出增速有所缓慢,但仍在3%—5%的健康增长区间。

2. 美国研发能力不断加强

从新活性物质(NAS, new active substance)研发来看,1980年美国的NAS数量占全球比重在2%—10%。20世纪90年代这一比重迅速提升到30%以上,2000年和2010年大致上升到40%—70%(见图1-3)。

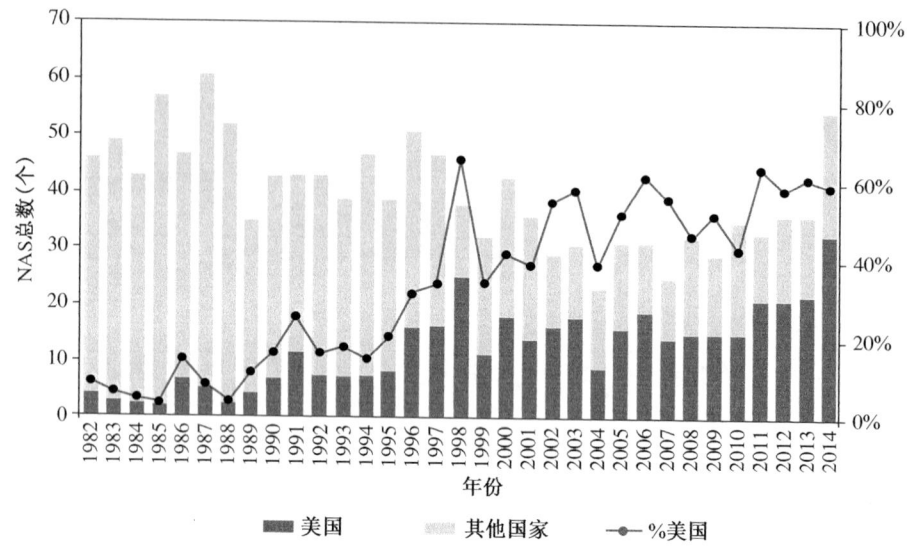

图1-3 1982—2014年美国NAS(New Active Substances)的世界市场份额[①]

3. 美国医药研发取得不断进展

近10年来美国新药取得很大进展,逐年在如下几个方面的突破性创新:多发性硬化症药物,首个治疗性癌症疫苗;第一种靶向囊性纤维化根源的药物,第

---

① Stephen Ezell. The Bayh-Dole Act's Catalytic Contributions to America's Innovation System[EB/OL].(2020 - 6 - 17). https://itif.org/publications/2020/06/17/bayh-dole-acts-catalytic-contributions-americas-innovation-system.

一个治疗库欣病的药物;第一个狼疮药物;新的治疗恶性皮肤癌个性化药物,第一个多发性硬化症的新口服治疗新药;口服治疗丙型肝炎药物(治愈率超过90%),17种治疗罕见病新药;治疗顽固性高胆固醇药物;第一个治疗脊髓性肌萎缩症的药物,第一个种治疗所有六种丙型肝炎的药物;第一个基因疗法获批,第一个治疗原发性进行性多发性硬化症的药物,16种治疗癌症的新药;HIV多药耐药新药,第一个用于子宫内膜异位症疼痛的新药;脊髓性肌萎缩症的新基因疗法,第一个埃博拉疫苗,第一个产后抑郁症药物;等等(见表1-8)。

表1-8　　　　　　　　2010年以来美国新药研发进展[①]

年份	新药进展
2010	2种新的多发性硬化症药物,首个治疗性癌症疫苗
2011	第一种靶向囊性纤维化根源的药物,首个治疗库欣病的药物
2012	50年来的首个狼疮药物,2个新的个性化药物
2013	2种新的治疗恶性皮肤癌个性化药物,1个多发性硬化症的新口服治疗新药
2014	1个口服治疗丙型肝炎药物(治愈率超过90%),17种治疗罕见病新药
2015	2种治疗顽固性高胆固醇药物,1个新型囊性纤维化药物(针对常见遗传性突变病患者)
2016	首个治疗脊髓性肌萎缩症的药物,1个慢性淋巴细胞白血病的新型治疗药物,首个种治疗所有6种丙型肝炎的药物
2017	首个基因疗法获批,首个治疗原发性进行性多发性硬化症的药物,16种治疗癌症的新药
2018	1种HIV多药耐药新药,首个用于子宫内膜异位症疼痛的新药(十年来的首个新药),3种预防偏头痛的新药
2019	1种脊髓性肌萎缩症的新基因疗法,首个埃博拉疫苗,首个产后抑郁症药物

资料来源:PhRMA.Biopharmaceuticals_in_Perspective[EB/OL].(2021-2-2).https://www.phrma.org/-/media/Project/PhRMA/PhRMA-Org/PhRMA-Org/PDF/A-C/ChartPack_Biopharmaceuticals_in_Perspective_Fall2020.pdf.

五、医药研发创新的产业化发展呈现非均衡

医药产业内部各企业间竞争激烈,通过行业内企业市场地位的不断变化及

[①] PhRMA.Biopharmaceuticals_in_Perspective_Fall2020[EB/OL].(2020-10-22).https://www.phrma.org/-/media/Project/PhRMA/PhRMA-Org/PhRMA-Org/PDF/A-C/ChartPack_Biopharmaceuticals_in_Perspective_Fall2020.pdf.

行业的进入与退出保持着医药行业的非均衡持续发展。如 2015 年按照市值排列的医药企业 1 000 强到 2020 年末仅有 59% 的医药企业仍然留在 500 强中,10% 的企业发生了收购,21% 的医药企业滑出了 500 强但仍然保留在 1 000 强内,7% 的医药企业排在了 1 000 强之外,1% 的医药企业破产了,2% 的企业离开了医药行业。① 在医药行业内部企业动态竞争和发展中,由于研发能力、患者群差异、空间发展条件不同等原因,医药产业发展存在很大的不平衡。

从空间分布来看,2015 年美国、中国、瑞士、日本、英国、德国、丹麦、法国 8 国合计占全球总值的 84.8%,2020 年为 85.8%,其中,美国下降了 3.5 个百分点,瑞士下降了 3.3 个百分点,德国和法国分别下降了 0.8 和 1.3 个百分点,中国、日本和英国分别增长了 7.9、2.3 和 0.4 个百分点。② 2020 年 9 月,美国生物技术企业价值占全球的 58.3%,其次是中国 8.2%,丹麦、德国、瑞士、韩国、荷兰、中国台湾地区、日本、英国分别为 7.3%、6.8%、3.1%、2.7%、2.5%、2.4%、2.3% 和 1.4%。③ 从国家内部空间来看,由于医药生态系统最重要的两大要素是资本+人才,呈现出地方集中的特点,因此也使美国形成了不同医药企业集聚区,而且这些集聚区往往集聚丰富的 VC、政府研发投资(NIH)、一流的研究型大学、多家医药行业的头部企业及由此衍生的全球化网络系统。④ 如美国的湾区、波士顿地区、北卡三角区、圣地亚哥地区、纽约新泽西地区,英国的剑桥和肯特地区,中国的张江、连云港、深圳等地区,呈现明显的医药产业集聚区和医药产业集群。

从医药价值看,2003 年到 2020 年小分子药物从 16 798.2 亿美元增加到 34 358.48 亿美元,占比从 84.6% 下降到 59.9%。而生物制品从 2 871.35 亿美元增加到 20 218.2 亿美元,占比从 14.5% 上升到了 33.6%,增长幅度很大。血液制品、疫苗和基因疗法和核酸药物增长也很快。所有药物中化学药(小分子药)和生物药合计占 93% 以上,其他药物/疗法的占比不足 7%⑤(见表 1-9)。

---

① Torreya. The Pharma 1000: Top Global Pharmaceutical Company Report — Introduction[EB/OL].(2020-9-1).https://torreya.com/publications/pharma1000-intro-presentation-sep2020.pdf.
② Torreya. The pharma 1000: Top global pharmaceutical company report — Introduction[EB/OL].(2020-9-1).https://torreya.com/publications/pharma1000-intro-presentation-sep2020.pdf.
③ Torreya. The Pharma 1000: Top Global Pharmaceutical Company Report — Introduction[EB/OL].(2020-9-1).https://torreya.com/publications/pharma1000-intro-presentation-sep2020.pdf.
④ Torreya. The Pharma 1000: Top Global Pharmaceutical Company Report — Introduction[EB/OL].(2020-9-1).https://torreya.com/publications/pharma1000-intro-presentation-sep2020.pdf.
⑤ Torreya. The pharma 1000: Top global pharmaceutical company report — Introduction[EB/OL].(2020-9-1).https://torreya.com/publications/pharma1000-intro-presentation-sep2020.pdf.

表 1-9　　　　　　　　　2003—2020 年医药价值变化① 　　　单位：百万美元；%

细分部门	2003 年 全部价值	占比	2015 年 全部价值	占比	2020 年 全部价值	占比
小分子	1 679 820	84.6	3 596 648	75.4	3 435 848	59.9
生物制品	287 135	14.5	945 130	19.8	2 021 820	33.6
血液制品	2 834	0.1	82 655	1.7	189 622	3.2
自然药物	11 091	0.6	75 101	1.6	108 437	1.8
疫苗	3 841	0.2	18 946	0.4	101 876	1.7
核酸类药物	630	0.03	16 918	0.4	81 734	1.4
细胞疗法	306	0.02	12 030	0.3	35 248	0.6
基因疗法	266	0.01	8 060	0.2	21 397	0.4
肽类药物	0	0	1 728	0	7 778	0.1
放射药物	0	0	9 911	0.2	7 692	0.1
基因编辑	0	0	4 956	0.1	6 823	0.1

若按照治疗领域细分，全球 1 000 家医药企业中生物技术企业的产值中 38.19% 的为癌症治疗领域，位居首位。罕见病医疗技术企业、神经类疾病医疗技术企业、抗感染医疗技术企业、病理学企业产值占全部 1 000 强企业的 11.86%、7.38%、5.7% 和 4.13%。这 5 类企业的产值占全部 1 000 家企业总产值的 67.26%。其他如疫苗医疗技术企业、呼吸类疾病医疗技术企业、骨骼疾病医疗技术类企业等产值占比都小于 4%，它们的产值合计占比不足 33%（见表 1-10）。

表 1-10　　　　　　　按照医疗领域统计的生物技术价值②　　　单位：百万美元；%

	2020 年 企业数量	2020 年 价值份额	2020 年 技术价值	2015 年 技术价值	2015—2020 年 生物技术 价值变化率*
癌症	140	38.19	157 146	51 515	205
罕见病	45	11.86	48 782	22 048	121
神经类	31	7.38	30 371	5 327	470
抗感染	5	5.70	23 460	5 340	553

---

① Torreya. The Pharma 1000：Top Global Pharmaceutical Company Report — Introduction[EB/OL].(2020-9-1). https://torreya.com/publications/pharma1000-intro-presentation-sep2020.pdf.
② Torreya. The Pharma 1000：Top Global Pharmaceutical Company Report — Introduction[EB/OL].(2020-9-1). https://torreya.com/publications/pharma1000-intro-presentation-sep2020.pdf.

续表

	2020年企业数量	2020年价值份额	2020年技术价值	2015年技术价值	2015—2020年生物技术价值变化率*
毒理学	9	4.13	17 002	3 064	218
疫苗	11	3.75	15 419	3 064	403
呼吸	11	3.31	13 627	4 983	174
骨骼	4	2.19	11 970	—	>100
内分泌	2	2.19	11 966	310	3 765
广谱医疗	3	2.26	9 311	4 956	88
眼科	14	2.24	9 230	2 894	219
免疫学	9	2.2	9 050	—	>100
血液学	7	2.12	8 738	11 354	−23
心血管代谢	10	1.69	6 984	4 765	46
胃肠	7	1.59	6 561	3 717	77
伤口护理	3	1.09	4 487	1 210	271
肾病	5	1.06	4 367	5 959	−27

*注:2015—2020年生物技术价值变化率=(2020年技术价值−2015年技术价值)/2015年技术价值。

资料来源:Torreya. The Pharma 1000:Top Global Pharmaceutical Company Report — Introduction [EB/OL].(2020-9-1). https://torreya.com/publications/pharma1000-intro-presentation-sep2020.pdf.

从处方药销售结构看,仿制药比重在缓慢下降,原研药和孤儿药的比重具有缓慢上升趋势(见表1-11)。

表1-11　　　　　　　　世界处方药销售趋势　　　　　　单位:10亿美元

年份	2010	2011	2012	2013	2014
总销售额	689	734	721	730	755
总销售额增长率	—	6.6%	−1.7%	1.3%	3.4%
孤儿药	72	80	84	91	96
仿制药	60	66	66	69	75
仿制药占处方药比重	8.7%	9.0%	9.2%	9.5%	9.9%
不含仿制药	629	668	656	661	680
不含仿制药和孤儿药	557	589	571	570	584

续表

年份	2015	2016	2017	2018	2019
总销售额	747	772	789	828	844
总销售额增长率	−1.0%	3.3%	2.2%	5.0%	2.0%
孤儿药	100	109	118	130	135
仿制药	77	80	78	75	79
仿制药占处方药比重	10.3%	10.3%	9.9%	9.1%	9.4%
不含仿制药	670	692	711	755	765
不含仿制药和孤儿药	593	622	629	659	696
年份	2020	2021	2022	2023	2024
总销售额	893	955	1 027	1 100	1 181
总销售额增长率	5.7%	7.0%	7.5%	7.1%	7.4%
孤儿药	150	169	191	216	239
仿制药	84	88	92	96	100
仿制药占处方药比重	9.4%	9.2%	9.0%	8.7%	8.4%
不含仿制药	809	877	957	1004	1081
不含仿制药和孤儿药	659	698	743	788	842

注：2019—2024年的数据为预测值。
资料来源：EvaluatePharma. World Preview 2019, Outlook to 2024[EB/OL]. (2019-6-1). https://info.evaluate.com/rs/607-YGS-364/images/EvaluatePharma_World_Preview_2019.pdf.

从全球研发管线的阶段分布看，不同研发阶段的研发管线分布差异明显。其中，处于临床前的研发管线最多，其次是临床2期的研发管线，再次是临床1期的研发管线，第四为临床3期的研发管线，第五为批准上市的研发新药，处于审批前和审批阶段的研发管线分别处于第六位和第七位（见表1-12）。

表1-12　　　　　　2020—2021年世界研发管线的阶段分布情况

阶段	年份	临床前	临床1期	临床2期	临床3期
数量	2020	9 646	2 516	2 694	1 020
	2021	10 223	2 676	2 747	1 029
阶段	年份	审批前阶段	审批阶段	上市	其他
数量	2020	246	130	1 324	161
	2021	267	150	1 337	133

资料来源：Ian Lloyd. Pharma R & D Annual Review 2021[EB/OL]. (2021-2-2). https://pharmaintelligence.informa.com/products-and-services/data-and-analysis/pharmaprojects.

六、新药研发周期长且风险高

一般而言,研制成功一个新药需要很长的时间。首先需要花费很长时间寻找潜在药物化合物,然后需要3—6年时间找到大约5 000—10 000个具有一定潜力的成药化合物或大分子,进一步筛选后大约有250个化合物/大分子进入临床前研究。接着经过20—100人的第一阶段的临床试验、100—500人试验的第2期临床试验,再经过1 000—5 000人试验的临床3期试验,这一阶段需要6—7年。接下来经过0.5—2年的药监局审评,方可上市,而且大多药物上市后还需要无限期地进一步研究和监督。

从2011—2021年美国样本分析发现,不同疾病从临床1期到成功获得审批的新药所需时间不同,但大体在9.2—12.2年(见表1-13)。

总体而言,新药研发需要很长的时间,不确定性很多,风险很大。

表1-13　2016—2021年不同疾病领域内新药临床1期到新药审批的持续时间

	临床1到2期	临床2到3期	临床3到4期	临床4期到NDA/BLA	NDA/BLA到新药审批
过敏	1.5	3.8	2.9	1.1	9.2
新陈代谢	2.0	3.2	3.1	1.2	9.5
传染病	2.0	3.5	3.1	1.2	9.7
眼科	2.1	2.9	3.4	1.3	9.8
自身免疫	2.1	3.6	3.2	1.1	10.0
肿瘤学	2.7	3.7	3.1	0.8	10.3
呼吸系统	2.1	3.5	3.3	1.5	10.4
精神病学	2.3	3.4	2.8	1.8	10.4
其他	1.9	3.5	3.2	1.8	10.5
所有适应证	2.3	3.6	3.3	1.3	10.5
内分泌	1.8	3.4	3.7	1.8	10.7
血液学	2.2	3.4	3.6	1.5	10.7
胃肠病学	1.6	3.9	3.9	1.4	10.8
神经病学	2.1	3.7	3.7	1.6	11.1
心血管	2.4	3.8	4.2	1.2	11.5
泌尿外科	2.7	5.0	2.9	1.6	12.2

资料来源:Bio. Clinical development success rates and contributing factors 2011_2020[EB/OL].(2021-2-2). https://go. bio. org/rs/490-EHZ-999/images/ClinicalDevelopmentSuccessRates2011_2020.pdf?_ga=2.120623560.1113819123.1625965000-1861341647.1601793963.

从临床到成功审批上市的过程中,不同阶段的风险呈现差异性。如从临床1期到2期的成功概率大致在63.2%,临床2期到3期的成功概率在30.7%,临床3期到新药申请/生物制品上市许可申请(NDA/BLA)的成功概率为58.1%,从新药申请到成功获得FDA批准成功概率85.%,从临床1期到成功获得FDA批准上市的综合概率为9.6%(见表1-14)。即使批准上市了,还有相当部分的新药无法大规模商业化,而且即使批准新药商业化了,一般仅有30%新药通过垄断收益弥补高额的研发成本。可见,新药研发的风险很高。[①]

表1-14　　　　2006—2015年新药研发的成功可能性情况

阶段性成功	临床1期到2期		临床2期到3期		临床3期到新药/生物药申请		新药/生物药申请到批准上市	
	提前或暂停(个)	阶段成功(%)	提前或暂停(个)	阶段成功(%)	提前或暂停(个)	阶段成功(%)	提前或暂停(个)	阶段成功(%)
血液学	86	73.3	83	56.6	64	75	50	84
传染病	347	69.5	286	42.7	150	72.7	133	88.7
眼科学	66	84.8	101	44.6	60	58.3	40	77.5
其他	96	66.7	116	39.7	46	69.6	43	88.4
代谢	95	61.1	84	45.2	35	71.4	27	77.8
胃肠病学	41	75.6	56	35.7	33	60.6	26	92.3
过敏反应	37	67.6	40	40.1	14	71.4	16	93.8
内分泌	299	58.9	242	32.5	143	65	107	86
呼吸	150	65.3	196	29.1	45	71.1	37	94.6
泌尿学	21	57.1	52	32.7	21	71.4	14	85.7
自身免疫	297	65.7	319	31.7	135	62.2	86	86
所有适应证	3 582	63.2	3 862	30.7	1491	58.1	1 050	85.3
神经病学	462	59.1	465	29.7	216	57.4	161	83.2
心血管	209	58.9	237	24.1	110	55.5	76	84.2
精神病治疗	154	53.9	169	23.7	70	55.7	58	87.9
肿瘤	1 222	62.8	1 416	24.6	349	40.1	176	82.4

---

① BIO, Biomedtracker, Amplion. Clinical Development Success Rates 2006—2015[EB/OL].(2019-6-1). http://go.bio.org/rs/490-EHZ-999/images/Clinical%20Development%20Success%20Rates%202006—2015%20-%20BIO%2C%20Biomedtracker%2C%20Amplion%202016.pdf?_ga=2.147102001.705953579.1611313030-1661603940.1610018748.

续表

阶段性成功	临床1期到2期 提前或暂停(个)	临床1期到2期 阶段成功(%)	临床2期到3期 提前或暂停(个)	临床2期到3期 阶段成功(%)	临床3期到新药/生物药申请 提前或暂停(个)	临床3期到新药/生物药申请 阶段成功(%)	新药/生物药申请到批准上市 提前或暂停(个)	新药/生物药申请到批准上市 阶段成功(%)
血液学	283	26.1	197	35.7	114	63	50	84
传染病	916	19.1	569	27.5	283	64.5	133	88.7
眼科学	267	17.1	201	20.1	100	45.2	40	77.5
其他	301	16.3	205	24.4	89	61.5	43	88.4
代谢	241	15.3	146	25.1	62	55.6	27	77.8
胃肠病学	156	15.1	115	20	59	55.9	26	92.3
过敏反应	107	14.7	70	21.8	30	67	16	93.8
内分泌	791	13.2	492	22.4	250	55.9	107	86
呼吸	428	12.8	278	19.6	82	67.3	37	94.6
泌尿学	108	11.4	87	20	35	61.2	14	85.7
自身免疫	837	11.1	540	17	221	53.5	86	86
所有适应证	9 985	9.6	6 403	15.3	2 541	49.6	1 050	85.3
神经病学	1 304	8.4	842	14.2	377	47.8	161	83.7
心血管	632	6.6	423	11.2	186	46.7	76	84.2
精神病治疗	451	6.2	297	11.6	128	49	58	87.9
肿瘤	3 136	5.1	1 941	8.1	525	33	176	82.4

资料来源：BIO, Biomedtracker, Amplion. Clinical Development Success Rates 2006—2015[EB/OL]. (2019-6-1). http://go.bio.org/rs/490-EHZ-999/images/Clinical%20Development%20Success%20Rates%202006—2015%20-%20BIO%2C%20Biomedtracker%2C%20Amplion%202016.pdf?_ga=2.147102001.705953579.1611313030-1661603940.1610018748.

从研究复杂程度来看，由于临床试验的设计和程序变得更加具有挑战性，从而降低了试验的参与度和保留率：从典型的第三阶段协议来看，复杂性在终点增加86%，在过程增加了70%，在合格标准方面增加了61%，在调查网站方面增加了63%，收集的数据点增加了88%。[①] 1998—2017年阿尔茨海默氏病研发药物146个，获得FDA批准的仅有4个。这反映了研发复杂性日趋增加的趋

---

① CHART PACK. Biopharmaceuticals in perspective summer 2019[EB/OL].(2020-2-2). https://www.phrma.org/-/media/Project/PhRMA/PhRMA-Org/PhRMA-Org/PDF/P-R/PhRMA_2019_ChartPack_Final.pdf.

势,也延长了新药研发的时间,提高了医药研发创新的风险。[①]

在复杂程度加重的情况下,新药研发的成功率不断下降。2016—2021年不同疾病领域里新药研发成功率大多下降。如抗感染新药研发成功率下降了5.9个百分点,消化内科新药研发成功率下降了6.8个百分点,呼吸系统新药研发成功率下降了5.5个百分点,内分泌新药研制成功率下降了6.6个百分点,泌尿外科新药研制成功率下降了7.8个百分点(见表1-15)。

表1-15　　　　　2016—2021年新药研发成功率　　　　单位:%;个

获得审批可能性	2016年 从临床1期到新药获批	样本数	2021年 从临床1期到新药获批	样本数
血液	26.1	283	23.9	352
代谢	15.3	241	15.5	399
感染	19.1	916	13.2	1 170
其他	16.3	301	13.0	541
眼科	17.1	267	11.9	415
自身免疫	11.1	837	10.7	1 305
过敏	14.7	107	10.3	201
消化内科	15.1	156	8.3	186
所有适应证	9.6	9 985	7.9	12 728
呼吸系统	12.8	428	7.5	501
神经病学	6.3	451	7.3	442
内分泌	13.2	791	6.6	887
神经内科	8.4	1 304	5.9	1 411
肿瘤	5.1	3 163	5.3	4 179
心血管	6.6	632	4.8	651
泌尿外科	11.4	108	3.6	88

资料来源:Bio. Clinical development success rates and contributing factors 2011_2020[EB/OL].(2021-2-2). https://go. bio. org/rs/490-EHZ-999/images/ClinicalDevelopmentSuccessRates2011_2020. pdf?_ga=2.120623560.1113819123.1625965000-1861341647.1601793963.

[①] CHART PACK. Biopharmaceuticals in perspective summer 2019[EB/OL](2020-2-2). https://www. phrma. org/-/media/Project/PhRMA/PhRMA-Org/PhRMA-Org/PDF/P-R/PhRMA_2019_ChartPack_Final.pdf.

从专利挑战来看,仿制药公司提出的专利挑战日趋提前和频繁。不完全统计显示,常见的专利挑战最早在品牌推出后 4 年就会有一家仿制药公司向 FDA 申请第 4 阶段认证,以挑战与该品牌药品相关的专利,这通常是专利药保护到期日之前允许仿制药进入的常见方式。从品牌发布到第 4 阶段专利挑战成功导致仿制药进入的平均时间越来越短:1995 年为 14.3 年,2014 年为 5.2 年。仿制药进入之前经历至少 1 项 1—4 阶段专利挑战的品牌产品份额在增加,如 1995 年该份额为 25%,2014 年增加到 94%。[1] 从成本收益来看,由于新药研发的难度增加,研发成本加大,研发投资盈利水平不断降低。如 2010—2019 年美国 12 家大型医药企业的研发投资盈利率从 10.1% 逐步下降到 2019 年的 1.8%。可见,无论从专利挑战还是从盈利率来看,新药研发创新都面临着日趋严峻的挑战,其不确定性与风险趋向不断增加。

从医药细分部门的各个研发阶段的研发成功率来看,医药行业中的化学药最低,其批准上市的成功率仅有 6.2%,其他部门如生物新药、改良型新药、罕见病用药和有生物标记物被批准上市的成功率分别是 11.5%、22.6%、25.3% 和 25.9%。对于医药各个细分部门而言,临床 1—3 期的研发创新中,临床 1 期的成功率相对较高,临床 2 期的成功率最低(见表 1-16)。

表 1-16　　　　　　　不同细分医药行业的研发成功率　　　　　单位:%

	临床 1 期	临床 2 期	临床 3 期	新药申报	批准上市
化学新药	61.0	26.0	49.0	78.0	6.2
生物新药	66.0	34.0	57.0	88.0	11.5
改良新药	70.0	48.0	74.0	90.0	22.6
罕见病用药	76.0	50.0	73.0	89.0	25.3
有生物标记物	76.0	46.0	76.0	94.0	25.9
合计	63.2	30.7	58.1	85.3	9.6

资料来源:复旦大学张江研究院,Thomson Reuters.

七、美国生物医药全球优势地位突出

生物医药是典型的全球性、战略性、技术密集性的朝阳产业,其高额利润来

---

[1] CHART PACK. Biopharmaceuticals in perspective summer 2019[EB/OL].(2020-2-2). https://www.phrma.org/-/media/Project/PhRMA/PhRMA-Org/PhRMA-Org/PDF/P-R/PhRMA_2019_ChartPack_Final.pdf.

自强大的全球优势竞争战略,因此美国十分重视生物医药国际领导地位与领导能力的保持和不断强化。美国设立 NIH 和 FDA 专门管理生物医药产业研发及发展,并从 1938 年开始不断加强生物医药研发的政府投资。如 NIH 对生物医药的投资从最初的几亿美元逐步增加到 500 多亿美元。美国成为全球生物医药最为发达的国家,其生物医药研发创新门类全且具有领先和领导地位,对全球生物医药的贡献最为突出。目前,美国医药对世界的贡献及在世界范围内的地位居世界第一(见表 1-17)。

表 1-17　　　　　各国对世界生命科学创新的贡献情况

排名	国家或地区	政府健康 R&D (%)	政府 R&D 占 GDP 比重 (%)	价格控制	数据排他性	综合得分
1	美国	23	0.87	低	12	2.54
2	瑞士	21.2	0.75	低	10	2.07
3	中国台湾地区	28.9	0.7	低	5	1.68
4	新加坡	23.1	0.77	中	5	1.44
5	瑞典	26.5	0.93	中	10	1.40
6	葡萄牙	26.9	0.6	中	10	1.16
7	奥地利	15.8	1.1	中	10	0.99
8	波兰	23.8	0.41	中	10	0.86
9	斯洛文尼亚	18.4	0.7	中	10	0.81
10	爱沙尼亚	16	0.82	中	10	0.79
11	冰岛	12.1	1	低	10	0.73
12	墨西哥	15	0.33	中	5	0.68
13	匈牙利	18.6	0.51	中	10	0.67
14	捷克	16.1	0.66	中	10	0.67
15	德国	12.3	0.84	中	10	0.62
16	荷兰	14.6	0.68	高	10	0.61
17	丹麦	32.4	0.9	中	10	0.60
18	意大利	16.6	0.54	高	10	0.60
19	斯洛伐克	18.8	0.32	高	10	0.54
20	芬兰	9.5	0.86	低	10	0.49
21	希腊	15.8	0.42	中	10	0.46

续表

排名	国家或地区	政府健康R&D（%）	政府R&D占GDP比重（%）	价格控制	数据排他性	综合得分
22	挪威	29.3	0.76	中	10	0.34
23	哥伦比亚	32.1	0.11	中	5	0.30
24	英国	33.4	0.44	中	10	0.30
25	西班牙	31.5	0.52	中	10	0.26
26	以色列	1.1	0.52	低	5	0.13
27	加拿大	12.6	0.56	中	8	0.12
28	日本	10.8	0.6	中	8	0.06
29	韩国	10.7	0.95	中	6	0.03
30	立陶宛	8.7	0.33	中	10	0.03
31	罗马尼亚	8.8	0.2	中	10	−0.06
32	阿根廷	12.9	0.43	低	0	−0.08
33	比利时	3.4	0.50	中	5	−0.10
34	新西兰	16.2	0.52	中	0	−0.18
35	拉脱维亚	7.4	0.14	中	10	−0.18
36	保加利亚	2.9	0.21	中	10	−0.36
37	印度尼西亚	13	0.05	低	0	−0.37
38	智利	18.3	0.13	中	5	−0.38
39	肯尼亚	31	0.21	中	0	−0.41
40	法国	14	0.78	高	10	−0.42
41	中国香港特区	5.5	0.33	低	0	−0.53
42	越南	13	0.12	中	5	−0.65
43	马来西亚	9.6	0.34	中	5	−0.66
44	乌克兰	7.9	0.36	中	5	−0.72
45	秘鲁	11.3	0.09	中	5	−0.76
46	爱尔兰	11.4	0.43	高	10	−0.83
47	哥斯达黎加	3.6	0.29	中	5	−0.99
48	土耳其	0.9	0.25	中	6	−1.02
49	中国	17.5	0.42	高	6	−1.11

续表

排名	国家或地区	政府健康R&D(%)	政府R&D占GDP比重(%)	价格控制	数据排他性	综合得分
50	巴西	9.4	0.63	中	0	−1.17
51	俄罗斯	5.1	0.76	中	0	−1.28
52	澳大利亚	18.2	0.26	高	5	−1.36
53	菲律宾	7.3	0.04	中	0	−1.74
54	泰国	9.5	0.12	高	4	−2.05
55	南非	17.2	0.33	高	0	−2.08
56	印度	5.8	0.57	高	0	−2.47

资料来源：J. John Wu and Stephen J. Ezell. How National Policies Impact Global Biopharma Innovation：A Worldwide Ranking[EB/OL].(2016-4-30). http://www2.itif.org/2016-national-policies-global-biopharma.pdf?_ga=2.234760734.1860480694.1614732563-492913963.1601892847.

美国医药研发创新综合能力最强。如2015年美国在研新药数量约占全球的48.7%，居于首位；排在第二和第三位的是英国和日本，占比分别为8.0%、7.0%。中国在研新药数量约占全球的4.1%，和美国相差44.6个百分点。可见美国在新药、新疗法研发中具有最大的优势。[1]

---

[1] 国信证券.生命不息，制药不止——医药研发特点和趋势扫描[EB/OL].(2009-2-17). http://www.p5w.net/stock/lzft/hyyj/200902/P020090217540974027928.pdf.

第二章 相关研究综述

第一节 关于内生研发创新动力研究

医药研发创新是由医药学研机构（研究型大学和研究机构简称"学研机构"下同）、企业、政府有关部门等研发主体共同完成的。这些医药研发主体的数量、投入和能力增长及其强烈的创新欲望是医药研发创新的核心动力。

一、学研机构是内生性基础研发创新动力源

内生性是指学研机构自我创新的动力而不是外在力量的推拉使然。知名学研机构是医药基础研究的源泉，如 1993—1994 年引用量最高的生物医学论文作者依次来自哈佛大学、美国国家癌症研究所、加州大学旧金山分校、斯坦福大学、麻省理工学院等，这些知名学研机构提供了美国乃至全球核心的基础研发动力(Francis Narin et al.,1997)。

研究型大学是医药研发投资的重地，2010 年美国大学研发投资中生命科学投资额为 357 亿美元(National Science Board,2018)，2018 年美国大学生命科学投资达到 472 亿美元(PhRMA,2020)，增长了 32%。Liu et al.(2019)研究发现医药企业的新药研发需要大量的外部学研机构的大力支持。成功的新药研制比临床 3 期失败的新药通常具有更多的论文支持，说明基础研发对于新药研制来说是不可或缺的基石和支持动力(Liu et al.,2019)。

美国BIO(生物技术创新组织)2020年报告发现大学研发投入和专利发明明显增强,风险投资重心向基础研究转移,说明医药研发创新日趋需要学研机构的基础研究支持。研究型大学通过向医药研发创新输送研发人才、理论知识的同时,还通过研究型大学为核心的研发网络突破传统时空的限制,发挥全球性、长远追溯性和复杂多维性、系统多层次性的网络时空支持医药研发创新(Phil Cooke,2006)。学研机构的明星科学家更是支持医药研发创新的独特资源,是最重要的研发动力源(Andrew M Hess et al.,2011)。

Chakravarthy et al.(2016)研究发现医药基础研究主要由政府资助,而企业提供了开发新药的专业知识和经验。Eric V. Patridge et al.(2015)发现近两个世纪以来,研究人员塑造了新药创制的基本格局。20世纪50年代以前的50年里,学术界和产业界对新药创制的贡献大致相同,或者说学术界与产业界在推动药物研发中推动力大致相等,但20世纪50年代以后随着更多新药研发的展开,学术界对医药研发创新推动力有增大趋势。

二、政府是内生性基础研究的关键策动源

政府投入是研发和专利发展的基础保障。1926—2015年,美国依赖政府基础研发支持的专利占全部专利的比重从1926年的1%上升到1948年的5%,1980年代的10%,到2010年代以来上升到30%左右(Fleming et al.,2019;Anusuya Chatterjee,2012)。基于政府强大的基础研发投资,美国医药企业可以减少基础研究投入,将研发投资逐步集中到临床研究尤其是临床3期的研究。如美国PhRMA成员用于基础研发资金比重从2002年的33.8%下降到2019年的15.7%。同期临床研究资金比重则由48%上升到58.6%(Bio,2020)。美国政府医药研发的执行者NIH十分关注基础研究,将90%资助经费用于基础的靶向研究(TEConomy,2020),这对药物发现和开发进程产生了关键影响(周舟,2018)。Anusuya Chatterjee et al.(2012)研究表明美国NIH研发投资增加对私人研发投资起到正向影响作用。中国2008年以来的新药也多基于国家新药创新计划的支持(王美华,2021)。中国国家自然科学基金对医药研发资金支持比重很大。如2019年自然科学基金对生命科学和医学资助合计73.57亿元,占基金总量的37%(自然科学基金委,2019)。虽然政府医药研发投资主要通过研究型大学和研究机构来完成的,但它依然是一种重要的驱动力。

三、医药企业是研发创新的核心动力源

医药企业是医药研发实践的中心。基于持续的医药企业年度调查，BIO和PhRMA对美国生物医药研发创新进行动态化监控。其在近十多年的报告中对美国生物医药研发中政府投入、VC、专利创造、集群发育等诸多因素结合时空维度进行综合分析和跟踪研究。这些报告充分揭示了生物医药的研发密集性、空间集群性、研发布局的全球性和网络性等基本规律，也揭示了医药企业是最重要的医药创新主体和医药创新动力（TEConomy et al.，2018）。PhRMA（2020）资料表明，整个医药研发投资中企业资金的比重不断增加。大学及研发机构的研发创新仅是医药研发的前期内容，大多数药物和专利主要通过医药企业完成上市（Robert D. Atkinson，2021），医药企业在医药研发中呈现为主导动力（PhRMA，2020）。

中共中央关于制定国民经济和社会发展第十一个五年规划的建议明确提出："建立以企业为主体、市场为导向、产学研相结合的技术创新体系，形成自主创新的基本体制架构。"但由于长期以来中国医药研发以学研机构为主，以仿制药为主（李中秋，2012），医药企业整体自主创新能力差，技术水平落后（曹阳等，2013），医药企业研发创新中的核心动力作用还远远不够。

总之，世界一流学研机构研发及精英人才的培育、政府大力的研发支持和全球医药头部企业研发是强大的核心医药研发创新能力和动力基本支撑（Gryphon Scientific，2019）。大学/研发机构是医药研发的先导动力、政府的辅助动力和企业形成的主导动力构成了医药研发创新的核心动力。世界各国通过不断加强研发投资，加强医药企业和研究型大学和研究机构发展，加强企业的研发实力构造医药研发创新的"硬核"研发能力，发展研发主体间的自然合作，促进研发动力发展。如何强化"硬核"已经成为世界各国促进医药研发创新的重要内容。

第二节 研发动力的外生支持机制

Pankaj Agarwal et al.（2009）研究发现医药研发动力可以分解为推动力和拉动力。推动力在于学研机构、政府、企业不断投入研发资金和研发人才等，拉

动力来自医疗市场的需求和研发的潜在商业价值对研发主体的直接作用(Pankaj Agarwal,2009)。而支持研发创新动力的外生机制也表现为推动支持机制、拉动支持机制和推拉混合支持机制。降低研发成本,激发研发创新产出的医药定价、知识产权、研发网络等研发支持政策与手段可以视为医药研发维持和发展的推动机制。患者群体的医疗需求和研发新药或疗法需求可以视为医药研发创新的拉动力(Pankaj Agarwal,2009)。研发创新系统生态和集群明显既有降低研发成本、提高研发效率的一面,也有促进医药需求、增加市场潜力的一面,是医药研发创新动力发展的推拉混合支持机制。

一、基于研发政策的外生研发动力支持机制

1. 知识产权与定价激发驱动机制

知识产权最重要的表征载体是专利。专利为天才之火提供了燃料(GPO,2002)。美国1790年就颁布了《专利法》,但1980年前政府资助的专利权留在政府,这对研发者难以形成强烈的激励(Robert D. Atkinson,2021)。1980年美国实施《拜-杜法案》(*Bayh-Dole Act*)极大地激励了医药研发创新主体积极性,创新动力迅速提高并保持长期的激励(Andrew Powaleny,2019)。1984年美国颁布《Hatch-Waxman法案》(又称作《药品价格竞争与专利期补偿法》),实施后有效促进了仿制药的研发创新。美国处方药中仿制药占比从1984年的13%增加到2019年的92%(Garth Boehm et al. 2013;Ian Lioyd,2020)。Stephen Ezell (2019)认为《拜-杜法案》是美国在生命科学领域领先全球的支柱。专利保护制度被看作美国在19—20世纪成功实施工业化市场经济的基石(Bryan G. Reuben,2013)。虽然一般情况下也有30%新药通过垄断收益弥补高额的研发成本(Grabowski,2002),但实行严格的专利制度,促使新药研发者能在专利保护的垄断经营阶段以高价弥补巨额的新药研发成本是十分必要的。

专利药在保护期内凭借垄断定价可以组织其他相似或相同药物进入,加上较高的垄断价格可以占有整个或大部分市场,赚取高额利润。但当专利期满,仿制药会进入,致使价格迅速降低,销量迅速下降,呈现专利"悬崖"(Chon Kit Chao et al.;Frederic R. Curtiss,2008),导致收入下降。因此,专利"悬崖"的压力会激发医药企业不断地研发新药,用新药的增量收益平衡专利"悬崖"带来的冲击,保持企业稳定持续发展。

药价高低是决定新药研发创新收益的重要因素。较高的药物价格可以在既定市场下获取更高的收益,从而激励医药企业积极研发新药。Daniel P. Kessler

(2003)认为药价限制会导致医药研发投入减少,新药研制减少,其他医疗方法的价格高企,也会导致医药企业延缓新药研发和选择花费较少的药物研发,成为医药研发的阻力因素。

Vernon(2013)研究认为,在美国实行医药价格控制,会导致未来 50 年大幅度减少研发投资,进而减少新药的研发和问世。价格控制实施后的 50 年里,新药研发数量将减少 60%—73%。若在 1980—2001 年实行价格控制,今天会减少 330—365 种新药(Giaccotto,2003;PhRMA,2004)。若 1986—2004 年美国采取与其他发达国家一样的价格控制政策,将减少 117 种新药,减少全球研发投资额 23%—33%(Council of Economic Advisers,2020;Vernon,2005)。

Acemoglu Daron et al.(2004)研究发现既有药品的零售价明显影响新药开发。治疗药物的价格越高,该类研发中的新药就越多。新药研发的价格弹性为 51%,即如果药品价格下降 50%,就会导致新药研发数量降低 25%。因此,降低药品价格可能是在"杀死下蛋的鹅",保持自由定价是医药研发动力的重要激励机制。

许多学者认为,美国自由竞争的药品市场与自由定价为医药研发创新提供了适宜的土壤(Grootendorst et al.,2014;PhRMA,2004)。虽然世界上大多数国家采取降价政策,以减轻患者负担,提高居民的福利水平(torreya,2017),而美国主要采取增加政府退款/优惠等调节药价,处方药平均价格居于世界之首(Aaron S. Kesselheim et al.,2016),但这不会直接干预和降低新药价格(Torreya,2017),也不损及药企的利益,反而增加了药企利润,有力助推了药企研发新药的积极性,是推动美国医药研发创新的重要机制。因此,自由定价和严格的知识产权保护是美国医药研发动力维持和增强的基本机制。

中国 97%的医药企业从事仿制药研究开发,具有自主知识产权的医药企业不足 3%(Yu,2008)。目前专利对医药产业价值形成贡献较低,医药企业手中的知识产权竞争力低下。国外大型跨国公司在华主要是从事仿制药研发,新药审批制度尚不明确,法规体系不健全。同时,缺乏相关专业人士以及新药审批过程漫长,导致创新药物的收入损失(Chen et al.,2017)。而且中国医药市场规制较严格,特别是市场准入和价格控制方面(Liu et al.,2019)。当前中国主要通过颁布低价药物目录和招标方式降低价格。在如此价格决定机制下,医药企业对新药价格的谈判能力有限,限制了研发资金积累,无法增加自身动能,难以快速增加研发创新动力。

2. 基于竞争与合作政策的外生研发动力整合机制

通过竞争与合作获取更多利润为医药研发创新提供了动力。前者是依靠创新在既定资源或收益中获得更大份额,后者是在既定分配比例下依靠创新共同把蛋糕做大而获得更多的绝对量。专利是衡量创新的重要标准(Fredric J. Cohen,2009),医药行业严重依赖专利来适应其创新(Roberts,1999;FTC, 2003)。正如美国技术评估办公室所描述的那样:专利通过排斥他人进而获得比直接竞争所能获得的更大的利润而激励创新活动,使用或出售发明权利进而促进创新(OTA,1981;Fredric J Cohen,2009)。

为了提升研发主体的创新积极性和加快联邦政府所有的专利产业化,美国国会在1980年颁布了《斯蒂文森-威德勒技术创新法案》。该法案的主要精神是鼓励联邦政府与企业密切互作促进发明专利向市场转移。为此,该法案规定所有大学、研究机构、公司等不同创新主体可享受合作发明专利产权。而联邦政府只保留一定的使用权,并要求联邦政府机构研发预算中必须包括0.5%的技术转让费。这一法案直接促使联邦政府各部门纷纷组建了各自的技术转让机构,从而有效地促进了政府累积发明专利的转让和产业化,也极大地刺激了研发主体的创新积极性。

1984年美国通过了《药品价格竞争与专利期补偿法》,在鼓励新药研发和节省医疗费用的仿制药之间取得平衡,也明显加强了研发竞争。如2005年专利药保护期内经历1次专利挑战的占70%,2014年达到94%,专利挑战加剧了专利药与仿制药竞争,促使医药企业加快研发创新,研制新的专利药以减轻专利"悬崖"带来的对企业收入的冲击(Frederic,2018)。

合作与企业联合体也是支持新药研发的动力机制。医药产学研合作发端于德国(Beer,1959),研发机构、医药企业、政府、研发组织、患者组织的合作可以克服生物医药研发中的系统性障碍,成为围绕患者医药研发创新的持续动力机制(MIT,2020)。加强产学研合作是新药研发成功的关键。促进大学基础研究向企业转移转化是促进经济发展和研发持续的保障。1986年美国通过的联邦技术转化法案拉近了研究型大学与实践者、企业家之间的距离,促进基于大学技术的商业化进程(Jensen & Thursby,2001),为美国医药研发提供了长期的驱动力。2005—2014年,美国新的研发合作从4 000个增加到9 000个,研发联合体(Research Consortia)从34个增加到334个,早期阶段的合作从256个到578个(Chart Pack,2019)。这证明良好的竞合政策是维持和加强医药研发创新动力的重要机制。

3. 政策及其外生研发创新动力效应

Grootendorste et al.(2014)较为全面地描述了政府多种可能激励医药企业研发创新的动力因素,包括专利、研发投资税率优惠、研发企业补贴、直接研发投资、降低研发成本等形成研发创新的推动力,减少企业所得税、药物补贴等可以增加市场对医药研发创新的需求拉力。不同的推动力或拉动力受制于多重因素。别春晓(2016)研究表明,政府研发投资总体上是引致医药企业增加研发投资的重要因素,但普惠性投资效果作用大大减弱(戎广颖,2019)。不同国家、不同发展阶段也有所不同,如何找到科学的政策组合,最大限度地推动/拉动医药行业研发创新需要科学的研究。

Dominique Guellec et al.(2008)研究结果表明,由企业执行的直接政府R&D资金(赠款或采购)对企业R&D具有积极影响(给予公司1美元可产生1.70美元的收益税收优惠对企业资助的研发有积极的影响(呈现短期效应)。随着时间的推移,直接融资和税收优惠措施在长期保持稳定后会更加有效。政府直接资助和税收对研发创新动力的支持具有替代性。政府资助占研发总投资的比例与医药研发动力关系呈现倒U型,即当该比例从0开始不断增大时,它形成的研发推动力逐步增强并在13%时达到顶峰。若再增加,会因过多的企业研发投资的挤出效应进而导致政府研发投资增加,医药研发动力反而不断降低(Dominique Guellec et al.,2000)。

因此,如何通过政策支持医药研发动力发展需要研究并根据具体情境给予不同的政策支持体系。余育辉(2019)认为中国医药产业政策结构很不平衡,协同效应弱,对医药创新主体的作用有限。按照Stephen Ezell(2017)研究,医药行业研发创新的动力和领导力决定于强势的研发投入、积极的激励政策(研发税收优惠、孤儿药研发税收优惠)、有效的知识产权保护、让研发者赚取足够收益的价格/支付系统、有效的政策体系和新药审批制度。

随着医药新政仍在持续发布和调整,如何借鉴国际经验构建有效地持续激发医药研发创新动力的政策体系研究具有一定的创新价值。

二、研发网络的支持与驱动

医药研发分为不同的阶段:兴趣驱动下的相关基础研究—靶点的筛查研究—临床前研究—临床1期—临床2期—临床3期—上市申请—临床4期—生产工艺—营销管理。每一阶段需要不同的专业研发者和投资者(Adnan Badran,2015),需要它们的"接力"(赵丹等,2018)。Carine Staropoli(1998)认为研发创新网络本身就是一种组织与管理创新。研发创新网络具有层次性(李树祥,2018)。在全球化背景下,对于研发密集、风险大、技术复杂的医药研发而言,研发创新主体更加需要研发网络支持(Carine Staropoli,1998)。这个网络可以将研究型医药大学、医药研发机构、医药企业及其他医药相关组织联系在一起,通过动态化的分工合作明显提高研发信息的流通速度,降低研发成本,增加研发创新柔性,提高研发效率(Donald S.Siegel et al.,2003)。美国医药企业的研发投资中美国以外的投资比重从 1970 年的 8.9%提升到 2019 年的 22.42%,以强化全球化研发网络发展(PhRMA,2020),表明美国大型医药企业在不断加强全球研发新网络的布局。研发网络可以促成医药研发创新的柔性体系,是医药研发创新的重要推力支持机制。对于任何一个国家而言,医药研发创新一方面通过构建医药研发集群促进集群内研发网络发展,同时通过集群间的互动可以建构超越集群的研发创新网络;另一方面通过努力融入和构建全球医药创新网络。因此,如何构造不同层次的研发创新网络支持医药研发创新需要着力研究。

三、需求拉动机制

虽然医药研发创新更多地表现为对萨伊定律的遵循(Yulia et al.,2019),但医疗需求和市场潜力增加依然是支持医药研发创新的重要拉动支持机制。它们可以为研发过程的最终产品(新药)提供奖励(Paul,2013)。

1. 预期寿命延长和老龄化拉动医药创新

Frank(2013)研究发现使用创新药物后所有年龄段预期寿命和 25 岁以上的生存率都有了明显的提高。1990 年以来的创新药使寿命延长了 1.27 年,贡献了预期寿命增长量的 73%。老龄化是全球的基本趋势,老年人口医疗花费超过全部人口平均水平,如美国 84 岁以上人口医疗支出是全部人口平均支出的 4 倍以上,老龄高龄人口是药品尤其新药的重要需求动力来源之一(GAO,2017)。在中国,恶性肿瘤、脑血管、心脏病、呼吸系统疾病居于疾病导致的死亡中前四位(国家统计局,2020),患者群体在增加,需要更多的研发来支持新药创制。

2. 健康需要医药创新支持

52 个国家和地区的资料表明,1986—2000 年,新药使患者 2 年存活率达到 40%。每在新药上花费 1 美元,可以减少住院费用 4.44 美元(Claudia Allemani,2018)。

3. 支付能力提高拉动新药创新

经济发展、居民收入增加和医疗支付能力增强,对新药品种和数量的需求也在增强(Nic S. Terblanche,2008;蒋琳等,2019)。美国 1960 年处方药支出 26.76 亿美元,到 2018 年上升为 3 350.37 亿美元。新药在医疗费用中占比不高,每 1 美元医疗费用中 10.5 美分花费在治疗用的处方药物上,其中 7 美分花费在新药上(PhRMA,2004)。1985年中国人均医疗支出7.65元人民币,到2019年城乡居民医疗支出1 902.3元人民币(国家统计局,2020)。因此,医疗支付能力提高也必然带来对新药和疗法的有效需求,这成为推动医药研发创新的长期拉动力(Ajay Gautam et al.,2016)。美国通过仿制药发展,加强竞争,降低专利过期药的药价,增加医药支出中对新药的支付比例和能力。中国正在通过带量采购等措施降低普药价格,提高医保资金对新药的支付能力(CMS,2019)。

4. 利润是医药研发的最直接拉动力

医药行业严重依赖专利来适应其创新(Roberts,1999;FTC,2003),并通过渐进式创新来维持其利润(Fredric J. Cohen,2009)。专利新药使创新者可以获得比直接竞争时所能获得的更多利润,从而激励创新活动(Grabowski et al.,2002;OTA,1981)。

总之,老龄化、支付能力增加及专利新药的高额利润汇聚而成的需求成为医药研发创新的拉力支持机制。当然,这种拉动支持机制并不会自然形成,需要深入研究、多重设计。迄今,关于如何构建支持医药研发创新拉动支持机制的研究很少。当前新冠疫情在全球大流行,急切需要确切疗效的疫苗和药物紧急治疗,如此现状下加强需求对新药研发的拉动支持机制,加速相关疫苗和药物研制意义非凡。

四、系统综合集成机制

Basil et al. (2001)认为,技术进步、原材料可得性与稀缺性、市场需求、竞争状况、社会需求、政府法规、专利技术的市场专业化等是驱动医药创新的关键因素。他以美国、英国、德国、瑞士、法国5个国家为样本,通过分析200年间的1 736个药物、5代药物研发的演进,发现医药创新决定于其系统生态功能。医药研发是一个特殊的生态系统,医药研发生态系统的创新能力和动力以医药企业研发为中心,不仅依靠研究型大学、研发机构、政府的研发投资支持,国家监管机构、风险投资、公益组织等协同推动(PhRMA,2020),公共投资和私人投资的有效合作也是推动医药研发创新的重要动力(PhRMA,2020)。

Liu(2019)等研究发现联系企业、政府、学术界的密切协同的生态系统与研发创新环境对新药研究非常重要。

Gryphon Scientific(2019)认为中国生物医药研发创新的动力来自政府强烈的政策驱动下的系统生态的发育。如中国的"863计划""973计划",十二五规划、十三五规划、2008—2018年重大新药创新项目、战略性新兴产业政策、"制造

2025"等,加上科学园区、重点学科建设、海外吸引高级人才计划项目、中国留学生项目及地方政府发展生物医药的政策等在不同阶段促进了研发创新生态的改善。

Stephen Ezell(2020)认为美国医药研发创新的全球领先地位,取决于研究型大学和众多精英研究人才、企业等构成的研发生态系统。政府通过大量研发投资、强大的知识产权(IP)保护、有效的技术转让政策、投资激励以及自由的药品定价政策等,促使研发创新系统富有生态活力,形成优化研发系统的动力结构,增强医药生态系统发展动力的基本机制。

创新无疑也是患者需求与研发创新能力的结合,是适当资金、监管框架、知识产权及其他相关激励机制综合集成的成果(The Pistoia Alliance,2020)。为了刺激研发保持医药研发动力,应该增加政府研发投资、增强研发投资激励政策、扩充医药研发精英人才、支持数据驱动的医药研发、鼓励产学研合作提高效率、支持医药企业的工艺研发、改革医药研发支持政策等,需要动用各类积极因素建构医药研发生态系统的集成动力机制(Stephen Ezell,2020)。

集群是医药企业基本的研发创新生态系统,集群提供的平台系统和广泛的研发网络联系、产学研的密切结合成为医药研发创新的"天堂"。生物医学的创新研究起源于美国和欧洲国家的区域集群(Jason et al.,2002)。医药产业集群是将各类创新主体和辅助机构关联在一起的综合体。产业集群内企业分工合作在降低研发创新成本的同时又能够培育业界精英,增加了创新成果产出,是医药研发创新的重要推动机制;同时,它通过集群组织及时了解、迎合患者需求和市场潜力,是基本的研发创新拉动机制。

世界知名的医药集群[如美国波士顿地区和湾区(Bay Area)、英国剑桥等]都能够以核心医药创新主体为核心,通过集群建立起推动拉动机制促成了持续的动力机制。如波士顿地区以渤健(Biogen)、祥峰(Vertex)、特萨罗(Tesaro)、麻省理工学院、哈佛大学等为核心,拥有美国州级区域中最大的医药实验室面积、吸收大量的风险投资和政府医药研发投资,形成全球首要的医药研发集群,呈现很强的研发动力机制。加利福尼亚湾区以安进(Amgen)、吉利德(Gilead)、拜玛林(Biomarin)、斯坦福大学、加州理工学院、伯克利等世界知名企业、研究型大学和242万平方米实验室及众多的医药研发精英人才兼以美国国立卫生研究院(NIH)大量投资和风险投资蜂聚,形成全美第二大医药研发创新集群(Alex Philippidis,2018)。各级医药研发集群的互动还可以形成医药研发创新系统的混动机制(范纯增,2016)。

中国初步形成了上海张江、深圳、苏州等医药产业集群,对中国医药研发创新正在起到积极作用(谈维等,2019)。中国医药集群投入不足、政策不到位、缺乏龙头企业和融资困难是研发创新的主要制约因素(吕建黎,2016;褚淑贞,2010)。也有学者从创新效率的视角发现,医药研发集群发展不足导致医药研发投入不足,整体创新效率不高,创新能力低下(周艳,2018;施竹红,2019;徐俐颖等,2020;曹阳等,2017;徐锋、李兰冰,2013;洪进等,2013;江岩等,2021)。

目前,医药研发创新集群发育不足,推拉动力机制不够强健。关于医药产业集群、医药创新系统及其动力机制的研究远未跟上改革和发展步伐。这需要加强研究重塑医药研发生态系统及其对医药研发创新的推拉动力机制。

五、总结

关于医药研发创新的研究主要分为如下两方面:

一是关于研发主体、研发创新的内生动力生发机制研究。这类研究讨论医药企业、学研机构的研发能力及其发育问题,这是医药研发创新的内生性、核心动力机制。

二是关于医药研发创新的外生动力支持机制研究。这类研究包括研究关于政策和研发网络等形成的外生推动机制、需求与商业潜力形成的外生拉动机制及生态系统或集群形成的外生推拉混合动力机制。

1. 系统性研发需要综合动力机制研究

从世界范围来看,相关研究已经有很多数量,但主要聚焦于欧美,系统性的综合研究不足。造成这一局面的原因有很多,而丰富的数据积累和大量的学研组织是其中重要的原因。发达国家的研究从多方面揭示了医药研发创新的基本动力和若干机制,但总体而言,关于医药研发创新的动力机制研究还比较分散,呈现碎片式。而当今的医药研发竞争是系统性生态竞争,是动力机制的竞争。时代呼唤综合动力机制构建,发挥集成效应的研究。

2. 医药研发动力机制需要主动建构

医药研发创新具有规律性,但不同的国家和地区,不同发展阶段和政策生态环境表现为不同的主导动力,各种动力生发机制存在差异,动力系统演变中态势不同。医药研发动力往往不会自动永续维持或增长,需要内生动力机制与外生推—拉机制互动耦合作用。

第三章 研发投入产出分析

第一节 研发投入分析

一、研发成本的投入不断上升

全球在研药物不断增多,从2001年的5 995种增加到2021年的18 582种(见表3-1),总体呈现稳步快速增长的特征。

表3-1　　　　　2001—2019年世界新药研发管线情况　　　　　单位:种

年份	2001	2002	2003	2004	2005	2006	2007
数量	5 995	6 198	6 416	6 994	7 360	7 406	7 737
年份	2008	2009	2010	2011	2012	2013	2014
数量	9 217	9 605	9 737	9 713	10 452	10 479	11 307
年份	2015	2016	2017	2018	2019	2020	2021
数量	12 300	13 716	14 872	15 267	16 181	17 737	18 582

资料来源:① Ian Lloyd. Pharma R & D Annual Review[EB/OL].(2019-2-2). https://pharmaintelligence.informa.com/resources/product-content/pharma-rnd-annual-review-2019iao.
② Ian Lloyd.Pharma R&D Annual Review[EB/OL].(2020-2-2). https://get.informaconnect.com/ebd/pharma-rd-annual-review-2020/?_ga=2.39913890.1249997117.1625882798-1249748720.1625882798.
③ Ian Lloyd. Pharma R & D Annual Review[EB/OL].(2021-2-2). https://pharmaintelligence.informa.com/pr oducts-and-services/data-and-analysis/pharmaprojects.

生物医药产业属于资本技术密集型产业，美国生物医药的研发投入费用占到全球该类投入的30%—50%，新药研发成本不断增加。DiMasi et al.（2003）研究认为，每种新药研发临床1—3期费用为0.15亿美元、0.24亿美元和0.86亿美元，总计1.25亿美元。① Adams C, Brantner V.（2006）估计，每种新药的开发支出为2 700万美元。② Christopher P. Adams and Van V. Brantner估计，一种新药研发投入为2 700万—8 600万美元。③

根据DiMasi(2016)的另一项研究，1970—2010年每种新药的研发费用从1.79亿美元增加到25.58亿美元，每10年左右的时间研发费用增加1.4倍左右。若1970—1980年新药研发费用为100，1980—1990年新药研发费用则为230.73，1990—2000年研发费用为583.24，2000—2010年中期新药研发费用为1 429.05。

根据Adnan Badran(2015)的研究，依照2013年不变价格计算，20世纪70年代新药研发成本为1.79亿美元，20世纪80年代为4.13亿美元，1990—2000年早期上升为10亿美元，21世纪初上升到26亿美元④（见表3-2）。

表3-2　　　　　　　　　　　新药研发费用的不断增长情况

年代	费用
20世纪70年代	179（百万美元）
20世纪80年代	413（百万美元）
20世纪90年代至21世纪早期	1.0（10亿美元）
21世纪前10年	2.6（10亿美元）

资料来源：① Adnan Badran. Role of Science, Technology & Innovations in Pharmaceutical Industry[EB/OL].(2015-9-10). https://www.uop.edu.jo/download/Research/members/394_3558_Prof.pdf.
② CHARTPACK.Biopharmaceuticals in perspective summer 2019[EB/OL].(2019-7-17). phrma.org/-/media/Project/PhRMA/PhRMA-Org/PhRMA-Org/PDF/P-R/PhRMA_2019_ChartPack_Final.pdf.

根据EIU(Economist Intelligence Unit)的计算，2003—2011年新药研发费用上升了88%，2011—2016年上升了70%，2016—2025年将上升100%，2025—2034年将上升100%，2034—2043年将上升100%（见表3-3）。

---

① DiMasi J, Hansen R, Grabowski H. The price of innovation: new estimates of drug development costs[J]. Journal of Health Economics2003, 22: 151-185. DiMasi J, Hansen R, Grabowski H. R&D costs and returns by therapeutic category[J]. Drug Information Journal,2004. 38: 211-223.
② Adams C, Brantner V. Estimating the cost of new drug development: is it really $802m? [J]. Health Affairs,2006,March/April: 420-428.
③ Christopher P. Adams, Van V. Brantner. Estimating The Cost Of New Drug Development: Is It Really $802 Million? [J]. HEALTH Economics,2009.DOI:10.1002/hec.
④ Adnan Badran. Role of Science, Technology & Innovations in Pharmaceutical Industry[EB/OL].(2015-9-10). https://www.uop.edu.jo/download/Research/members/3943558Prof.pdf.

表 3-3　　　　　　　　　　　每种新药的平均研发费用

年份	2003—2011	2011—2016	2016—2025	2025—2034	2034—2043
增长率	88%	70%	100%	100%	100%

资料来源：The Economist Intelligence Unit. The Future of Drug Development Part II: Barriers, Enablers and Calls to Action[R]. 2018. https://druginnovation.eiu.com/wp-content/uploads/2019/05/Parexel-Quantitative-report-part-2_Final-1.pdf.

虽然不同的研究者就新药研发成本的计算并不完全一致，但与IT产业遵循的摩尔定律（既定价格下每经过18—24个月，集成电路上可容纳的元器件的数目增加一倍，性能也提升一倍）不同，医药研发成本不断上升是基本趋势，每种新药的研发成本遵循EROOM定律①（每单位研发投资对应的FDA批准的新药数量每9年下降一倍）。这主要因为随着时代变迁，研发链条拉长，研发分工日趋精细，新药研发需要越来越长的时间，复杂性不断增加等原因造成的。

二、政府的研发投入不断加大

美国政府对医药研发投资最主要的渠道是通过NIH资助。从绝对量上看，美国NIH作为支持医药研发创新的最大资助机构，在1938年政府拨付资金仅为4.9亿美元，到2020年超过400亿美元，2021年预算超过500亿美元，是1938年的100倍（见图3-1）。

随着NIH的资金不断增多，其对生命科学研发创新的资助也不断增加。2013年对生命科学领域的研发资助额为223亿美元，2014年为221亿美元，2015—2019年分别为229亿美元、246亿美元、262亿美元、281亿美元和309亿美元。2013—2019年NIH对生物医药研发投资年均增长率为5.6%。②③

---

① Jeremy Hall, Stelvia Matos, Stefan Gold, Liv S. Severino. The paradox of sustainable innovation: The 'Eroom' effect (Moore's law backwards)[J]. Journal of Cleaner Production, 2018, 172: 3487-3497.
② TEConomy/BIO. The Bioscience Economy: Propelling Life-Saving Treatments, Supporting State & Local Communities 2020[EB/OL].(2021-2-1). https://www.bio.org/sites/default/files/2020-06/BIO2020-report.pdf.
③ PhRMA. Biopharmaceutical sector's contribution to the u.s. economy[EB/OL].(2020-10-2). https://www.phrma.org/-/media/Project/PhRMA/PhRMA-Org/PhRMA-Org/PDF/PhRMA_GB_StateFactSheet/PhRMA_GB_NationalFactsheet_2019.pdf, 2020. TEConomy/BIO. The Bioscience Economy: Propelling Life-Saving Treatments, Supporting State & Local Communities 2020[EB/OL].(2021-2-1). https://www.bio.org/sites/default/files/2020-06/BIO2020-report.pdf.

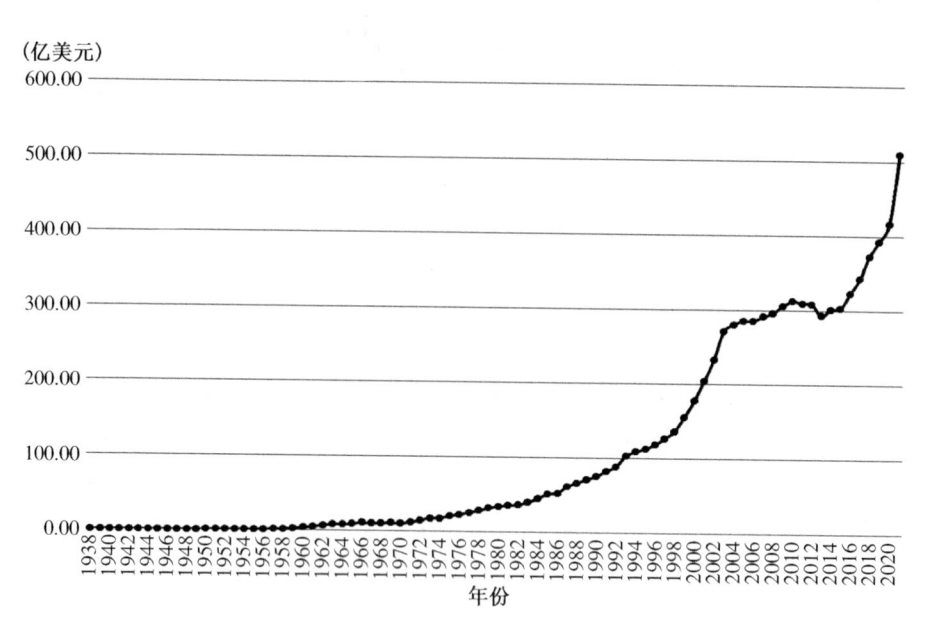

图 3-1　1938—2019 年 NIH 投资情况

按照国家科学与工程学院统计中心（NCSES，National Center for Science and Engineering Statistics）的统计，联邦政府对生命科学的研发支出占全部研发支出总额的百分比 1970 年为 29%（低于联邦政府对工程研发支出比例的 31%），2020 年联邦政府对生命科学研发支出占全部研发支出总额比例增加到 48%（遥遥领先于第二位的工程科学 29 个百分点）（见表 3-4）。从绝对数量来看，美国联邦政府对生命科学的投资不断加大，从 1970 年不足 14 亿美元，上升到 2020 年的 407 亿美元（见图 3-2）。

表 3-4　1970 年、2020 年美国联邦政府研发支出结构情况　　　　单位：%

分类	1970 年	2020 年
生命科学	29	48
工程	31	19
物理	19	11
环境科学	2	6
计算机与数学	2	6
心理学	2	3
社会学	4	1
其他	10	6

资料来源：NCSES.Growth in Federal Research Obligations for Life Sciences Between 1970 and 2020［EB/OL］.(2021-4-1). https://www.nsf.gov/statistics/2021/ncses21200/ncses21200.pdf.

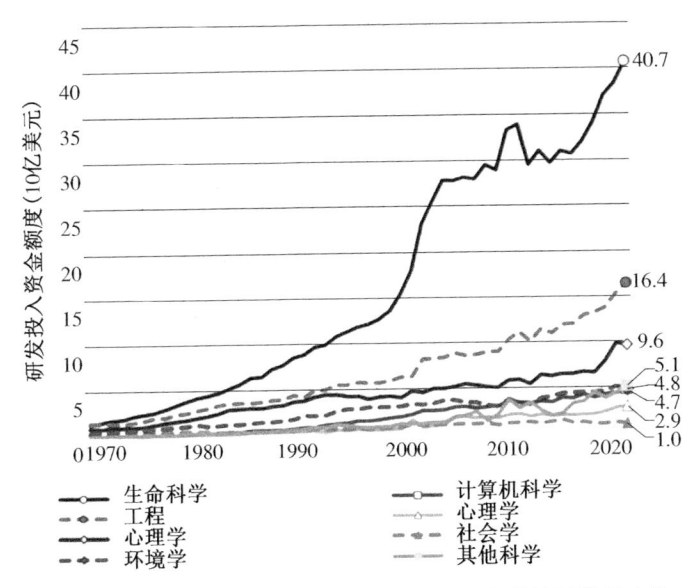

图 3-2　1970—2020 年美国联邦政府研发支出结构及数量变化

资料来源：NCSES.Growth in Federal Research Obligations for Life Sciences Between 1970 and 2020[EB/OL].(2021-4-1). https://www.nsf.gov/statistics/2021/ncses21200/ncses21200.pdf.

2010—2016 年美国政府仅对生物医药研发投入超过 1 000 亿美元，其中 640 亿美元与 84 种首创药物有关。这期间美国 FDA 批准的 210 种新药都与政府的直接资助有关。[1] 而且有超过 200 万篇科研论文直接与这 210 种新药相关，或者与这 210 种药物的生物标靶相关，其中的 60 万篇科研论文是美国国立卫生研究院资助课题。由于美国国立卫生研究院的资助作为政府的直接投入更关注基础理论研究，因此这种政府资助经费 90% 用于基础的靶向研究，仅有不足 10% 的资助用于药物的研究。"这凸显了政府资助下的生物医药基础研究对药物发现和开发进程的关键影响。"[2] 美国 NIH 每增加 1 单位投入，会使生命科学产业增加值增加 1.7—3.5 单位，对私人研发投资起到正向影响作用。[3]

---

[1]　周舟. 美政府 6 年投资逾千亿美元推动新药开发[EB/OL].(2018-01-12). http://k.sina.com.cn/article_2810373291_a782e4ab02000ce7v.html.

[2]　周舟. 美政府 6 年投资逾千亿美元推动新药开发[EB/OL].(2018-01-12). http://k.sina.com.cn/article_2810373291_a782e4ab02000ce7v.html.

[3]　Anusuya Chatterjee and Ross DeVol. Estimating Long-Term Economic Returns of NIH Funding on Output in the Biosciences[EB/OL].(2012-08-31). http://businessdocbox.com/Biotech_and_Biomedical/102002497-Estimating-long-term-economic-returns-of-nih-funding-on-output-in-the-biosciences.html.

20世纪80年代美国国家卫生基金会(NSF)的年投入在5亿美元左右,20世纪90年代逐步增长到20亿美元左右,2020年已经超过99亿美元。NSF主要资助基础研究和人才培养,近年来对生物医药领域的资助数量不断增大。美国国家标准与技术研究院(NIST)作为美国商务部的一个重要的部门,其主要职责是制定衡量技术和识别技术标准,促进共性技术发展,促进产学研结合,其专项资金支持对生物医药研发生态系统成长起到重要的作用。

从生命科学细分领域来看,生物学和医学是投资最多的两个部门,也是增长最快的两个部门。2020年生物学和医学的政府投资分别为189亿美元和138亿美元(见图3-3)。

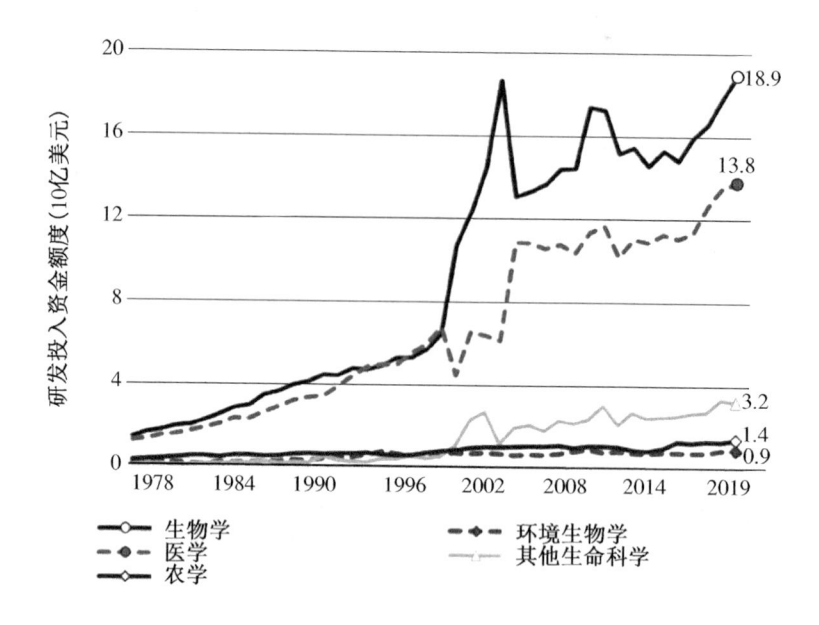

图3-3 1978—2019年细分领域生命科学研究资金投入情况

资料来源:NCSES.Growth in Federal Research Obligations for Life Sciences Between 1970 and 2020 [EB/OL].(2021-4-1). https://www.nsf.gov/statistics/2021/ncses21200/ncses21200.pdf.

NIH对各州生命科学研发投资也在不断增加。如加利福尼亚州2019年获得NIH的资助高达45.92亿美元,马萨诸塞州获得NIH的资助为30.24亿美元,宾夕法尼亚州和马里兰州获得NIH资助超过19亿美元,位居第10位的俄亥俄州获得NIH的资助为8.83亿美元。从人均资助额来看,获得NIH人均资助最多的马萨诸塞州为439美元,位居第10位的加利福尼亚州为116美元(见表3-5)。

表 3-5　　　　　　　　**2019 年获 NIH 资助额排名前 10 位的州**

总资助额前 10 的州		人均资助额前 10 的州		2016—2019 年资助增长前 10 的州	
州名	资助额（亿美元）	州名	人均资助（美元）	州名	增长率（%）
加利福尼亚	45.92	马萨诸塞	439	亚利桑那	60.9
马萨诸塞	30.24	哥伦比亚特区	349	缅因州	48.0
纽约	28.92	马里兰	318	西弗吉尼亚	48.0
宾夕法尼亚	19.44	罗得岛	207	罗得岛	45.7
马里兰	19.20	康涅狄格	169	俄勒冈	45.4
北卡罗来纳	15.90	宾夕法尼亚	152	弗吉尼亚	44.8
得克萨斯	13.70	北卡罗来纳	152	印第安纳	44.0
华盛顿	11.35	华盛顿	149	波多黎各	40.2
伊利诺伊	10.12	纽约	149	肯塔基	39.8
俄亥俄	8.83	加利福尼亚	116	北卡罗来纳	37.7

资料来源：PhRMA. Biopharmaceuticals_in_Perspective[EB/OL].(2021-2-2). https://www.phrma.org/-/media/Project/PhRMA/PhRMA-Org/PhRMA-Org/PDF/A-C/ChartPack_Biopharmaceuticals_in_Perspective_Fall2020.pdf.

三、大学研发资金不断增多

3.1　大学在技术创新中的作用正在加强

从本质上讲，大学是一个知识创造与传递的渠道。通过这个渠道，知识的交流和利用变得更加有效（Doloreux and Mattson，2008；Estrada et al.，2016）。随着医药研发成本的不断提高，具有成本优势和更强科研能力的高校成为医药行业研发的重要力量。与以往不同的是，如今的校企合作不仅仅是大学与企业之间的互动，更多的是通过大学直接参与，使大学与产业的联系制度化（Etzkowitz and Leydesdorff，2000；Gibbons et al.，1994；Meyer-Thurow，1982）。在过去几十年中，高等教育的新制度模式被概念化为"创业大学"（Clark 1998；Etzkowitz，2002，2003；Lawton Smith and Leydesdorff，2012）。在政府监管协调下，以大学作为创新发动机，企业与大学对接，实现技术应用已成为常态。政府、大学和企业利益有关方的合作研究（Freitas et al.，2013）为理论、知识与技术的研发与应用提供了一个有效的框架。学术界——企业界——政府关系的三螺旋模型是一种新兴的创业范式,大学在包括生物医药在内的诸多技术创新中发挥着更大的作用。

2. 大学对医疗医药等生命科学学科投入不断加强

(1) 美国大学及研究机构对医疗健康研发投资不断增强

2013年美国学研机构对医疗健康领域研发投资为113.24亿美元,2018年增加到157.05亿美元,5年增长了38.69%(见表3-6)。2018年研发支出中,大学为102.73亿美元,独立研究机构为36.01亿美元(见表3-7),分别比2002年的65.53亿美元和4.86亿美元增长了0.63倍和6.4倍[①]。

表3-6　　　　　　2013—2018年美国医疗健康研发支出情况　　　　单位:百万美元

机构＼年份	2013	2014	2015	2016	2017	2018
国家和地方政府	1 729	1 823	1 898	1 962	2 073	2 142
基金及公益性健康及专业学会	3 217	3 362	3 290	3 277	3 998	3 825
学研机构	11 324	12 373	12 692	13 762	14 846	15 705
联邦政府	33 906	36 057	36 479	39 177	40 792	43 016
产业/企业	92 970	108 520	108 520	114 386	120 773	129 488
合计	143 146	162 135	162 879	172 564	182 482	194 176

资料来源:Research America. U.S. Investments in Medical and Health Research and Development 2013-2018[EB/OL].(2021-1-7). https://www.researchamerica.org/sites/default/files/Publications/InvestmentReport2019_Fnl.pdf.

表3-7　　　　　2013—2018年美国医疗健康研发支出的变化　　　单位:百万美元;%

机构＼年份	2013	2017	2018	2017—2018 变化率	2013—2018 变化率
大学	7 130	9 637	10 273	6.6	44.09
独立的研究机构	2 901	3 490	3 601	3.19	24.34
独立医院的研发中心	1 293	1 719	1 830	6.45	41.55
合计	11 324	14 846	15 705	5.68	38.69

资料来源:Research America. U.S. Investments in Medical and Health Research and Development 2013-2018[EB/OL].(2021-1-7). https://www.researchamerica.org/sites/default/files/Publications/InvestmentReport2019_Fnl.pdf.

---

① Research America.2002 Investment in U.S. Health Research [EB/OL].(2003-1-7). https://www.researchamerica.org/sites/default/files/uploads/healthdollar2002.pdf.

（2）大学生物科学研发是美国生命科学研究的核心动力之一

2018年，美国大学生物科学研发与健康科学研究占大学生命科学研究活动的55%，生物和生物医学科学占31%。从研发投资（支出）总量来看，这两个部门的研究自2010年以来不断加强。美国大学在2010年的生命科学研发经费达到357亿美元，2018年增长到472亿美元（见表3-8），2018年较2010年增长了32.2%，年均增长3.6%。

表3-8　　　　　2010—2018年美国大学生命科学研发支出情况　　　单位：10亿美元

年份	2010	2011	1012	2013	2014
金额	35.7	38.2	38.1	38.4	38.9
年份	2015	2016	2017	2018	
金额	39.8	41.9	44.3	47.2	

资料来源：TEConomy/BIO. The Bioscience Economy：Propelling Life-Saving Treatments, Supporting State & Local Communities [EB/OL].(2021-2-2). https://www.bio.org/sites/default/files/2020-06/BIO2020-report.pdf.

美国自然科学基金对美国高等教育的研发调查表明，2016年全美639所调查高校的总研发支出为713.33亿美元，其中对生命科学的研发支出为408.88亿美元（该数据略小于TEConomy/BIO的统计），生命科学研发支出占全部研发支出的比重为56.92%。总研发支出最多的20所大学的总研发投入为218.94亿美元，其中生命科学研发投入150.87亿美元，占68.91%（见表3-9）。

表3-9　　　　2016年对生命科学研发支出额排名前20位的大学　　　单位：亿美元；%

学校名称	总研发支持额	生命科学研发支出额	占比
加利福尼亚大学旧金山分校	12.94	12.38	95.63
宾夕法尼亚大学	12.96	9.42	72.68
约翰霍普金斯大学	24.31	9.05	37.21
杜克大学	10.56	8.89	84.19
华盛顿大学（西雅图）	12.78	8.32	65.13
MD安德森癌症研究中心	8.52	7.93	93.03
密歇根大学安娜堡分校	14.36	7.85	54.62
北卡罗来纳大学教堂山分校	10.45	7.65	73.21
匹兹堡大学	8.90	7.47	83.97

续表

学校名称	总研发支持额	生命科学研发支出额	占比
耶鲁大学	8.82	7.41	84.03
加利福尼亚大学洛杉矶分校	10.38	7.25	69.87
斯坦福大学	10.66	7.01	65.70
康奈尔大学	9.74	6.76	69.40
华盛顿大学(圣路易斯)	7.41	6.62	89.30
威斯康星大学麦迪逊分校	11.58	6.55	56.57
加利福尼亚大学圣地亚哥分校	10.87	6.50	59.84
明尼苏达大学双城分校	9.10	6.11	67.12
哈佛大学	10.77	6.00	55.66
纽约大学	8.10	5.99	73.92
贝勒医学院	5.73	5.73	100.00
20所学校合计	218.94	150.87	68.91
全部	718.33	408.88	56.92

资料来源：NSF. Higher Education Research and Development SurveyFiscal Year 2016［EB/OL］. (2016-7-27). https://ncsesdata.nsf.gov/herd/2016/html/HERD2016_DST_22.html.

3. NIH对大学的生命科学基础研究进行重点资助

几乎所有的以生命科学研究见长的美国大学都受到NIH的资助。根据BIO的统计，2018年美国NIH支持力度排名前20所大学的医药研发支出的支持总额为91.44亿美元[1][2]（见表3-10）。

表3-10　　　　2018年获NIH资助额排名前20位的大学　　　　单位：亿美元

大学名称	金额	大学名称	金额
约翰霍普金斯大学	6.63	密歇根大学安娜堡分校	5.48
加州大学旧金山分校	6.40	匹兹堡大学	5.34

---

[1] PhRMA. Biopharmaceutical sector's contribution to the u.s. economy［EB/OL］. (2020-10-2). https://www.phrma.org/-/media/Project/PhRMA/PhRMA-Org/PhRMA-Org/PDF/PhRMA_GB_StateFactSheet/PhRMA_GB_NationalFactsheet_2019.pdf, 2020.

[2] TEConomy/BIO. The bioscience economy: Propelling life-saving treatments, supporting state & local communities 2020［EB/OL］. (2021-2-1). https://www.bio.org/sites/default/files/2020-06/BIO2020-report.pdf.

续表

大学名称	金额	大学名称	金额
宾夕法尼西大学	5.05	北卡罗来纳大学教堂山分校	4.39
斯坦福大学	5.04	加州大学洛杉矶分校	4.10
华盛顿大学路易斯分校	4.84	布里格姆与妇科医院	3.89
马萨诸塞总医院	4.66	埃默里大学	3.31
哥伦比亚大学	4.64	西奈山伊坎医学院	3.31
杜克大学	4.60	威斯康星麦迪逊分校	3.16
加州大学圣地亚哥分校	4.57	MD安德森癌症研究中心	2.98
耶鲁大学	4.53	合计	91.44
华盛顿大学	4.52		

资料来源：CBRE research.Markets Positioned for 'Century of Biology'.

四、企业研发投入日趋增加

1. 研发投资总量不断增加

企业是医药研发投资中最核心的主体，其中美国药品研究与制造商协会（PhRMA）成员是美国医药企业的精华，其投资规模及变化基本代表了美国医药企业的基本状况。自20世纪70年代以来，美国PhRMA成员的研发投入不断增强。从绝对量来看，1970年美国PhRMA研发投资仅为6.19亿美元，2019年增长为829.56亿美元（见表3-11）。美国PhRMA成员2019年研发投资是1970年的134.12倍，总体呈现上升趋势，年均增长10.51%。其年增长率变化波动较大，最低为－4.1%，最高位21.5%（见图3-4）。1970—2019年美国PhRMA成员累计研发投资高达11 987.8亿美元，其中在美国国内投资为9 435.2亿美元，美国以外的研发投资为2 551.4亿美元。

表3-11 　　　　1970—2019年美国PhRMA成员研发投入及年变化率

单位：百万美元；%

年份	国内研发投入	年变化率（%）	国外研发投入	年变化率（%）	研发投入合计	年变化率（%）
1970	566.2	—	52.3	—	618.5	—
1971	626.7	10.7	57.1	9.2	683.8	10.6

续表

年份	国内研发投入	年变化率（%）	国外研发投入	年变化率（%）	研发投入合计	年变化率（%）
1972	654.8	4.5	71.3	24.9	726.1	6.2
1973	708.1	8.1	116.9	64.0	825.0	13.6
1974	793.1	12.0	147.7	26.3	940.8	14.0
1975	903.5	13.9	158.0	7.0	1 061.5	12.8
1976	983.4	8.8	180.3	14.1	1 163.7	9.6
1977	1 063.0	8.1	213.1	18.2	1 276.1	9.7
1978	1 166.1	9.7	237.9	11.6	1 404.0	10.0
1979	1 327.4	13.8	299.4	25.9	1 626.8	15.9
1970—1979年平均	879.23	8.89	153.4	19.06	10 32.63	10.15
1980	1 549.2	16.7	427.5	42.8	1 976.7	21.5
1981	1 870.4	20.7	469.1	9.7	2 339.5	18.4
1983	2 671.3	17.7	546.3	8.2	3 217.6	16.0
1984	2 982.4	11.6	596.4	9.2	3 578.8	11.2
1985	3 378.7	13.3	698.9	17.2	4 077.6	13.9
1986	3 875.0	14.7	865.1	23.8	4 740.1	16.2
1987	4 504.1	16.2	998.1	15.4	5 502.2	16.1
1988	5 233.9	16.2	1 303.6	30.6	6 537.5	18.8
1989	6 021.4	15.0	1 308.6	0.4	7 330.0	12.1
1980—1989年平均	3 435.51	14.54	42 07.37	11.84	771.86	14.0
1990	6 802.9	13.0	1 617.4	23.6	8 420.3	14.9
1991	7 928.6	16.5	1 776.8	9.9	9 705.4	15.3
1992	9 312.1	17.4	2 155.8	21.3	11 467.0	18.2
1993	10 477.1	12.5	2 262.9	5.0	12 760.0	11.1
1994	11 101.6	6.0	2 347.8	3.8	13 499.4	5.6

续表

年份	国内研发投入	年变化率（%）	国外研发投入	年变化率（%）	研发投入合计	年变化率（%）
1995	11 874.0	7.0	3 333.5	—	15 207.4	—
1996	13 627.1	14.8	3 278.5	−1.6	16 905.6	11.2
1997	15 466.0	13.9	3 492.1	6.5	18 958.1	12.4
1998	17 127.9	11.0	3 839.0	9.9	20 966.9	10.8
1999	18 471.1	7.4	4 219.6	9.9	22 690.7	8.2
1990—1999年平均	12 218.84	10.50	2 832.34	10.06	15 058.08	10.42
2000	21 363.7	15.7	4 667.1	10.6	26 030.8	14.7
2001	23 502.0	10.0	6 220.6	33.3	29 772.7	14.4
2002	25 655.1	9.2	5 357.2	−13.9	31 012.2	4.2
2003	27 064.9	5.5	7 388.4	37.9	34 453.3	11.1
2004	29 555.5	9.2	7 462.6	1.0	37 018.1	7.4
2005	30 969.0	4.8	8 888.9	19.1	39 857.9	7.7
2006	33 967.9	9.7	9 005.6	1.3	42 973.5	7.8
2007	36 608.4	7.8	11 294.8	25.4	47 903.1	11.5
2008	35 571.1	−2.8	11 812.0	4.6	47 383.1	−1.1
2009	35 356.0	−0.6	11 085.6	−6.1	46 441.6	−2.0
2000—2009年平均	29 961.36	5.17	8 318.28	9.04	38 284.63	5.96
2010	40 688.1	15.1	10 021.7	−9.6	50 709.8	9.2
2011	36 373.6	−10.6	12 271.4	22.4	48 645.0	−4.1
2012	37 510.2	3.1	12 077.4	−1.6	49 587.6	1.9
2013	40 396.0	7.7	11 217.6	−7.1	51 613.6	4.1
2014	40 737.3	0.8	12 515.9	11.6	53 253.2	3.2
2015	48 110.5	18.1	11 531.9	−7.9	59 642.4	12.0
2016	52 418.2	9.0	13 120.1	13.8	65 538.3	9.9

续表

年份	国内研发投入	年变化率(%)	国外研发投入	年变化率(%)	研发投入合计	年变化率(%)
2017	55 755.0	6.4	15 644.4	19.2	71 399.4	8.9
2018	62 219.7	11.6	17 383.1	11.1	79 602.8	11.5
2019	64 357.0	3.4	18 599.3	7.0	82 956.3	4.2
2010—2019年平均	47 856.56	4.69	13 438.28	6.38	61 294.84	5.05
1970—2019年平均	18 824.93	12.2	5 092.73	15.6	23 920.04	12.7

资料来源：PhRMA.

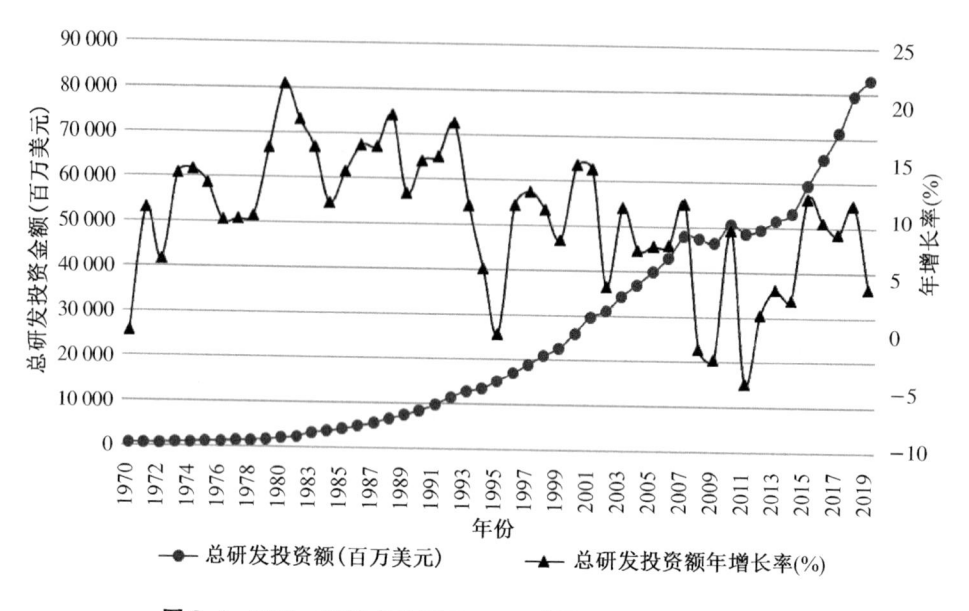

图3-4 1970—2019年美国PhRAM成员总研发投资额及增长率

20世纪70年代以来，在PhRMA成员总投资中，美国以内的研发投资和美国以外的投资总体都呈现不断增加的趋势，但PhRMA成员对美国以内的研发投资总量远远大于美国以外的研发投资额，美国以外投资比重在缓慢提升。就年增长率而言，PhRMA成员对美国以内和美国以外的投资增长率总体都呈现降低的趋势，且PhRMA成员对美国以内研发投资年增长率波动明显小于其对国外研发投资增长率的波动（见图3-5）。

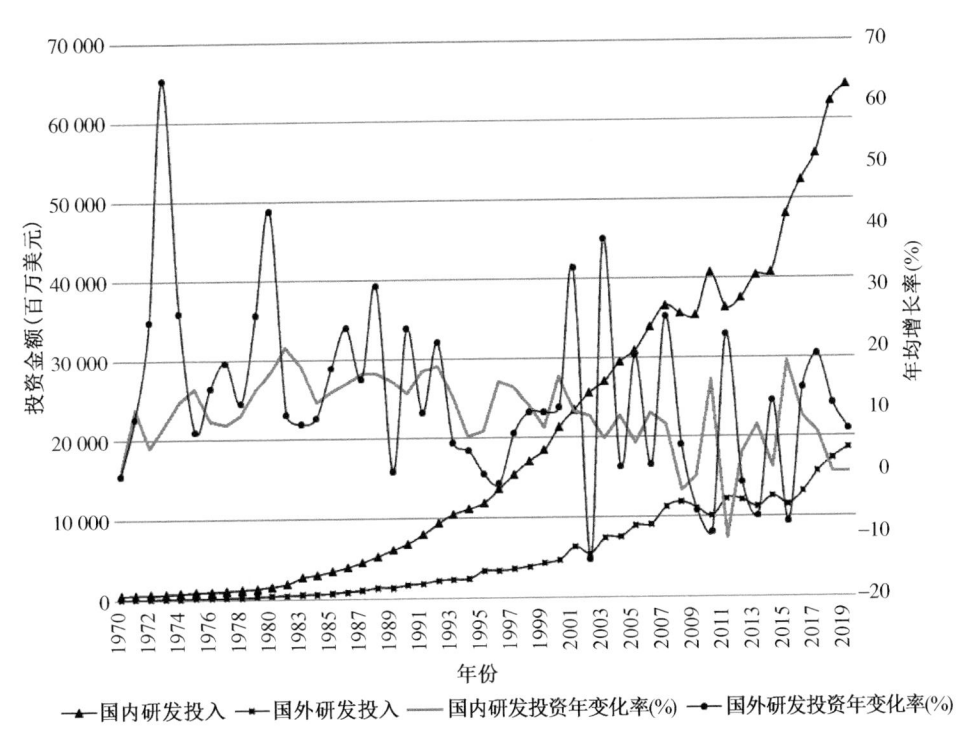

图 3-5　1970—2019 年美国 PhRAM 成员国内外研发投资额及增长率

2. 研发密度不断提升

从研发密度（用全部研发投资额占全部销售额百分比表示）来看，PhRMA 成员研发密度从 1980 年的 8.9% 增长到 2019 年的 22.0%，其中 PhRMA 成员在美国以内投资占全部销售收入的比例从 1980 年的 13.1% 增加到 2019 年的 23.4%（见表 3-12、图 3-6）。

表 3-12　美国国内 PhRMA 成员公司医药 R&D 占销售的比例

年份	美国国内 R&D 占国内销售的比重	全部 R&D 占全部销售的比重
1980	13.1%	8.9%
1981	14.8%	10.0%
1982	15.4%	10.9%
1983	15.9%	11.8%
1984	15.7%	12.1%
1985	16.3%	12.9%
1986	16.4%	12.9%
1987	17.4%	13.4%

续表

年份	美国国内R&D占国内销售的比重	全部R&D占全部销售的比重
1988	18.3%	14.1%
1989	18.4%	14.8%
1990	17.7%	14.4%
1991	17.9%	14.6%
1992	19.4%	15.5%
1993	21.6%	17.0%
1994	21.9%	17.3%
1995	20.8%	16.7%
1996	21.0%	16.6%
1997	21.6%	17.1%
1998	21.1%	16.8%
1999	18.2%	15.5%
2000	18.4%	16.2%
2001	18.0%	16.7%
2002	18.4%	16.1%
2003	18.3%	16.5%
2004	18.4%	16.1%
2005	18.6%	16.9%
2006	19.4%	17.1%
2007	19.8%	17.5%
2008	19.4%	16.6%
2009	19.5%	16.8%
2010	22.0%	17.4%
2011	19.4%	15.9%
2012	21.0%	17.3%
2013	23.0%	18.3%
2014	22.8%	18.6%
2015	23.8%	19.7%
2016	24.0%	20.4%
2017	24.8%	21.4%
2018	22.2%	19.5%
2019	23.4%	22.0%

资料来源：PhRMA Member Companies survey：1980—2020.

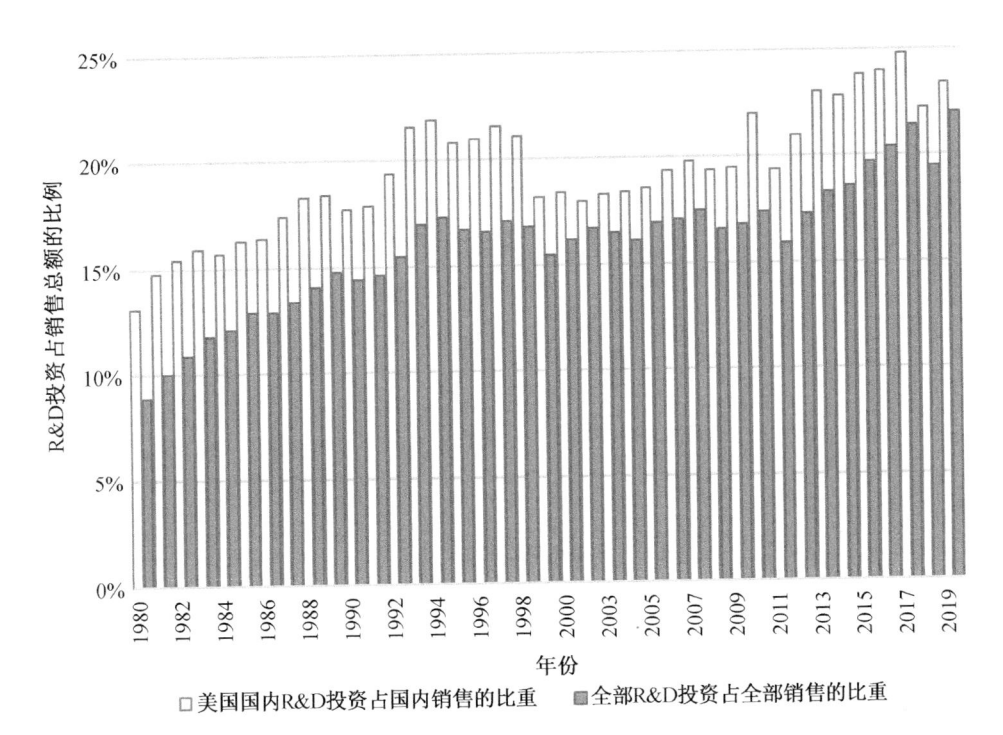

图 3-6　美国国 PhRMA 成员公司医药 R&D 密度

五、研发投入不均衡

1. 研发创新投入的阶段性特征

从研发创新链来看，研发创新包括基础研发、支持生产的应用基础研发、应用技术研发及先进管理研发。长期以来，基础研发和概念实验主要由政府的公共资金支持，生产技术的研发资金主要由企业或私有资金支持，而介于基础理论和应用技术之间的应用基础技术——共性技术研发投入薄弱，形成研发链上的投入"断谷"，阻碍了基础研究成果向应用技术的转化。美国研发链上呈现的这一"断谷"（见图 3-7）是阻碍医药研发的重要因素之一。

2. 不同研发创新阶段的投入结构不平衡

医药研发投资呈现阶段性结构变化。从全球临床前研发费用投入和临床研发费用投入看，临床前研发费用占新药上市审批前投入总和的比例从 1970 年的 60.89% 下降到 2010 年的 42.92%。其中，临床研发费用占新药上市审批前投入总和的比例从 1970 年的 39.11% 上升到 2010 年的 57.08%（见表 3-13）。

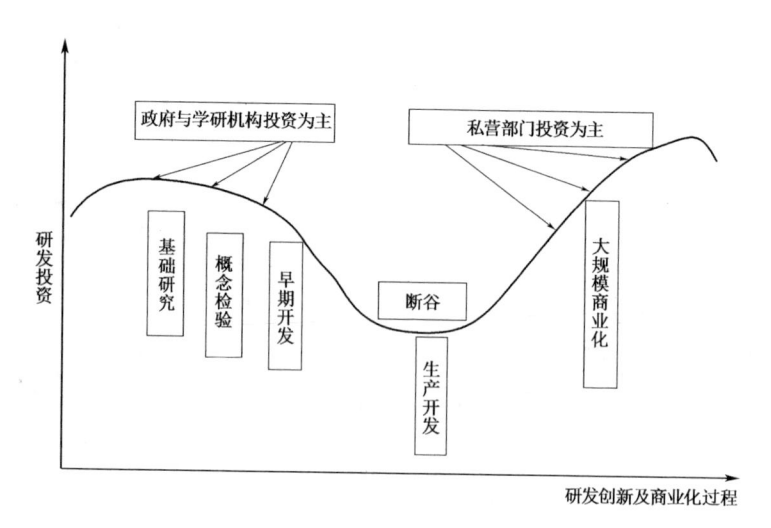

图 3-7 研发创新链投入示意图

表 3-13　　　　　　　　不同时期不同研究阶段的费用估计　　　　　单位：百万美元；%

时间	临床前研究费用	临床研究费用	合计	临床前研究费用占比	临床研究费用占比	各阶段研发费用占 1970—1980 年平均费用比例	每阶段研发费用与相邻的前阶段比值
1970—1980 年	109	70	179	60.89	39.11	100	—
1980—1990 年	278	135	413	67.31	32.69	230.73	2.31
1990—2000 年	436	608	1 044	41.76	58.24	583.24	2.53
2000—2010 年中期	1 098	1 460	2 558	42.92	57.08	1 429.05	2.45

资料来源：DiMasi JA, Grabowski H G, Hansen R W. Innovation in the pharmaceutical industry: New estimates of R&D costs[J]. Journal of Health Economics, 2016, 47: 20-33.

这一现象在美国 PhRMA 的统计中也可以发现。表 3-14 表明美国 PhRMA 企业研发投资中临床前的投资比重在下降，从 2002 年的 33.8% 下降到 2019 年的 15.7%。临床 1 期研发投资比重在缓慢上升，从 2002 年的 4.8% 上升到 2019 年的 8.8%。临床 2 期研发投入比例也呈现上升趋势。临床 3 期的投资比例有较大幅度的上升，从 2002 年的 21.2% 上升到 2019 年的 28.9%。而上市许可阶段的研发投资明显下降，从 2002 年的 7.9% 下降到 2019 年的 4.3%。临床 4 期的研发投入比例有所下降，因为前期的基础研究和临床 3 期的研发进一步加强，从而降低了对该阶段的投资比例。同时政府主管部门通过不断改革，对新药审批制度改革提高了效率，节省了医药企业的研发投资。

表 3-14 2002—2019 年美国 PhRMA 成员研发创新的阶段性投入比例

单位：百万美元；%

阶段	2002 研发投入	比例	2006 研发投入	比例	2008 研发投入	比例	2013 研发投入	比例	2018 研发投入	比例	2019 研发投入	比例
临床前研究	10 481.6	33.8	11 816.1	27.2	12 795.2	27	10 717.8	20.8	11 168.7	15.6	12 034.3	15.7
临床 1 期	1 490.2	4.8	2 902.7	6.7	3 889.6	8.2	3 666.9	7.1	6 201	8.7	7 260.8	8.8
临床 2 期	2 968.1	9.6	5 687.4	13.1	6 089.7	12.9	5 351.3	10.4	8 277.4	11.6	8 045.7	9.7
临床 3 期	6 286.4	21.2	12 187.3	28.1	15 407.4	32.5	15 239.2	29.5	21 377	29.9	23 979.8	28.9
上市许可	2 455	7.9	2 649.3	6.1	2 225.8	4.7	5 395.4	10.5	2 788.7	3.9	3 538.8	4.3
临床 4 期	3 855.2	12.4	5 584.6	12.9	6 835.8	14.4	7 574.2	14.7	8 152.9	11.4	9 321.5	11.2
其他	3 493.7	11.3	2 611.6	6	139.1	0.3	3 668.7	7.1	13 433.8	18.8	17 775.7	21.4
合计	31 012.2	100	43 439.1	100	47 383.1	100	51 613.6	100	71 399.4	100	82 956.3	100

资料来源：Pharmaceutical Research and Manufacturers of America. PhRMA Annual Membership Survey, 2004, 2008, 2010, 2015, 2019, 2020.

医药企业的总体研发投资向临床特别是临床 1 期和 3 期集中，这说明产学研的合作分工不断加深，大学、研发机构等更多的是进行基础研究，而企业将更多资金投入临床研发中。医药企业竞争不断加大，医药企业着力促进临床研发，形成新的产品，提升企业竞争力和经济效益。

六、研发投入高度集中且风险投资不断增加

1. 研发投入高度集中

医药行业研发集中是基本特点，从研发投资来看，2000—2019 年美国 200 家医药企业中前 10 大医药企业研发投入占总投入的 85.32%—67.78%。研发集中度虽有所波动，但总体集中度依然很高（见表 3-15）。

表 3-15 美国医药企业研发创新的集中度分析

单位：百万美元；%

年份	200 家企业研发费用	前 10 家合计	前 10 家比重
2000	17 372	14 822	85.32
2001	19 578	16 424	83.89
2002	20 965	17 642	84.15

续表

年份	200家企业研发费用	前10家合计	前10家比重
2003	25 877	22 273	86.07
2004	28 875	25 016	86.63
2005	31 106	26 904	86.49
2006	35 722	30 430	85.19
2007	39 061	32 601	83.46
2008	40 623	33 508	82.49
2009	43 375	36 239	83.55
2010	53 281	44 537	83.59
2011	54 174	43 820	80.89
2012	55 366	43 862	79.22
2013	54 767	44 354	80.99
2014	61 056	48 107	78.79
2015	68 139	51 236	75.19
2016	77 813	57 022	73.28
2017	85 588	60 558	70.76
2018	94 460	67 539	71.50
2019	93 735	63 530	67.78

注：10家企业分别是辉瑞、默克、强生、艾伯维、吉利德、安进、百时美-施贵宝、礼来、再生元制药和新基医药。

资料来源：根据相关数据库整理。

2. 风险投资不断加强

美国医药行业的风险投资额度不断攀升。2016—2019年，美国风险投资总额不断增加，如2016年为176.04亿美元，2017年为223.82亿美元，2018年为322.89亿美元，2019年为304.53亿美元，4年合计高达1 027.28亿美元[①]。

从风险投资的结构来看，2016—2019年美国风险投资累计达1 027.28亿美

---

① TEConomy/BIO. The Bioscience Economy: Propelling Life-Saving Treatments, Supporting State & Local Communities 2020[EB/OL]. (2021-2-2). https://www.bio.org/sites/default/files/2020-06/BIO2020-report.pdf.

元,从前种子期到后期阶段依次递增。如前种子期投资金额仅为1.55亿美元,后期阶段达514.65亿美元。从每个公司获得的平均风险投资数额看,从前种子期的800万美元增加到后期阶段的0.331亿美元(见表3-16)。

表3-16　　　　　　　　　2016—2019年美国风险投资结构

指标 时间段	投资次数 (次) 2014—2017年	投资次数 (次) 2016—2019年	公司数量(家) 2014—2017年	公司数量(家) 2016—2019年	获VC投资总额 (百万美元) 2014—2017年	获VC投资总额 (百万美元) 2016—2019年	平均投资金额 (百万美元) 2014—2017年	平均投资金额 (百万美元) 2016—2019年	平均每家公司 获VC金额 (百万美元) 2014—2017年	平均每家公司 获VC金额 (百万美元) 2016—2019年
前种子期	1 756	2 782	1 329	2 039	136	155	0.08	0.06		0.08
天使阶段	1 586	1 847	1 252	1 465	3 182	3 025	2.01	1.64		2.06
种子阶段	807	1 465	688	1 231	1 271	3 287	1.58	2.24	1.86	2.67
早期阶段	1 967	3 150	1 489	2 350	25 036	44 797	1 273	14.22	16.81	19.06
后期阶段	1 816	2 312	1 169	1 555	36 544	51 465	2012	22.26	31.26	33.10
合计	7 932	11 556	4 762	6 660	66 169	102 728	8.34	8.89	13.90	15.42

资料来源:TEConomy/BIO.The Bioscience Economy:Propelling Life-Saving Treatments,Supporting State & Local Communities 2020[EB/OL].(2021-2-1).https://www.bio.org/sites/default/files/2020-06/BIO2020-report.pdf.

从生物科学产业细分部门看,2016—2019年风险投资最多的是生物技术,风险投资高达323.87亿美元;其次是健康技术系统,为253.92亿美元;再次是药品递送、医疗设备(见表3-17)。

表3-17　　　2016—2019年生物科学产业的风险投资情况　　　单位:亿美元

农业化学	1.56	实验室是服务(健康)	7.01
生物燃料	4.28	医疗供给	6.91
生物技术	323.87	监控设备	26.11
诊断设备	50.03	其他生物科学与健康	22.75
药品递送	189.69	药物	36.74
健康分配(distributors)	0.22	外科设备	40.82
健康技术系统	253.92	医疗设备	63.36

资料来源:TEConomy/BIO.The Bioscience Economy:Propelling Life-Saving Treatments,Supporting State & Local Communities 2020[EB/OL].(2021-2-2).https://www.bio.org/sites/default/files/2020-06/BIO2020-report.pdf.

第二节 医药研发创新的产出分析

一、专利分析

1. 总量分析

经济合作与发展组织(OECD)数据库资料显示,《专利合作条约》(PCT)体系下的美国医药专利、生物技术专利和医疗技术专利在全球占绝对优势。1999—2017 年美国医药专利总量从 4 985.4 项增加到 5 529.9 项,占全球比重在 1999 年为 48.77%,到 2017 年为 39.95%。

美国生物技术专利总量从 1999 年的 5 154.4 项增加到 2017 年的 5 468.1 项,占全球比重从 1999 年的 51.53% 变为 2017 年的 38.89%。

美国医疗技术专利总量从 1999 年的 3 878.6 项增加到 2017 年的 6 334.8 项,占全球比重从 1999 年的 52.98% 变为 2017 年的 33.01%。

总体而言,医药医疗与生物技术专利绝对量在不断增长,相对比重虽有下降,但仍然保持绝对优势的国家占比(见表 3-18、表 3-19、表 3-20、图3-8、图 3-9 和图 3-10)。

表 3-18　　　　　　　　PCT 体系下医药专利情况　　　　　　　　单位:项

国家或地区	1999 年	2000 年	2001 年	2002 年	2003 年	2004 年	2005 年	2006 年	2007 年	2008 年
澳大利亚	135.5	164.0	178.1	183.4	163.4	181.3	187.8	192.8	209.1	179.8
加拿大	325.3	313.1	389.0	344.2	335.0	380.8	421.9	434.9	398.2	321.9
丹麦	119.0	161.5	183.2	157.6	206.5	175.4	199.9	169.8	218.1	175.2
法国	422.2	481.2	556.3	493.5	482.2	462.5	500.3	517.5	500.5	518.1
德国	869.6	958.1	1 046.6	1 074.3	973.7	990.3	961.3	884.8	1 012.2	774.6
以色列	114.0	135.2	201.6	189.5	248.1	221.0	253.7	237.1	231.9	196.8
意大利	190.6	225.2	252.2	250.9	256.1	268.0	310.6	280.3	280.1	317.8
日本	908.0	1 107.5	1 173.3	1 283.0	1 365.4	1 458.7	1 467.1	1 239.3	1 208.9	1 096.0
韩国	93.1	126.2	152.9	195.4	162.4	203.1	239.5	260.2	276.3	319.5
荷兰	115.5	152.8	152.7	171.1	141.9	155.4	169.9	169.4	199.3	158.1

续表

国家或地区	1999年	2000年	2001年	2002年	2003年	2004年	2005年	2006年	2007年	2008年
西班牙	57.0	84.3	89.6	97.2	116.5	169.8	213.6	191.9	190.8	210.1
瑞典	176.1	193.2	197.2	205.9	200.0	184.8	214.9	208.0	245.4	144.3
瑞士	132.8	179.7	193.4	189.2	224.1	231.1	247.1	251.6	411.7	259.8
英国	749.9	813.7	850.5	857.8	769.8	694.7	771.5	745.0	730.8	594.2
美国	4 985.4	5 781.6	5 679.9	5 725.2	5 988.4	5 674.0	5 758.6	5 833.9	5 103.4	4 963.4
欧盟28国	3 018.4	3 419.5	3 701.8	3 723.4	3 534.8	3 498.5	3 743.8	3 581.4	3 849.7	3 312.8
中国	267.3	652.3	117.6	142.6	171.9	207.9	232.4	287.0	340.5	336.0
印度	68.5	94.2	134.2	253.8	310.9	322.3	345.8	317.5	332.0	366.8
全球	10 222.0	12 225.0	12 166.0	12 525.0	12 878.0	12 756.0	13 382.0	13 145.0	12 845.0	11 813.0
美国占比(%)	48.77	47.29	46.69	45.71	46.50	44.48	43.03	44.38	39.73	42.02

国家或地区	2009年	2010年	2011年	2012年	2013年	2014年	2015年	2016年	2017年
澳大利亚	154.0	144.4	151.6	159.4	146.2	148.5	142.7	172.5	167.8
加拿大	267.0	258.2	254.5	245.5	267.6	216.6	280.7	239.6	270.9
丹麦	121.1	116.1	115.1	119.2	98.2	93.2	94.7	123.8	101.6
法国	520.8	438.9	452.3	470.0	427.0	431.7	443.9	426.9	432.9
德国	685.6	737.5	716.5	624.6	594.9	557.3	563.2	558.2	574.7
以色列	168.9	166.0	162.6	173.5	144.7	185.0	223.2	223.6	210.8
意大利	253.2	263.5	223.1	225.9	221.4	234.9	204.4	246.0	282.3
日本	1 169.6	994.1	901.9	981.2	940.8	1 013.6	1 003.1	1 071.1	1 064.6
韩国	400.8	484.3	598.4	526.8	555.9	559.4	639.0	690.1	750.6
荷兰	231.7	261.5	208.7	180.4	189.6	180.5	163.3	142.3	190.6
西班牙	231.7	261.5	208.7	180.4	189.6	180.5	163.3	142.3	190.6
瑞典	139.7	127.6	111.7	91.0	82.5	109.3	111.3	128.6	119.5
瑞士	248.9	227.7	274.2	260.6	262.1	237.2	278.3	256.7	301.7
英国	484.3	442.9	423.1	370.0	431.7	430.7	474.0	458.0	435.8
美国	4 518.8	4 486.2	4 419.0	4 460.6	5 162.4	4 917.8	5 514.8	5 541.4	5 529.9
欧盟28国	3 019.4	2 896.4	2 796.8	2 566.1	2 592.3	2 560.1	2 628.9	2 597.5	2 600.9
中国	416.3	558.8	665.0	642.0	736.9	872.2	1 146.0	1 453.9	1 665.5
印度	393.5	447.5	405.1	450.8	443.0	398.2	409.8	340.9	337.4
全球	11 254.0	11 336.0	11 209.0	11 124.0	11 843.0	11 737.0	12 895.0	13 252.0	13 842.0
美国占比(%)	40.15	39.57	39.42	40.10	43.59	41.90	42.77	41.82	39.95

资料来源：OECD数据库。

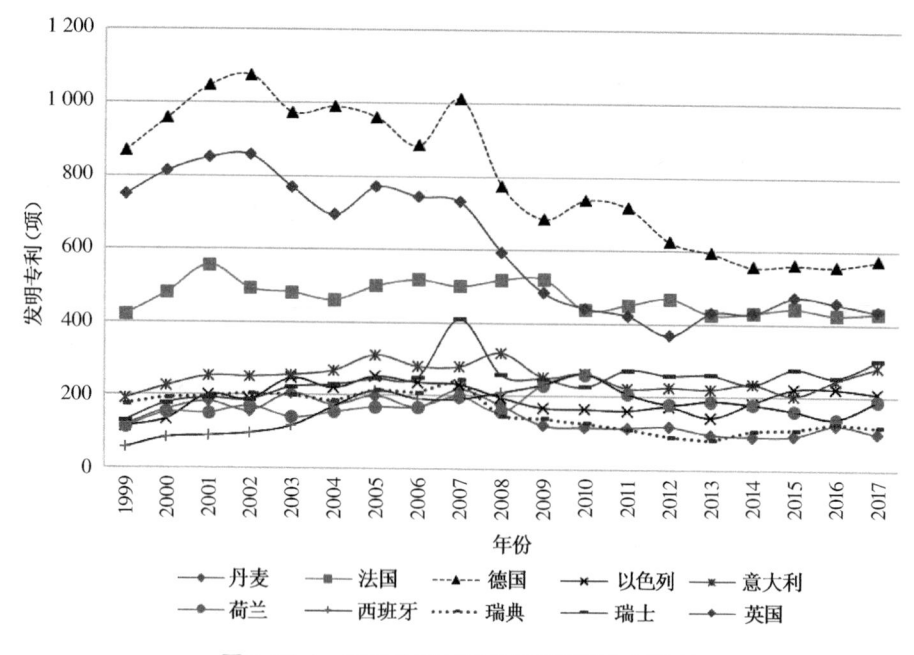

图 3-8(a) PCT 体系下部分国家医药专利情况

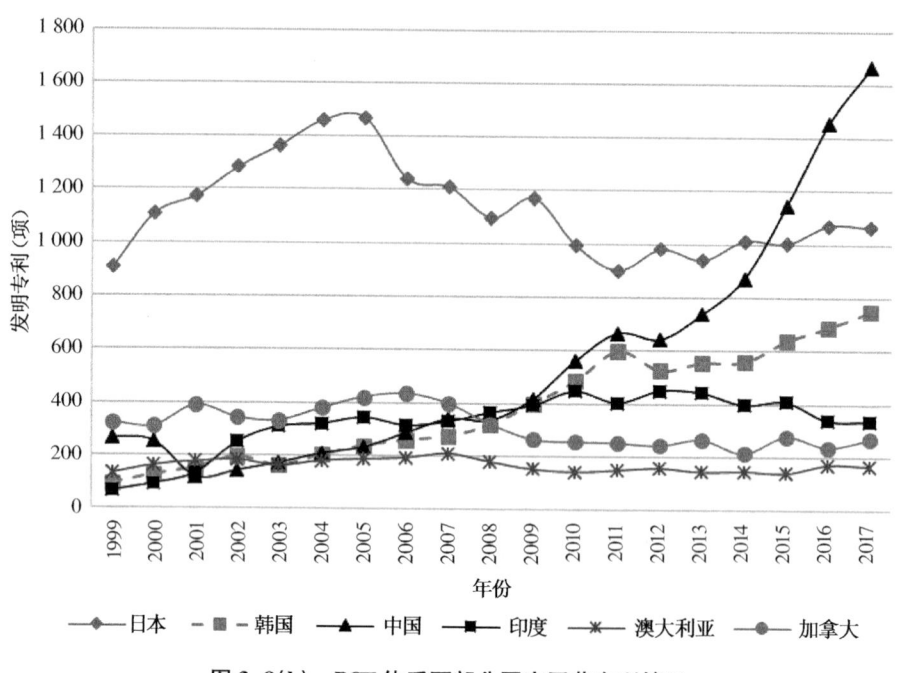

图 3-8(b) PCT 体系下部分国家医药专利情况

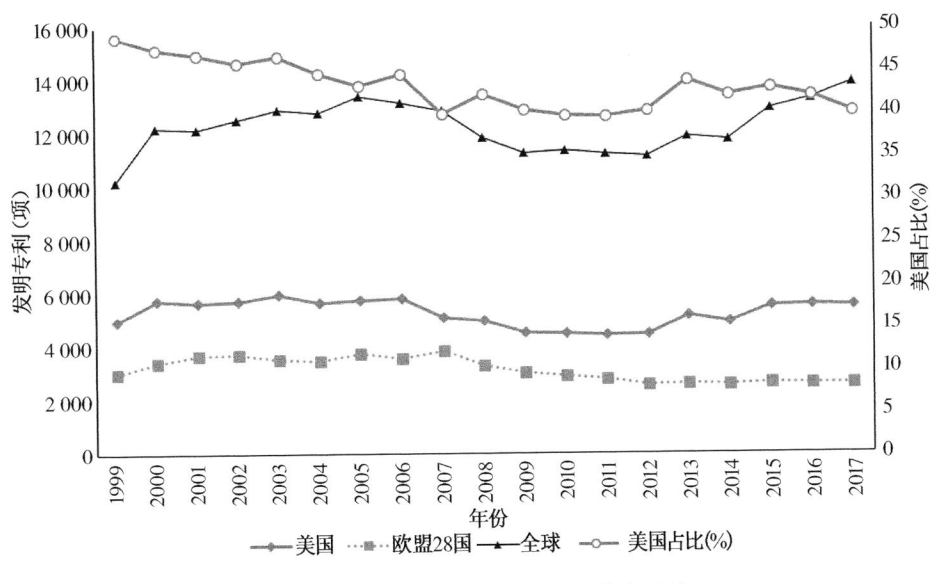

图 3-8(c)　PCT 体系下部分国家医药专利情况

2. 医药细分专利变化

表 3-19　　　　　　　　　PCT 体系下生物技术专利情况　　　　　　　　　单位：项

国家或地区	1999 年	2000 年	2001 年	2002 年	2003 年	2004 年	2005 年	2006 年	2007 年	2008 年
澳大利亚	157.6	186.5	225.9	181.8	231.4	180.4	214.8	199.3	207.9	180.6
比利时	165.2	143.9	143.0	148.4	139.4	145.9	134.5	149.7	162.8	143.5
加拿大	346.3	294.9	449.4	336.3	276.1	244.4	269.1	280.4	330.4	301.5
丹麦	157.2	176.5	175.9	198.9	206.8	218.7	192.3	163.7	268.8	242.3
法国	387.0	393.2	488.4	384.6	350.6	358.0	310.0	365.9	412.7	450.8
德国	795.5	1 247.8	1 217.7	1 124.5	951.7	913.5	668.5	667.1	725.6	673.9
以色列	122.3	142.0	162.5	139.3	172.7	171.4	154.7	146.2	195.6	172.8
意大利	85.0	98.5	106.0	116.3	111.7	122.9	132.8	144.4	124.8	154.9
日本	707.7	926.4	1 076.0	1 231.7	1 357.6	1 538.7	1 522.4	1 292.2	1 234.3	1 209.7
韩国	91.7	146.9	178.8	176.3	175.9	205.8	213.3	286.4	320.8	327.9
荷兰	155.3	196.7	174.1	247.9	193.2	221.0	299.4	317.4	330.0	318.1
西班牙	43.6	50.3	69.3	77.9	66.2	88.8	109.4	120.7	136.5	184.7
瑞典	170.4	177.1	171.5	185.7	137.5	143.8	137.6	129.5	135.1	102.2
瑞士	174.4	243.1	329.7	287.7	336.1	325.8	341.2	326.5	400.5	393.0

续表

国家或地区	1999年	2000年	2001年	2002年	2003年	2004年	2005年	2006年	2007年	2008年
英国	645.1	619.5	639.3	574.7	508.7	433.6	443.7	405.2	461.5	407.4
美国	5 154.4	6 240.9	5 998.9	5 502.4	5 238.6	4 725.9	4 791.2	4 864.1	4 691.5	4 472.9
欧盟28国	2 767.2	3 257.7	3 401.5	3 259.5	2 879.8	2 837.1	2 631.2	2 714.4	3 021.9	2 939.8
中国	283.3	923.3	62.3	103.0	122.8	106.8	106.0	142.7	167.6	174.9
印度	16.8	29.5	48.5	80.2	81.5	77.0	82.4	88.7	79.5	105.2
全球	10 002.0	12 630.0	12 199.0	11 615.0	11 178.0	10 690.0	10 662.0	10 730.0	11 326.0	10 685.0
美国占比（%）	51.53	49.41	49.18	47.37	46.87	44.21	44.94	45.33	41.42	41.86

国家或地区	2009年	2010年	2011年	2012年	2013年	2014年	2015年	2016年	2017年
澳大利亚	169.8	174.7	154.7	139.1	145.3	149.6	151.1	150.0	160.4
比利时	163.5	161.6	166.0	147.1	124.5	138.5	156.2	160.2	146.4
加拿大	238.2	227.2	268.5	230.8	262.2	236.2	243.3	226.1	240.2
丹麦	171.2	195.7	212.1	229.9	209.5	247.8	221.7	220.6	213.8
法国	522.5	493.7	547.7	501.0	537.2	537.9	552.7	529.6	499.2
德国	659.5	670.3	670.3	605.3	592.2	592.8	663.9	604.8	630.2
以色列	139.1	166.9	160.3	156.9	142.3	179.7	187.8	168.4	199.3
意大利	147.3	145.8	122.2	130.7	112.0	115.9	125.2	130.6	135.7
日本	1 207.5	1 290.7	1 232.8	1 243.8	1 275.0	1 349.8	1 457.7	1 628.4	1 523.7
韩国	402.8	479.8	550.3	535.0	537.4	617.5	747.7	868.3	896.0
荷兰	300.4	250.5	257.7	270.6	250.8	243.5	280.2	237.1	237.7
西班牙	190.8	182.6	190.9	180.7	190.4	167.3	158.7	124.5	153.1
瑞典	111.0	120.1	124.2	102.5	109.2	114.0	104.7	119.1	102.3
瑞士	396.8	422.5	397.6	381.6	400.5	432.0	426.3	420.3	379.5
英国	370.5	384.3	394.4	400.5	422.2	494.2	495.0	480.2	466.9
美国	4 191.4	4 399.3	4 589.1	4 475.1	4 997.6	4 746.2	5 311.4	5 395.2	5 468.1
欧盟28国	2 869.5	2 832.9	2 961.2	2 822.8	2 821.4	2 926.8	3 040.0	2 857.0	2 822.1
中国	251.8	382.9	486.3	449.8	547.9	616.7	821.8	1 079.0	1 433.3
印度	102.7	110.0	106.0	124.3	121.2	123.0	100.6	89.6	113.0
全球	10 400.0	10 967.0	11 351.0	11 110.0	11 821.0	11 944.0	13 041.0	13 456.0	14 062.0
美国占比（%）	40.30	40.12	40.43	40.28	42.28	39.74	40.73	40.09	38.89

资料来源：OECD数据库。

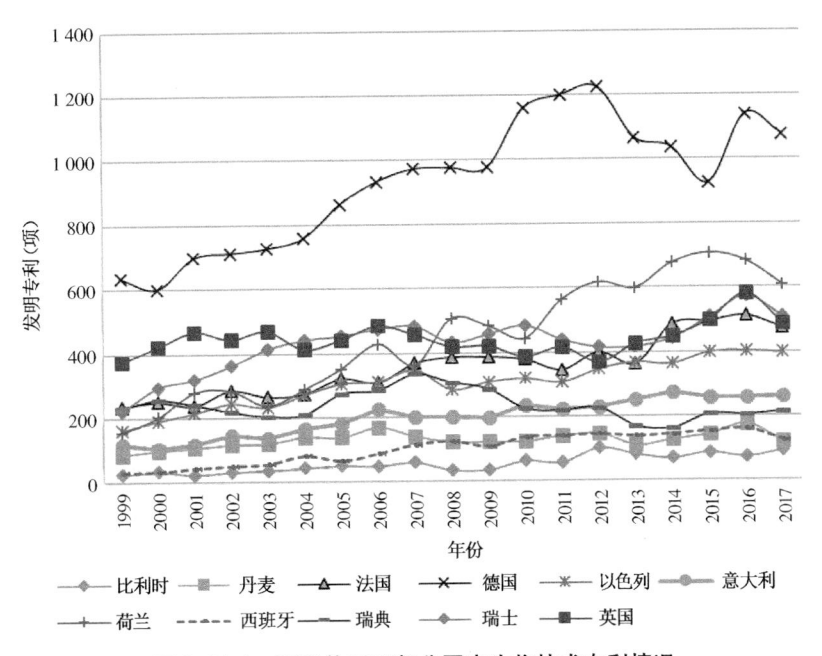

图 3-9(a) PCT 体系下部分国家生物技术专利情况

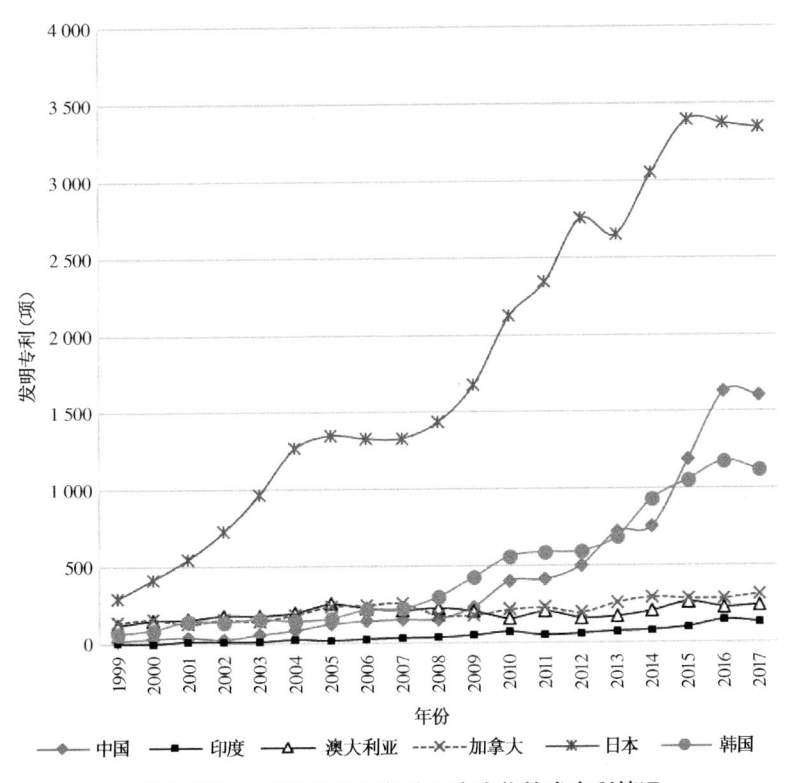

图 3-9(b) PCT 体系下部分国家生物技术专利情况

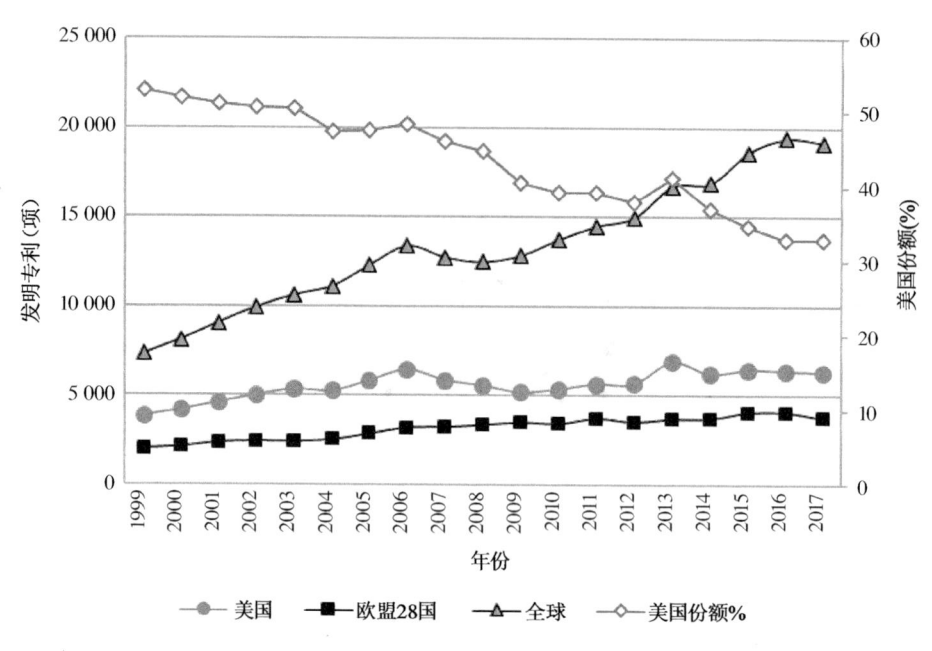

图 3-9(c)　PCT 体系下部分国家生物技术专利情况

表 3-20　　　　　　　　PCT 体系下医疗技术专利情况　　　　　　　　单位：项

国家或地区	1999 年	2000 年	2001 年	2002 年	2003 年	2004 年	2005 年	2006 年	2007 年	2008 年
澳大利亚	121.3	153.2	158.0	183.2	181.3	200.8	257.4	228.7	213.8	229.7
比利时	25.8	34.3	24.6	32.8	36.7	44.1	51.1	49.5	60.5	36.5
加拿大	143.4	162.0	130.7	159.4	149.0	189.3	241.8	249.8	260.6	182.2
丹麦	87.3	100.2	108.0	117.5	119.6	140.3	138.3	169.4	141.0	123.0
法国	235.4	249.2	237.3	284.5	264.6	273.2	321.4	308.8	368.8	387.0
德国	634.8	601.3	697.2	711.2	725.3	757.9	863.6	933.3	972.3	975.0
以色列	161.6	190.7	214.4	243.3	231.2	269.6	305.4	310.7	347.5	285.3
意大利	117.7	104.8	116.7	146.7	136.8	164.3	181.2	223.7	198.8	199.5
日本	295.5	417.0	550.0	725.3	965.8	1 265.8	1 350.8	1 330.4	1 332.4	1 434.8
韩国	65.3	90.0	144.8	140.5	159.5	145.5	161.7	217.9	224.8	299.5
荷兰	154.8	201.4	278.4	283.3	235.7	287.0	351.3	427.9	361.6	506.1
西班牙	32.0	35.2	45.0	51.3	57.0	81.5	66.5	88.2	115.3	124.6
瑞典	230.7	255.8	240.0	217.5	203.8	208.4	273.1	283.9	334.5	308.0
瑞士	221.7	295.8	320.3	362.4	414.1	442.3	455.0	475.8	484.0	433.5

续表

国家或地区	1999年	2000年	2001年	2002年	2003年	2004年	2005年	2006年	2007年	2008年
英国	377.3	422.6	468.8	445.3	469.7	413.6	442.8	485.6	457.5	420.3
美国	3 878.6	4 216.6	4 641.7	5 027.1	5 359.1	5 277.9	5 853.2	6 468.8	5 876.4	5 583.7
欧盟28国	2 065.2	2 175.3	2 413.8	2 482.5	2 457.8	2 563.5	2 896.8	3 232.7	3 275.0	3 388.0
中国	19.5	33.8	43.0	29.0	57.8	85.8	127.0	144.6	153.9	156.7
印度	4.0	2.0	16.0	13.5	13.3	28.0	20.2	29.3	35.7	38.2
全球	7 321.0	8 118.0	9 073.0	9 919.0	10 608.0	11 106.0	12 296.0	13 365.0	12 720.0	12 470.0
美国占比(%)	52.98	51.94	51.16	50.68	50.52	47.52	47.60	48.40	46.20	44.78

国家或地区	2009年	2010年	2011年	2012年	2013年	2014年	2015年	2016年	2017年
澳大利亚	208.5	161.3	204.2	163.5	172.3	207.2	263.2	230.4	242.9
比利时	36.5	63.2	58.5	102.5	81.8	69.8	87.7	73.5	93.5
加拿大	182.2	218.3	230.9	199.4	263.0	294.8	287.6	287.6	314.9
丹麦	123.0	123.3	139.8	147.0	110.5	127.5	144.1	175.0	121.2
法国	387.0	379.0	345.7	400.6	363.0	486.7	496.9	512.7	474.2
德国	975.0	1 157.6	1 199.2	1 223.9	1 065.1	1 036.8	925.4	1 137.6	1 074.1
以色列	308.6	319.1	307.0	347.9	368.4	363.3	398.9	402.8	397.5
意大利	196.3	233.2	222.0	229.2	248.9	272.3	256.8	258.1	259.5
日本	1 673.9	2 121.2	2 342.3	2 755.9	2 654.3	3 049.7	3 394.0	3 372.1	3 342.9
韩国	427.7	561.1	588.5	596.2	685.5	934.0	1 055.2	1 175.6	1 119.8
荷兰	482.6	443.7	562.8	617.0	598.2	674.9	706.1	681.0	607.5
西班牙	108.9	137.5	140.3	145.0	138.3	144.4	153.3	158.8	124.5
瑞典	286.0	224.0	217.9	225.5	168.5	161.3	205.1	202.9	213.0
瑞士	458.3	484.3	439.7	416.0	417.2	442.7	507.5	573.0	510.2
英国	421.5	387.6	416.2	369.4	427.2	449.2	498.4	580.8	488.2
美国	5 205.7	5 395.6	5 676.8	5 686.4	6 910.4	6 243.5	6 482.4	6 397.9	6 334.8
欧盟28国	3 525.3	3 459.3	3 756.8	3 562.5	3 730.0	3 755.9	4 101.7	4 108.1	3 790.6
中国	234.8	402.3	412.6	504.3	723.4	756.1	1 186.7	1 628.3	1 603.4
印度	50.8	72.3	51.2	61.2	74.7	81.8	101.5	145.8	131.2
全球	12 835.0	13 743.0	14 476.0	14 975.0	16 742.0	16 904.0	18 642.0	19 403.0	19 192.0
美国占比(%)	40.56	39.26	39.22	37.97	41.28	36.94	34.77	32.97	33.01

资料来源：OECD数据库。

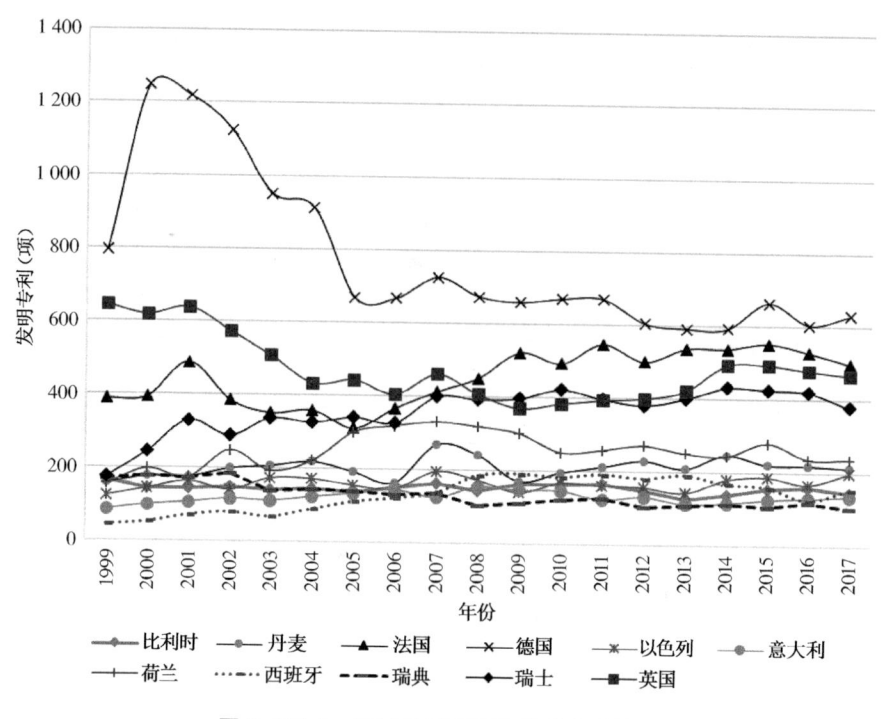

图 3-10(a)　PCT 体系下医疗技术专利情况

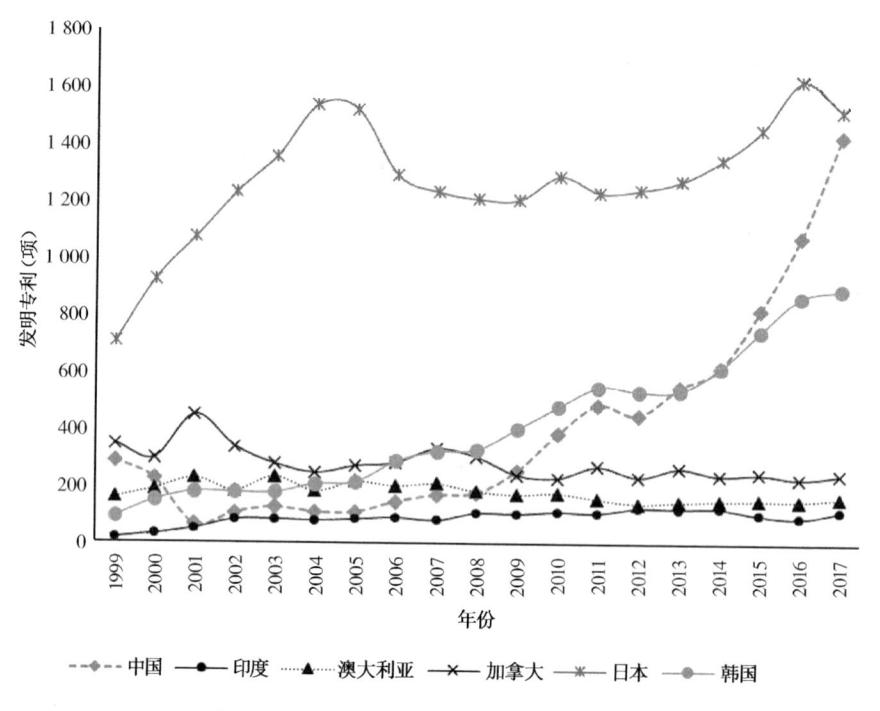

图 3-10(b)　PCT 体系下医疗技术专利情况

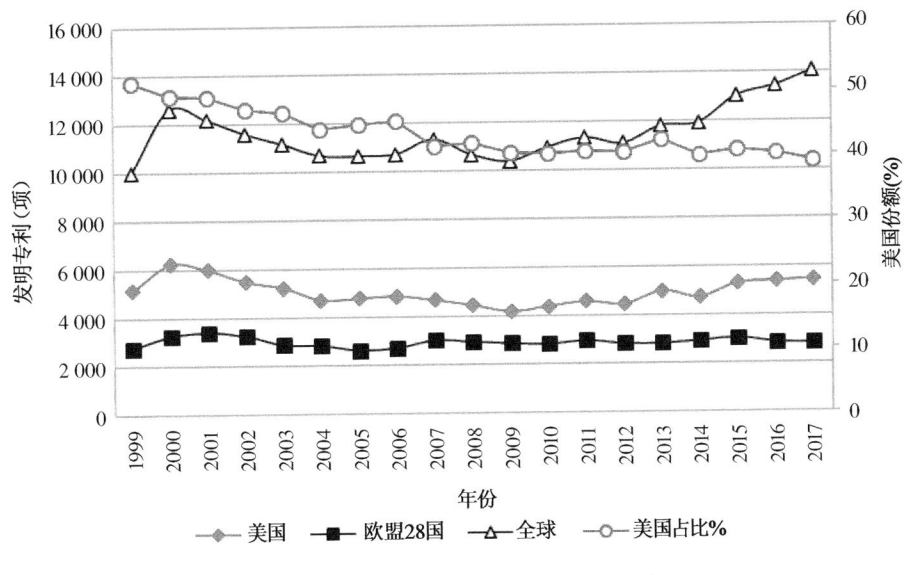

图 3-10(c) PCT 体系下医疗技术专利情况

根据 TEConomy/BIO 的统计资料,2016—2019 年美国生命科学相关的专利在不断增加。如 2016 年为 25 520 项,2017 年为 27 279 项,2018 年为 25 843 项,2019 年为 29 796 项。[1] 从 2016—2019 年累积专利的细分领域来看,医疗和外科设备领域的专利最多,为 53 771 项;第二是药品与制药领域,其专利为 18 626 项;第三是生物化学领域,为 12 348 项;第四是微生物学与酶领域,为 7 615 项;第五是生物取样与分析领域,为 4 036 项;第六是新植物变种领域,为 4 734 项;其他领域依次是遗传学、生物信息学与健康 IT、农用化学品、生物聚合物,分别为 3 207 项、2 135 项、1 871 项和 95 项。[2]

从专利的持有者来看,2000—2019 年美国 200 家医药企业中前 10 大医药企业研发专利占企业总申请专利的比重从 2000 年的 67.53% 下降到 2019 年的 30.02%。研发专利集中度虽然不断下降,但总体集中度依然很高(见表 3-21)。

---

[1] TEConomy/BIO.The Bioscience Economy:Propelling Life-Saving Treatments,Supporting State & Local Communities 2020[EB/OL].(2021-2-2). https://www.bio.org/sites/default/files/2020-06/BIO2020-report.pdf.

[2] TEConomy/BIO.The Bioscience Economy:Propelling Life-Saving Treatments,Supporting State & Local Communities 2020[EB/OL].(2021-2-2). https://www.bio.org/sites/default/files/2020-06/BIO2020-report.pdf.

表 3-21　　　　　　　　美国医药企业研发创新的集中度分析

年份	200家公司合计专利数(项)	10家公司合计专利数(项)	前10家占比(%)
2000	1 198	809	67.53
2001	1 338	909	67.94
2002	1 432	945	65.99
2003	1 744	1 107	63.47
2004	1 813	1 122	61.89
2005	1 829	1 083	59.21
2006	1 868	1 020	54.60
2007	1 877	936	49.87
2008	1 826	897	49.12
2009	2 156	1 001	46.43
2010	1 839	841	45.73
2011	1 977	899	45.47
2012	2 329	1 168	50.15
2013	3 249	1 521	46.81
2014	3 345	1 614	48.25
2015	3 410	1 617	47.42
2016	3 330	1 416	42.52
2017	2 837	1 086	38.28
2018	2 564	917	35.76
2019	2 015	605	30.02

注：10家企业分别为辉瑞、默克、强生、艾伯维、吉利德、安进、百时-美施贵宝、礼来公司、再生元制药和新基医药。

资料来源：根据相关数据库整理。

二、新药研发分析

基于强大的销售收入，龙头医药企业研发投入不断增加，创新化合物新分子实体、生物新药不断增加。1997—2016年，美国化学医药研制出新分子实体或新生物分子实体304个，占全球的42.11%（见表3-22），远超过欧洲、日本及其他国家和地区。

表 3-22　　　　　　　　世界创新化学或生物实体分布　　　　　单位：个；%

国家或地区	1997—2001年	比例	2002—2006年	比例	2007—2011年	比例	2012—2016年	比例	1997—2016年	比例
美国	84	42.86	67	45.27	65	43.62	88	37.77	304	42.11
欧洲	79	40.31	46	31.08	52	34.90	75	32.19	252	34.90
日本	29	14.80	21	14.19	20	13.42	32	13.73	102	14.13
其他	4	2.04	14	9.46	12	8.05	38	16.31	64	8.86
合计	196	100.00	148	100.00	149	100.00	233	100.00	722	100.00

资料来源：Stephen Ezell. Intellectual Property's Impact on Global Health & Life-sciences Innovation[EB/OL].(2020-3-20).www.itif.org.

就 FDA 批准上市新药来看，美国医药企业研发创新表现为在波动中缓慢增加。20 世纪 80 年代以来，美国新药研发成果累累，如 1985 年以来美国 FDA 批准 517 种新药，1985—2020 年美国医药企业的创新药波动在 18 种到 59 种之间，多数年份的新药批准量为 30 种左右，但总体表现为缓慢上升的趋势（见图 3-11）。

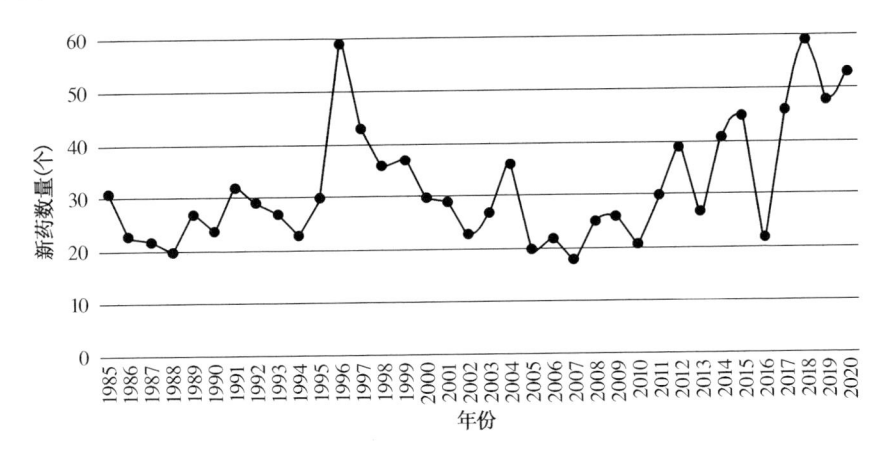

图 3-11　美国 1985—2020 年 FDA 批准的企业研制新药数量

就 2020 年 FDA 批准的 53 种新药看，其中抗肿瘤类药物 18 种，占 34%，神经系统药物 8 种，占 15%，抗感染药物 6 种，占 11%。[①] 若从本研究统计的 2019 年上半年部分重要医药跨国公司的新药研发来看，全球的新药研发最强维度是抗肿瘤类药（36.07%）。其次是自身免疫类（10.93%）、抗病毒类（8.74%）、呼吸系统类（7.65%）、神经系统类（6.56%）、糖尿病类（6.01%）、心血管类（5.46%）、血液系

---

① 青梅. 2020 年美国 FDA 批准的新药[EB/OL].(2021-1-26). https://zhuanlan.zhihu.com/p/347059189.

统类(3.83%)、抗菌类(3.28%)、皮肤类(2.73%)和其他(8.74%)等(见表3-23)。

表3-23　　　　　2019年上半年若干国际巨型药企在研新药品种①　　　单位：种；%

药品类别	数量	占比	药品类别	数量	占比	药品类别	数量	占比
抗肿瘤类	66	36.07	神经系统类	12	6.56	抗菌类	6	3.28
自身免疫类	20	10.93	糖尿病类	11	6.01	皮肤类	5	2.73
抗病毒类	16	8.74	心血管类	10	5.46	杂类	6	3.28
呼吸系统类	14	7.65	血液系统类	7	3.83	其他	10	5.46

从2019—2020年研发管线和主要疾病领域研发管线中的新药数量看，抗肿瘤领域的研发管线数量遥遥领先。排第二的是神经系统领域的研发管线，排第三的是消化代谢领域研发管线，排第四的是抗感染领域的研发管线。其他疾病领域如骨骼肌肉、免疫炎症、皮肤病、感知系统、心血管、呼吸系统、凝血系统、生殖系统、荷尔蒙系统、寄生虫系统等领域的研发管线数量依次排名分别位列5—14名(见图3-12)。

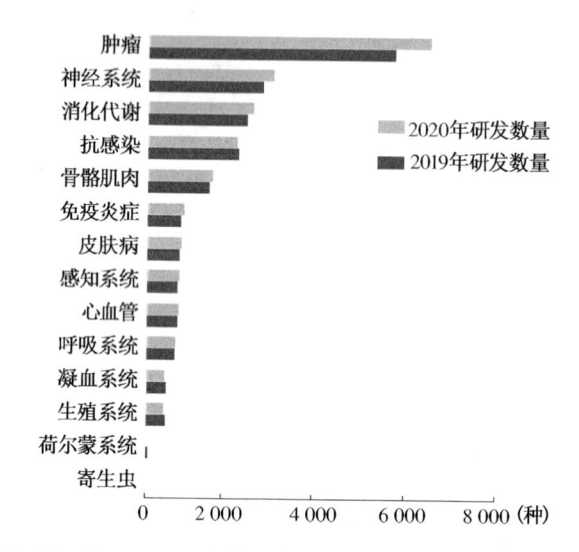

图3-12　2019—2020年美国各疾病领域研发管线内药品数量

从在研药物来看，2018年美国在开发的药物达4 500多种，超过全球在开发药物8 000种的一半。美国在研药物中有1 120种癌症治疗药物、200种心脏病

---

① 本表统计的巨型医药企业包括诺华、辉瑞、罗氏、赛诺菲、强生、默克、艾伯维、葛兰素史克、阿斯利康、新基、百时美-施贵宝、安进、诺和诺德、拜耳、吉利德、礼来、艾尔建、夏尔和德国勃林格殷格翰等。

治疗药物、52种HIV治疗药物、130种哮喘和过敏症治疗药物、328种皮肤病治疗药物、140种脑疾病治疗药物、566种罕见病治疗药物、537种神经病治疗药物。其中,74%的药物有望发展为原研新药,治疗阿尔茨海默病的药物中86%为新药,治疗癌症、精神病、神经病、心血管病、糖尿病药物中的79%、75%、74%、73%和73%有望开发为原研新药。美国有3 000万罕见病人,自1983年罕见病法案颁布以来,美国有8 000种罕见病,仅有50%治疗罕见病患者可以得到药物治疗,其中有85%—90%罕见病是致命的疾病。① 因此,罕见病领域在新药研究中占十分重要的地位。

从龙头企业来看,美国头部医药企业中原研药占据优势。强生、辉瑞、默克、礼来、安进和艾伯维医药企业的研发管线中原研药占比分别为50%、64%、54%、59%、66%和35%。可见,除艾伯维外,其他5家原研药占比都超过50%。它们的研发密度都超过15%,礼来更是高达25%。而每一种新药的年研发投入都超过4 000万美元,其中艾伯维每一种新药的年研发投入高达7 200万美元(见表3-24)。长期以来,全球巨型医药企业是引导和展示世界新药研发的方向标。美国国际龙头企业以原研药为中心的研发战略,说明医药研发创新日趋成为医药企业生存的基础和必要条件。

表3-24　　　　　　　　部分大型药企研发投入及研发管线情况

排名	企业	管线中的药品数量(种)	其中原研新药数量(种)	原研药占比(%)	研发密度(%)	2020年研发费用(亿美元)	平均每种药的研发费用(千万美元)
1	诺华	222	139	63	19	90.92	4.1
2	武田	198	89	45	13	47.27	2.4
3	百时美-施贵宝	189	97	51	21	88.06	4.7
4	强生	182	91	50	—	—	—
5	罗氏	174	94	54	—	—	—
6	辉瑞	170	108	64	17	81.51	4.8
7	阿斯利康	164	93	57	22	56.35	3.4
8	默克	157	84	54	19	89.88	5.7
9	葛兰素史克	144	77	53	13	58.02	4.0

① CHART PACK. Biopharmaceuticals in perspective [EB/OL].(2020-2-1). https://www.phrma.org/-/media/Project/PhRMA/PhRMA-Org/PhRMA-Org/PDF/P-R/PhRMA_2019_ChartPack_Final.pdf.

续表

排名	企业	管线中的药品数量（种）	其中原研新药数量（种）	原研药占比(%)	研发密度(%)	2020年研发费用（亿美元）	平均每种药的研发费用（千万美元）
10	礼来	143	85	59	25	57.00	4.0
11	赛诺菲	137	62	45	15	63.13	4.6
12	勃林格殷格翰	108	73	68	—	—	—
13	拜耳	93	66	71	—	—	—
14	大冢制药	91	56	62	—	—	—
15	安进	89	59	66	16	38.21	4.3
16	艾伯维	89	31	35	15	63.90	7.2
17	第一三共	87	45	52	—	—	—
18	卫材	84	48	57	—	—	—

资料来源：《创新药行业实用投资手册2021》。

就新药的细分行业分布来看，化学小分子新药研究日趋困难，医药企业在不断加强生物大分子新药的研究。从新药结构看，化学新药占有较大的比重，但随着现代生物技术的发展，一类生物药增长较快，在新药研制中的比重日趋增大。如2000年FDA批准新药29种，生物药仅为2种，约占6.9%。到2017年FDA批准的34种新药中生物药12种，占35.29%。2019年美国FDA批准新药48种，其中生物药10种，约占新药的20.83%，2020年这一比重提高到30.32%（见表3-25）。总体而言，化学新药占优绝对优势，但生物新药发展很快，在新药中的比重不断上升。

表3-25　　　　　　　　2000—2020年美国新药结构　　　　　　　单位：种

类别	2000年	2001年	2002年	2003年	2004年	2005年	2006年
新药	29	29	24	27	36	20	22
化学新药	27	24	17	21	31	18	18
生物新药	2	5	7	6	5	2	4
生物新药占比(%)	6.90	17.24	29.17	22.22	13.89	10.00	18.18
类别	2007年	2008年	2009年	2010年	2011年	2012年	2013年
新药	18	24	25	21	30	39	27
化学新药	16	21	19	15	24	33	25
生物新药	2	3	6	6	6	6	2
生物新药占比(%)	11.11	12.50	24.00	28.57	20.00	15.38	7.41

续表

类别	2014年	2015年	2016年	2017年	2018年	2019年	2020年
新药	41	45	22	34	59	48	43
化学新药	30	33	15	22	42	38	40
生物新药	11	12	7	12	17	10	13
生物新药占比(%)	26.83	26.67	31.82	35.29	28.81	20.83	30.32

资料来源：根据FDA历年发布数据整理。

从上市新药的市场表现来看，2020年全球制药公司50强中美国企业15家，日本11家，德国4家，中国4家，法国3家，瑞士、英国、印度等2家，丹麦、澳大利亚、以色列、意大利、西班牙、加拿大、比利时分别为1家。美国头部药企的新药具有明显的优势地位。50强公司处方药销售总收入为7 159亿美元，比2019年的6 807亿美元上升了5.2%。其中前10强、前20强药企的总销售收入占50强总销售收入的比重分别为54.1%和78.9%，分别比2019年的51.6%和77.3%上升2.5个百分点和下降1.6个百分点。前20强企业至少有3个重磅药物(年销售收入超过10亿美元)，合计超过30个，而后30名的企业仅有11个重磅药物。2020年，全球药企50强在新药研发上共投入1 303亿美元，比2019年的1 265亿美元增加了38亿美元；2020年，全球药企50强研发密度(研发费用占销售额的比例)平均为18.2%，比2019年的18.6%下降了0.4个百分比。就单个企业而言，50强公司中研发密度超过15%的有32家。2019年全球医药企业50强中美国17家的销售额和研发投入分别为3 090.34亿美元和606.42亿美元，分别占全球50强总量的45.40%和47.93%。

2020年美国15家医药企业的总销售收入和研发投入分别为3 133.98亿美元和630.82亿美元，分别占全球前50强销售总收入和总研发投入的27.14%和48.40%。可见销售收入相对比重明显下降了，但研发投入相对上升了(见表3-26)。

三、论文产出分析

医药研发投入产出除了专利、新药产品外，还有论文。由于相关医药方面的论文很多，刊物也很多，为了衡量和分析美国医药产业研发创新的论文发表水平和数量，本研究引入自然指数来分析美国医药论文发表和基础研究情况。

该指数创立于2014年，自2016年开始每年公开发布，它主要衡量生命科学的理论创新能力。

表 3-26　2019—2020 年全球制药前 50 排名表

单位：亿美元

2020年排名(2019)	国家	公司	2018年全球销售额	2018年R&D费用	全球销售额	R&D费用	研发密度(%)	2019年公司最畅销药物（通用名）	销售额	适应症或用途
1(2)	瑞士	罗氏(Roche)	445.52	98.03	482.47	102.93	21.3	贝伐珠单抗 Bevacizumab	71.18	抗癌
								利妥昔单抗 Rituximab	65.18	B-细胞抗霍奇金淋巴瘤
								曲妥珠单抗 Trastuzumab	60.78	乳腺癌
2(3)	瑞士	诺华(Novartis)	434.81	81.54	460.85	83.86	18.2	司库奇尤单抗 Secukinumab	35.51	斑块状银屑病
								芬戈莫德 Fingolimod	32.23	多发性硬化症
								雷珠单抗 Ranibizumab	20.86	老年黄斑变性
3(1)	美国	辉瑞(Pfizer)	453.02	79.62	436.62	79.88	18.3	肺炎球菌联合疫苗 Pneumococcal vaccine	58.47	预防肺炎球菌病
								哌柏西利 Palbociclib	49.61	晚期转移性乳腺癌
								普瑞巴林 Pregabalin	33.21	抗癫痫药
4(5)	美国	默克(Merck)	373.53	79.08	409.03	87.30	21.3	帕博利珠单抗 Pembrolizumab	110.84	黑色素瘤、非小细胞肺癌等
								人乳头瘤病毒疫苗 Human papillomavirus vaccine	37.37	预防 HPV 引起的宫颈癌、癌前病变等
								西他列汀 Sitagliptin	34.82	2 型糖尿病
5(11)	美国	百时美-施贵宝(Bristol-Myers Squibb)	215.81	51.31	406.89	93.81	23.1	来那度胺 Lenalidomide	109.70	多发性骨髓瘤等
								阿哌沙班 Apixaban	79.29	抗凝血
								纳武利尤单抗 Navulimab	72.04	肺癌、黑色素瘤等
6(4)	美国	强生(Johnson & Johnson)	388.15	84.46	400.83	88.34	22.0	乌司奴单抗 Ustekinumab	63.81	银屑病
								英夫利昔单抗 Infliximab	40.86	节段性肠炎、类风湿关节炎
								达雷妥尤单抗 Daretuzumab	29.98	多发性骨髓瘤

第三章 研发投入产出分析

续表

2020年排名(2019)	国家	公司	2018年 全球销售额	2018年 R&D费用	2019年 全球销售额	2019年 R&D费用	研发密度(%)	公司最畅销药物(通用名)	销售额	适应症或用途
7(6)	法国	赛诺菲(Sanofi)	351.21	62.27	349.24	60.71	17.4	甘精胰岛素（长效型）Insulin glargine	33.72	1型糖尿病
								度匹鲁单抗 Dupilumab	23.22	中重度特应性皮炎、哮喘等
								百白破-脊髓灰质炎-B型流感嗜血杆菌联合疫苗 DTaP-Hib-sIPV Combined Vaccine	21.78	百白破/脊灰和B型流感嗜血杆菌引起的感染
8(7)	美国	艾伯维(AbbVie)	320.67	50.93	323.51	49.89	15.4	阿达木单抗 Adalimumab	191.69	抗类风湿性关节炎
								伊布替尼（依鲁替尼）Ibrutinib	38.30	血癌
								格卡瑞韦+哌仑他韦 Glecaprevir and Pibrentasvir	28.93	慢性丙型肝炎
9(8)	英国	葛兰素史克(GlaxoSmithKline)	306.45	49.87	312.88	55.41	17.7	多替拉韦+阿巴卡韦+拉米夫定 Dolutegravir+abacavir+lamivudine	32.55	治疗HIV-1感染
								带状疱疹疫苗 Herpes zoster vaccine	23.11	带状疱疹预防
								氟替卡松+沙美特罗 Fluticasone+Salmeterol	22.09	抗哮喘药
10(16)	日本	武田(Takeda)	174.27	30.12	292.47	44.32	15.2	维多珠单抗 Vedolizumab	31.82	溃疡性结肠炎、克罗恩氏病
								二甲磺酸赖右苯丙胺 Lisdexamphetamine dimesylate	25.20	注意力缺陷、多动障碍
								人用免疫球蛋白注射液 Immune globulin injection	21.51	原发性免疫缺陷、多灶性运动神经病变
11(12)	英国	阿斯利康(AstraZeneca)	206.71	52.66	232.07	53.20	22.9	奥希替尼 Osimertinib	31.89	肺癌
								布地奈德+福莫特罗 Budesonide+formoterol	24.95	抗哮喘药
								替格瑞洛 Ticagrelor	15.81	抗血小板药

续表

2020年排名(2019)	国家	公司	2018年 全球销售额	2018年 R&D费用	2019年 全球销售额	2019年 R&D费用	研发密度(%)	公司最畅销药物(通用名)	销售额	适应症或用途
12(9)	美国	安进(Amgen)	225.33	36.57	222.04	40.27	18.1	依那西普 Etanercept	52.26	治疗类风湿性关节炎
								聚乙二醇非格司亭 Pegfilgrastim	32.21	中性白细胞减少
								地舒单抗 Denosumab	26.72	骨巨细胞瘤
13(10)	美国	吉利德(Gilead Sciences)	216.77	38.97	217.03	40.59	18.7	比克替拉韦＋恩曲他滨＋丙酚替诺福韦片 Bictegravir＋Emtricitabine＋Tenofovir Alafenamide Fumarate	47.38	艾滋病病毒感染
								艾维雷韦 Elvitegravir＋考比司他＋恩曲他滨＋替诺福韦 cobicistat＋emtricitabine＋tenofovir	39.31	艾滋病病毒感染
								替诺福韦＋恩曲他滨 Tenofovir＋emtricitabine	28.13	慢性乙型肝炎
14(13)	美国	礼来(Eli Lilly)	195.80	49.93	200.85	55.95	27.9	度拉糖肽 Dulaglutide	41.28	2型糖尿病
								赖脯胰岛素 Insulin lispro	28.21	1型糖尿病
								培美曲塞二钠 Pemetrexed disodium	21.16	恶性胸膜间皮瘤
15(14)	德国	拜耳(Bayer)	182.21	34.17	186.10	30.81	16.6%	利伐沙班 Rivaroxaban	40.28	抗凝血
								阿柏西普 Aflibercept	27.92	眼底黄斑变性疾病
								左炔诺孕酮 levonorgestrel	13.69	子宫异常出血,月经过多
16(15)	丹麦	诺和诺德(Novo Nordisk)	177.26	23.47	182.96	21.32	11.7	利拉鲁肽 liraglutide	32.89	2型糖尿病
								门冬胰岛素(速效胰岛素)Insulin aspart	27.08	1型糖尿病
								索马鲁肽 Semaglutide	16.85	2型糖尿病

续表

2020年排名(2019)	国家	公司	2018年 全球销售额	2018年 R&D费用	2019年 全球销售额	2019年 R&D费用	研发密度(%)	公司最畅销药物(通用名)	销售额	适应症或用途
17(19)	德国	勃林格殷格翰(Boehringer-Ingelheim)	148.34	32.06	156.29	30.38	19.4	恩格列净 Empagliflozin	24.09	2型糖尿病
								噻托溴铵 Tiotropium bromide	23.04	慢性阻塞性肺病
								利格列汀 Linagliptin	17.45	2型糖尿病
18(20)	美国	艾尔建(Allergan)	147.00	15.75	151.53	17.09	11.3	A型肉毒杆菌毒素 Onabonilinumoxin A	21.28	斜视和脸痉挛,除皱和瘦脸
								A型肉毒杆菌毒素 Onabotulinumtoxin A	16.63	暂时改善面部外观
								透明质酸钠/玻尿酸钠 Hyaluronate sodium	12.44	消除皱纹等
19(23)	日本	安斯泰来(Astellas)	110.36	19.09	114.44	19.76	17.3	恩杂鲁胺 Enzalutamide	35.87	前列腺癌
								米拉贝隆 Mirabegron	14.96	膀胱过度活动症
								他克莫司 Tacrolimus	14.70	重症肌无力、器官移植排斥
20(24)	美国	百健(Biogen)	108.87	25.87	113.80	22.81	20.0	富马酸二甲酯 dimethyl fumarate	44.33	多发性硬化症
								诺西那生 uusinersen	20.97	脊髓性肌萎缩
								那他珠单抗 Natalizumab	18.92	多发性硬化症
21(22)	美国	迈兰(Mylan)	111.44	5.86	112.00	5.18	4.6	丙酸氟替卡松＋昔萘酸沙美特罗 Fluticasone propionate＋salmeterol xinafoate	5.92	哮喘,慢性阻塞性肺病
								醋酸格拉替雷 Glatiramer acetate	5.03	多发性硬化症
								左甲状腺素钠 levothyroxine sodium	3.33	甲状腺功能减退症等
22(21)	以色列	梯瓦制药(Teva)	131.22	12.13	110.9	10.10	9.1	醋酸格拉替雷 Glatiramer acetate	15.13	多发性硬化症
								苯达莫司汀 Bendamustine	4.96	慢性淋巴细胞性白血病等
								盐酸哌甲酯 Methylphenidate hydrochloride	4.12	儿童多动综合症等

续表

2020年排名(2019)	国家	公司	2018年 全球销售额	2018年 R&D费用	2019年 全球销售额	2019年 R&D费用	研发密度(%)	公司最畅销药物(通用名)	销售额	适应症或用途
23(25)	澳大利亚	联邦血清实验室(CSL)	82.70	7.24	89.51	8.57	9.6	注射免疫球蛋白 IVIg	28.37	抗免疫缺陷症
								人免疫球蛋白 Human immunoglobulin	12.52	变异型免疫缺陷病等
								人凝血酶原复合物 Prothrombin complex concentrate	6.90	急性大出血
24(26)	日本	第一三共(Daiichi Sankyo)	70.33	18.88	79.42	18.17	22.9	艾多沙班 Edoxaban	14.18	静脉血栓栓塞、肺栓塞等
								艾司奥美拉唑 Esomeprazole	7.34	消化道溃疡
								羧基麦芽糖铁 Fenic carboxymaltose	4.77	缺铁性贫血
25(27)	德国	德国默克(Merck KGaA)	70.01	19.28	75.16	18.65	24.8	P-1α干扰素 interferon beta-1a	14.25	多发性硬化综合症
								二甲双胍 metformin	9.81	2型糖尿病
								西妥昔单抗 cetuximab	9.75	抗癌
26(28)	日本	大冢(Otsuka)	57.26	18.63	67.11	18.82	28.0	长效阿立哌唑 Aripiprazole extended-release	9.34	精神分裂症
								托伐普坦 Tolvapran	8.41	低钠血症伴心力衰竭等
								依匹哌唑 Brexipiprazole	8.24	精神分裂症、重度抑郁症
27(NA)	日本	明治(Meiji)			63.53	1.49	2.3	盐酸万古霉素 Vancomycin hydrochloride	0.88	细菌感染
								米氮平 Mirtazapine	0.82	抗抑郁
								哌拉西林钠+他唑巴坦钠 Piperacillin sodium+tazobactam sodium	0.82	细菌感染
28(31)	加拿大	博士健康(Bausch Health)	46.31	4.13	52.95	4.71	8.9	利福昔明 Rifaximin	14.52	肠道感染
								眼部维生素矿物质补充剂(叶黄素等) Eye vitamin & mineial supplement	3.13	护眼抗疲劳
								安非他酮 Bupropion	2.69	重度抑郁症

续表

2020年排名(2019)	国家	公司	2018年 全球销售额	2018年 R&D费用	2019年 全球销售额	2019年 R&D费用	研发密度(%)	公司最畅销药物(通用名)	销售额	适应症或用途
29(29)	比利时	优时比(UCB)	51.38	13.71	51.02	14.24	27.9	聚乙二醇化塞妥珠单抗 Certolizumab pegol	19.17	银屑病、关节炎等
								拉考沙胺 Lacosamide	14.34	治疗癫痫
								左乙拉西坦 Levetiracetam	6.64	抗癫痫药
30(37)	美国	亚力兄(Alexion)	41.30	7.04	49.90	7.83	15.7	依库珠单抗 Eculizumab	39.46	血红蛋白尿、重症肌无力
								阿法酸酶 Asfotasea	5.93	婴幼儿低磷酸酯酶症
								雷夫利珠单抗 Ravulizumab	3.39	阵发性睡眠性血红蛋白尿
31(38)	美国	再生元(Regeneron Pharmaceuticals)	41.06	21.86	48.34	26.07	53.9	阿柏西普 Aflibercept	46.44	眼底黄斑变性疾病
								西米普利单抗 cemiplimab	1.76	皮肤鳞状细胞癌等
								利洛纳塞 Rilonacept	0.15	冷吡啉相关周期性综合症
32(32)	日本	卫材(Eisai)	45.31	13.09	47.03	13.80	29.3	仑伐替尼 lenvatinib	10.29	肝癌等
								阿达木单抗 Adalimumab	5.44	抗类风湿性关节炎
								艾日布林 Eribulin	3.8	软组织肉瘤等
33(35)	印度	太阳制药(Sun Pharma)	42.22	3.21	46.58	3.02	6.5	异维A酸 Isotretinoin	1.58	痤疮
								环丙沙星 Ciprofloxacin	1.53	抗菌
								阿托伐他汀钙 Atorvastatin calcium	1.34	高血脂症
34(30)	法国	施维雅(Les Laboratoires Servier)	51.03	—	46.58	N/A		格列齐特 gliclazide	5.61	降血糖
								地奥司明+橙皮苷 diosmine+hesperidin	4.99	痔疮、静脉曲张等
								培哚普利 Perindopril	3.78	高血压和充血性心力衰竭

续表

2020年排名(2019)	国家	公司	2018年 全球销售额	2018年 R&D费用	2019年 全球销售额	2019年 R&D费用	研发密度(%)	公司最畅销药物(通用名)	销售额	适应症或用途
35(33)	美国	雅培(Abbott)	44.22	1.84	44SA	1.85	4.1	Drospirenone＋ethinylestradiol 屈螺酮＋炔雌醇	0.26	女性避孕、痛经
								腺苷蛋氨酸 Ademetionine	0.23	非酒精性脂肪性肝病
								甘油磷酰胆碱 Choline alfoscerate	0.15	保肝、镇吐
36(36)	西班牙	盖立复(Grifols)	41.54	2.84	44.71	3.09	6.9	人免疫球蛋白 Human immunoglobulin	12.25	免疫系统受损疾病
								α-1 抗胰蛋白酶 al-antitrypsin	8.51	原发性肝癌等
								免疫球蛋白 G Immunoglobulin G	7.58	免疫系统受损疾病
37(NA)	中国	云南白药	42.84	0.25			0.6	未披露产品销售		
38(34)	德国	费森尤斯(Fresenius)	43.28	6.31	1221	5.68	13.4	肝素钠 Heparin sodium	0.79	血栓形成和栓塞、凝血
39(43)	美国	福泰制药(Vertex Pharmaceuticals)	30.38	12.92	41.61	13.96	33.5	依伐卡托＋特扎卡托 Ivacaftor＋Tezacaftor	14.18	囊性纤维化
								鲁马卡托＋依伐卡托 lumacaftor＋Ivacaftor	13.32	囊性纤维化
								依伐卡托 Ivacaftor	9.91	囊性纤维化
40(39)	日本	日本中外制药(Chugai Pharmaceutical)	36.49	8.55	39.96	9.37	23.4	托珠单抗 Tocilizumab	3.83	类风湿性关节炎等
								艾地骨化醇 Eldecalcitol	3.37	骨质疏松
								艾米希单抗 Emicizumab	2.31	A型血友病
41(40)	日本	住友制药(Sumitomo Pharma)	35.43	7.74	36.23	8.23	22.7	鲁拉西酮 Lurasidone	17.44	精神分裂症、双相Ⅰ型障碍的重性抑郁
								阿福特罗 Arformoterol	3.02	慢性阻塞性肺炎
								醋酸艾司利卡西平 eslicarbazepine acetate	2.11	癫痫发作

续表

2020年排名(2019)	国家	公司	2018年全球销售额	2018年R&D费用	2019年全球销售额	2019年R&D费用	研发密度(%)	公司最畅销药物(通用名)	销售额	适应症或用途
42(42)	中国	中国生物制药(Sino Biopharmaceutical)	31.42	3.39		3.47	10.3	盐酸安罗替尼 Anlotinib hydrochloride	3.85	非小细胞肺癌
								恩替卡韦分散片 Entecavir	3.68	乙型肝炎
								异甘草酸镁 Magnesium isoglycyhizinate	2.61	慢性病毒性肝炎和急性药物性肝损伤
43(47)	中国	江苏恒瑞医药	25.70	3.34	3321	5.18	15.6	阿帕替尼 Apatinib	3.36	胃癌等
								七氟烷 Sevoflurane	2.87	麻醉
								右美托咪定 dexmedetomidine	2.33	镇静、镇痛等
44(NA)	日本	小野制药(Ono Pharmaceutical)			32.66	6.53	20.0	纳武单抗 Nivolumab	8.58	肺癌、黑色素瘤等
								西他列汀 sitagliptin	2.42	2型糖尿病
								阿巴西普 Abatacept	1.82	改善血液循环、缓解麻木等
45(41)	意大利	美纳里尼(Menarini)	33.13	—	32.33	N/A	—	奈必洛尔 Nebivolol	3.40	高血压、心力衰竭
								右酮洛芬氨丁三醇 Dexketoprofen Trometamol	1.62	消炎镇痛、抗风湿
								非布司他 Febuxostat	1.14	痛风
46(44)	爱尔兰	远藤国际(Endo International)	29.47	1.41	28.87	1.31	4.5	加压素 vasopressin	5.23	升血压
								溶组织梭菌胶原酶 Collagenase clostridium histolyticum	3.28	手掌腱膜挛缩症、阴茎纤维性海绵体炎
								肾上腺素 Epinephrine	1.79	过敏性休克等

续表

2020年排名(2019)	国家	公司	2018年 全球销售额	2018年 R&D费用	2019年 全球销售额	2019年 R&D费用	研发密度(%)	公司最畅销药物（通用名）	销售额	适应症或用途
47(46)	法国	益普生 (Ipsen)	26.28	3.57	28.84	4.35	15.1	兰瑞肽 lanreotide	11.55	甲状腺癌,肢端肥大症
								曲普瑞林 Triptorelin	4.56	子宫内膜异位症等
								ABO肉毒杆菌毒素 Abobotulinumtoxin A	4.35	眼睑痉挛,面肌痉挛等
48(NA)	中国	上海医药集团			28.75	1.95	6.8	丹参酮 IIA Tanshinon	1.95	冠心病,心绞痛,心肌梗死
								参麦注射液 Shenmai Injection	1.38	冠心病,病毒性心肌炎等
								硫酸羟氯喹 Hydroxychloroquine Sulfate	1.13	疟疾,红斑狼疮,类风湿关节炎
49(45)	日本	三菱田边 (Mitsubishi Tanabe)	29.13	7.55	28.22	7.83	27.7	英利昔单抗 infliximab	4.95	溃疡性结肠炎,类风湿关节炎
								戈利木单抗 Golimumab	4.18	特发性关节炎
								依达拉奉 Edaravone	2.49	肌萎缩性侧索硬化等
50(NA)	印度	阿拉宾度 (Aurobindo)			27.87	1.15	4.1	厄他培南钠 Ertapenem Sodium	0.80	细菌感染
								氯沙坦钾氢氯噻嗪 Losartan Potassiumand Hydrochlorothiazide	0.60	高血压
								普拉曲沙 Pralatrexate	0.51	外周淋巴瘤

资料来源：① Michael Christel. Pharm Exec's Top 50 Companies 2019[EB/OL].(2019-7-12). https://www.pharmexec.com/view/pharm-execs-top-50-companies-2019.
② Michael Christel. Pharm Exec's Top 50 Companies 2020[EB/OL].(2020-7-9). https://www.pharmexec.com/view/pharm-execs-top-50-companies-2020.
③ 张建忠. 2020年全球制药50强企业及其畅销药物[EB/OL].(2020-07-03). https://med.sina.com/article_detail_103_1_85092.html.

自然指数可以按照论文数量（Count，即 Article Count，AC）或论文分摊（Share，即 Fraction Count，FC）来计算。AC 计算规则是按照论文作者计分，即对一篇论文来说，无论贡献大小，每位作者可以为所在的国家或机构获得 1 个 AC 分值，这在一定程度上代表了相关机构的论文发表数量。FC 按照论文贡献计算分数，同一篇论文中作者之间被视为贡献相同。FC 值计算中充分考虑了论文作者的相对贡献，将一篇论文的 FC 总分值确定为 1.0 并由所有作者共享，分别计入其隶属机构或国家/地区或机构。[1]

2020 年，自然指数计算所使用的前 100 家样本机构中美国有 49 家，中国有 14 家，德国有 12 家，荷兰有 8 家。从各个研发机构的自然指数来看，100 家机构的 FC 总指数和 AC 总指数分别为 2 898.53 和 14 187。其中，美国为 2 129.98 和 9 472，分别占总指数的 73.48% 和 66.77%；中国为 176.09 和 745，分别占总指数 6.08% 和 5.25%；德国为 168.69 和 1 153，分别占总指数 5.82% 和 8.13%。美国健康领域的论文发表能力最强。

根据自然指数网站的资料，2020 年在 68 家重要国际期刊上发表相关健康领域论文较多的前 100 个样本单位中，美国 49 家，中国 14 家，德国 12 家，荷兰 8 家，分别占总量的 49%、14%、12%、8%、5%、3%、9%。美国 2020 年的 FC 指数和 AC 指数分别为 2 129.98 和 9 472，遥遥领先于其他国家，分别占前 100 样本单位总指数的 73.48% 和 66.77%。合作指数为 4.45，略低于 100 家样本单位的平均水平 4.89，说明美国学者参与的合作中每篇论文的平均贡献为 22.49%（见表 3-27）。

表 3-27　2020 年部分国家的健康部门在全球 68 种杂志上发表论文的情况

国家	机构数量	2020FC	2020AC	2020 合作指数*
美国	49	2 129.98	9 472	4.45
中国	14	176.09	745	4.23
德国	12	168.69	1 153	6.84
荷兰	8	160.13	1 161	7.25
加拿大	5	94.84	511	5.39
瑞士	3	33.52	210	6.26
其他	9	135.28	935	6.91
合计	100	2 898.53	14 187	4.89

---

[1] NaturePublishing Group. Nature Index [EB/OL]. (2021-5-20). https://www.natureindex.com/annual-tables/2021/institution/healthcare/all.

续表

各国占比	机构数量(%)	2020FC(%)	2020AC(%)
美国	49	73.48	66.77
中国	14	6.08	5.25
德国	12	5.82	8.13
荷兰	8	5.52	8.18
加拿大	5	3.27	3.60
瑞士	3	1.16	1.48
其他	9	4.67	6.59
合计	100	100	100

* 注：2020合作指数＝2020AC/2020FC。
资料来源：NaturePublishing Group. Nature Index [EB/OL].（2021-5-20）. https://www.natureindex.com/annual-tables/2021/institution/healthcare/all.

根据自然指数网站数据，2020年全球健康领域中在68种国际重要期刊发表论文较多的前50单位包括美国32家，荷兰8家，德国5家，加拿大2家，意大利、法国各1家。这50家单位在全球健康领域发表在68种重要期刊上有关生命科学的论文统计显示：美国2020年FC指数和AC指数分别为1 830.53和7 481，分别占这50家统计样本总指数的83.43%和75.35%，说明美国学者研究撰写的生命科学领域的高水平论文最多。2020年美国论文合作指数为4.09，略低于50家样本单位总体4.52的平均水平，说明美国学者对每篇论文贡献也略高于平均水平(见表3-28)。

表3-28　　2020年部分国家的健康部门在生命科学领域自然指数

国家	机构数量	2020FC	2020AC	2020合作指数
美国	32	1 830.53	7 481	4.09
荷兰	8	145.2	1 079	7.43
德国	5	88.28	592	6.71
加拿大	3	69.55	340	4.89
意大利	1	42.42	226	5.33
法国	1	18.15	210	11.57
合计	50	2 194.13	9 928	4.52

续表

各国占比	机构数量(%)	2020FC(%)	2020AC(%)
美国	64	83.43	75.35
荷兰	16	6.62	10.87
德国	10	4.02	5.96
加拿大	6	3.17	3.42
意大利	2	1.93	2.28
法国	2	0.83	2.12
合计	100	100	100

资料来源：NaturePublishing Group. Nature Index [EB/OL] (2021-5-20). https://www.natureindex.com/annual-tables/2021/institution/healthcare/nature-science.

根据自然指数网站的资料，在《自然》和《科学》杂志上发表论文较多的前50个样本单位中，美国30家，荷兰6家，中国5家，加拿大4家，德国3家，法国、意大利各1家。从在《自然》和《科学》杂志上发表论文的数量指数看，美国2020年的FC指数和AC指数分别为115.12和763，遥遥领先于其他国家，分别占前50样本单位总指数的81.36%和82.04%。其合作指数为6.63，大致相当于50家样本单位的平均水平，说明每篇论文美国大致有6—7个合作者(见表3-29)。

表3-29　2020年部分国家的健康部门在《自然》和《科学》杂志上发表论文情况

国家	机构数量	2020FC	2020AC	2020合作指数
美国	30	115.12	763	6.63
荷兰	6	6.18	56	9.06
中国	5	8.5	11	1.29
加拿大	4	6.24	34	5.45
德国	3	2.72	30	11.03
意大利	1	0.92	13	14.13
法国	1	1.81	23	12.71
合计	50	141.49	930	6.57
各国占比	机构数量(%)	2020FC(%)	2020AC(%)	
美国	60	81.36	82.04	
荷兰	12	4.37	6.02	
中国	10	6.01	1.18	

续表

各国占比	机构数量(%)	2020FC(%)	2020AC(%)
加拿大	8	4.41	3.66
德国	6	1.92	3.23
意大利	2	0.65	1.40
法国	2	1.28	2.47
合计	100	100	100

资料来源：NaturePublishing Group. Nature Index ［EB/OL］.（2021-5-20）. https://www.natureindex.com/annual-tables/2021/institution/healthcare/nature-science.

总体而言,美国在医药基础研究占有绝对优势的地位,而每一项基础研究大多通过适度的合作共同完成。

第四章 研发创新的地区布局分析

第一节 美国医药研发的国内布局

一、研发及其州际分布

1. 美国各州专利分布

无论按照 Torreya 统计还是 statista 网站资料,美国是全球医药研发布局最密集的国家之一。2021 年按照总部所在地统计,美国医药研发企业数量占全球的 46%[①](见表 4-1),位居世界各国之首。在强大的研发投入下,美国产出大量的专利发明,成为支持创新链及医药产业发展的基础与源头支撑,成就了美国强大的医药全产业链构建与持续扩张。美国国内研发创新活动也在空间上集聚明显。美国医药企业总部集中的州大致也是医药研发创新集聚的州。从本研究搜集的 200 家美国医药企业总部分布看,加利福尼亚州有 50 家,马萨诸塞州有 45 家,纽约州有 16 家,新泽西州有 18 家,宾夕法尼亚州有 6 家,北卡罗来纳州有 5

---

① PharmaProjects, "Pharma R & D Annual Review 2021"[EB/OL].(2021-1-30). https://pharmaintelligence.informa.com/~/media/informa-shop-window/pharma/2021/files/infographic/pharmard_whitepaper.pdf, January 2021.

家,华盛顿哥伦比亚特区有 4 家,其余各州合计 52 家。其中,加利福尼亚州和马萨诸塞州两州合计有 95 家,占全部 200 家企业的 47.5%。医药企业总部集聚前四强州合计总部数量为 133 家,占全部 200 家企业的 66.5%。这些州的医药研发创新能力非常强,发明专利很多。

表 4-1　　　　全球医药研发(按照公司总部所在地统计)分布占比　　　　单位:%

国家或地区	美国	中国	英国	加拿大	日本	德国	法国	其他欧洲国家	其他亚太国家	中南美洲/非洲
2018 年	48	6	6	4	3	3	3	15	11	1
2019 年	46	7	6	4	3	3	3	14	13	1
2020 年	46	8	6	4	3	2	3	14	13	1
2021 年	46	9	5	4	3	2	3	14	13	1

资料来源:① 2018—2019 年数据按照 Torreya 统计资料整理,2020 年数据来自 statista 网站,https://www.statista.com/statistics/788274/regional-distribution-of-pharma-randd-companies/#statisticContainer.
② PharmaProjects. "Pharma R & D Annual Review 2021" [EB/OL]. (2021-1-30). https://pharmaintelligence. informa. com/~/media/informa-shop-window/pharma/2021/files/infographic/pharmard_whitepaper.pdf.

由于各州研发设施、人才基础、文化历史及地方政策差异,研发创新效率及潜力差异明显,吸聚研发投入的能力差异明显,美国各州间研发创新成果分布差异很大。医药研发成果的表达有多层面、多指标,本章主要用新药研制与批准数量、医药就业数量等指标加以分析。

从 1985—2019 年美国各州获得 FDA 批准的新药数量来看,加利福尼亚州和新泽西州遥遥领先。其次是宾夕法尼亚州、纽约州、马萨诸塞州、伊利诺伊州、北卡罗来纳州、马里兰州、特拉华州、俄亥俄州、印第安纳州、华盛顿州、得克萨斯州和威斯康星州等。前五个州的新药批准量 529 种(占 52.64%),前十个州新药批准量 762 种(占 75.82%),见图 4-1。总体而言,美国新药创新主要集中在加利福尼亚州、华盛顿州、大波士顿地区、纽约州、北卡三角区、伊利诺伊州、印第安纳州和得克萨斯州等生物医药集群中。这些集群具有密集的政府投资,吸引了丰厚的风险投资,集中了大部分的美国生物医药人才。

加利福尼亚州医药研发能力居于各州之首。1986 年第一家生物技术企业基因泰克(Genentech)公司源于加利福尼亚州,从人工心脏支架到基因工程,以及干细胞研究的数千项发明也是在加利福尼亚州诞生的。世界上最大的生物制药公司安进总部也在加利福尼亚州(主要生产抗生素)。人类基因图谱、纳米技术与应用、生物信息学等许多跨学科的生命科学研究项目也布局在加利福尼亚州,在行业发展的总数、员工数量及科研经费等方面都处于领先地位。加利福尼

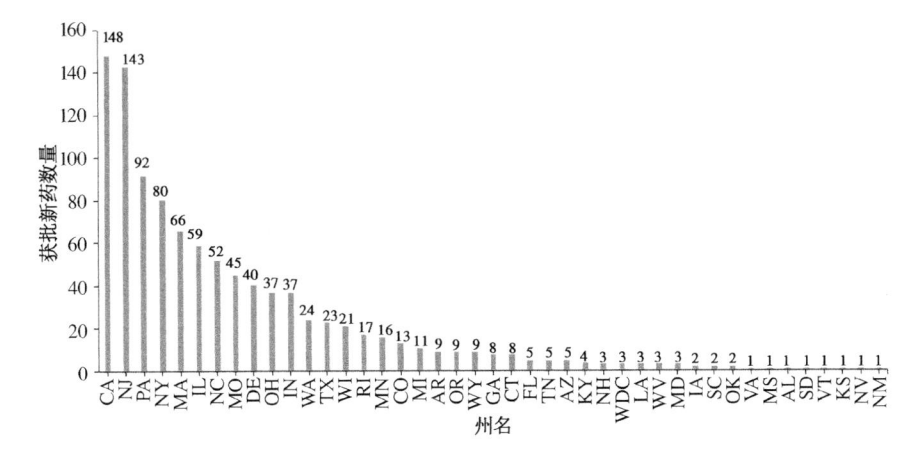

图 4-1　1985—2019 年美国各州新药获得 FDA 批准的情况

资料来源：FDA。

注：CA(加利福尼亚州)，NJ(新泽西州)，PA(宾夕法尼亚州)，NY(纽约州)，MA(马萨诸塞州)，IL(伊利诺伊州)，NC(北卡罗来纳州)，MO(密苏里州)，DE(特拉华州)，OH(俄亥俄州)，IN(印第安纳州)，WA(华盛顿州)，TX(得克萨斯州)，WI(威斯康星州)，RI(罗得岛州)，MN(明尼苏达州)，CO(科罗拉多州)，MI(密歇根州)，AR(阿肯色州)，OR(俄勒冈州)，WY(怀俄明州)，GA(佐治亚州)，CT(康涅狄格州)，FL(佛罗里达州)，TN(田纳西州)，AZ(亚利桑那州)，KY(肯塔基州)，NH(新罕布什尔州)，WDC(华盛顿哥伦比亚特区)，LA(路易斯安那州)，WV(西弗吉尼亚州)，MD(马里兰州)，IA(艾奥瓦州)，SC(南卡罗来纳州)，OK(俄克拉荷马州)，VA(弗吉尼亚州)，MS(密西西比州)，AL(亚拉巴马州)，SD(南达科他州)，VT(佛蒙特州)，KS(堪萨斯州)，NV(内华达州)，NM(新墨西哥州)。

　　亚州拥有发展高新技术和高端服务业的两大关键因素——人才和资本。加利福尼亚州教育发达，高校林立，种族众多，人才聚集，具有发展新经济的良好智力条件，各类高等院校400多所，其中斯坦福、加州理工、加州大学伯克利分校和洛杉矶分校都是全美乃至全球知名学府，2017年科学与工程学科的博士毕业生4 800多人。

　　加利福尼亚州位列美国研发投资最多的五州之首。2011 年，加利福尼亚州生物科技公司 2 323 家，雇用员工 26.7 万人，增加值 115.4 亿美元。全美近 30% 的生物工程公司总部，近50%的生物科技就业，近20%的医疗器械和测量控制仪器产量都集聚在加利福尼亚州。2011 年加利福尼亚州资本指数排名位列第一，全美近 50% 的 VC 投在加利福尼亚州。①

　　2017 年，加利福尼亚州有生命科学公司 3 249 家，生命科学领域的从业人员为298 709人，NIH 资助38亿美元，67亿美元来自各类VC，生命科学产业总收

---

① 驻洛杉矶总领馆经商室. 加利福尼亚州主要产业及特点[EB/OL]. (2013-3-28). http://mds.mofcom.gov.cn/article/zcfb/201303/20130300070581.shtml.

益为1 690亿美元。

2018年加利福尼亚州生命科学研发总投资高达6.44亿美元，获得NIH研发资助45.92亿美元，风险投资428.73亿美元，新建企业632家，专利32 299项（2016—2019年合计）均居美国各州之首。

从专利申请来源地来看，美国生物医药的专利来源也非常集中。美国生物技术专利主要来自波士顿-伍斯特-曼彻斯特、洛杉矶-长滩-河滨、纽约-纽瓦克-布里奇波特、圣地亚哥-卡尔斯巴德-圣马科斯、圣何塞-旧金山-奥克兰、华盛顿-巴尔的摩-弗吉尼亚12个地区。1998年上述地区申请的专利合计为3 212.1项，占当年美国全部生物技术专利4 379.4项的73.3%。2013年这12个地区生物技术专利为3 201.8项，占当年美国全部生物技术专利4 564.4项的70.1%（见表4-2）。

表4-2　　　　　1998年、2013年美国生物技术专利主要来源地区　　　单位：项；%

地区	1998年 数量	1998年 份额	2013年 数量	2013年 份额
波士顿-伍斯特-曼彻斯特(MA-NH)	573.8	13.1	792.2	17.4
芝加哥-内珀维尔-密歇根城(IL-IN-WI)	62.7	1.4	121.6	2.7
印第安纳波利斯-安德森-哥伦布(IN)	78.9	1.8	64.7	1.4
洛杉矶-长滩-河滨(CA)	167.1	3.8	203.7	4.5
纽约-纽瓦克-布里奇波特(NY-NJ-CT-PA)	415.2	9.5	380.7	8.3
费城-卡姆登-文兰(PA-NJ-DE-MD)	312.4	7.1	198.2	4.3
罗利-达勒姆-卡里（NC)	76.0	1.7	103.9	2.3
圣地亚哥-卡尔斯巴德-圣马科斯(CA)	320.6	7.3	287.9	6.3
圣何塞-旧金山-奥克兰(CA)	676.3	15.4	598.5	13.1
西雅图-塔科马-奥林匹亚(WA)	148.6	3.4	129.0	2.8
圣路易斯-查尔斯-法明顿(MO-IL)	60.4	1.4	63.8	1.4
华盛顿-巴尔的摩-弗吉尼亚北部(DC-MD-VA-WV)	320.1	7.3	257.6	5.6
合计	3 212.1	73.3	3 201.8	70.1

资料来源：OECD数据库整理。

2. 企业赞助的临床研发项目分布

全球企业赞助的临床研发项目主要分布在美国和欧洲。表4-3显示，全球企业赞助的临床研究中有48%在美国，33%在欧洲，美国是全球范围内研发创新管线最多的国家。

表4-3　全球范围内企业获资助的活性药物发明实验(临床1—3期)情况

所有临床试验	非洲	拉丁美洲	中国	亚洲(不包括中国)	东欧	欧洲	加拿大	美国	全球
全球或区域内药物临床研发	401	922	2 205	2 152	1 786	4 436	1 703	6 519	13 490
全球药物临床研发(%)	3	7	16	16	13	33	13	48	100
按不同方式进行区域试验									
区域生物药数量	182	434	1 057	972	746	1 919	774	2 917	5 907
生物药区域占比(%)	47	47	47	44	43	44	46	44	44
区域生物药全球占比(%)	3	7	18	16	13	32	13	49	100
基因疗法(%)	5	9	171	45	12	136	49	338	650
疫苗(%)	35	34	65	96	43	131	33	205	569
基因疗法在5907中占比(%)	1	1	8	5	1	3	3	3	11
疫苗在5907中占比(%)	9	4	3	10	2	3	2	3	10
区域罕见病临床研发数量	201	505	714	1 099	970	2 476	1 055	3 685	6 428
区域临床中孤儿药占比(%)	49	53	31	49	53	54	59	54	48
区域孤儿药比(%)	3	8	11	17	15	39	16	57	100
临床1—3期药物研究数量									
临床数量(经过FDA批准)	260	575	1 084	1 246	1 194	2 823	1 208	4 953	8 621
临床全球占比(经过FDA批准,%)	3	7	13	14	14	33	14	57	100
FDA审批临床1—3期									
区域临床1期占比(%)	1	2	35	21	6	17	11	24	28
区域临床2期占比(%)	21	24	32	42	33	47	38	50	48
区域临床3期占比(%)	78	73	33	37	61	36	51	26	25

资料来源：BioCentury/BIO Survey(completed March 19,2020)。

3.各州研发创新分工及研发人员集聚明显

生物医药领域的就业人员中,从事研发创新的人员占很大的比重。因此,生物医药就业总量、空间集聚状态也很好地反映了医药研发创新人员的总量水平和空间分布特征。表4-4显示,2018年加利福尼亚州、新泽西州、北卡罗来纳州、伊利诺伊州、宾夕法尼亚州、印第安纳州的医药研发创新人员区位商在1.43至2.78之间,说明这些区域是医药研发人员主要集中区。加利福尼亚、马萨诸塞、新泽西州、北卡罗来纳、宾夕法尼亚等研发试验就业人员的区位商在1.29至3.69之间,说明从事开发与临床实验的生命科学研发活动在这五个州集聚最为明显。

表 4-4 美国生物科学产业主要集聚区

	州名	2016 年 新建企业（家）	2016 年 就业人数（人）	2016 年 区位商	2016 年 占美国就业比重（%）	州名	2018 年 新建企业（家）	2018 年 就业人数（人）	2018 年 区位商	2018 年 占美国就业比重（%）
农林生物科学	伊利诺伊	78	8 463	2.97	12.3	伊利诺伊	82	8 529	2.97	12.5
	艾奥瓦	125	7 999	11.14	11.7	艾奥瓦	125	7 952	10.85	11.7
	印第安纳	58	3 443	2.36	5.0	印第安纳	50	3 599	2.46	5.3
医药	加利福尼亚	632	46 694	1.27	15.1	加利福尼亚	531	50 466	1.44	16.9
	新泽西	304	21 950	2.57	7.1	新泽西	268	22 846	2.75	7.6
	北卡罗来纳	122	21 705	2.38	7.0	北卡罗来纳	125	20 656	2.34	6.9
	宾夕法尼亚	202	20 297	1.59	6.6	伊利诺伊州	185	20 102	1.59	6.7
	宾夕法尼亚	138	18 064	1.41	5.9	宾夕法尼亚	121	17 885	1.43	6.0
	印第安纳	69	17 093	2.61	5.5	印第安纳	47	17 862	2.78	6.0
医疗器械	加利福尼亚	1 384	70 355	1.56	18.6	加利福尼亚	1 183	62 686	1.49	17.4
	明尼苏达	374	28 206	3.74	7.5	明尼苏达	343	27 555	3.80	7.7
	马萨诸塞	298	22 370	2.35	5.9	马萨诸塞	288	21 387	2.35	6.0
	印第安纳	178	18 755	2.33	5.0					
研发试验	加利福尼亚	4 623	103 583	1.53	18.2	加利福尼亚	4 221	94 348	1.47	17.2
	马萨诸塞	1 881	59 920	4.18	10.5	马萨诸塞	1 637	51 202	3.69	9.4
	新泽西	1 111	35 324	2.24	6.2	新泽西	1 072	35 600	2.34	6.5
	北卡罗来纳	1 868	32 467	1.92	5.7	宾夕法尼亚	1 303	29 588	1.29	5.4
	宾夕法尼亚	1 378	32 260	1.37	5.7	北卡罗来纳	1 862	28 898	1.79	5.3

资料来源：① TEConomy/BIO. The value of bioscience innovation in growing jobs and improving quality of life 2016[EB/OL].(2016-6-15). http://www.bio.org/.
② TEConomy/BIO. The Bioscience Economy: Propelling Life-Saving Treatments, Supporting State & Local Communities[EB/OL].(2020-2-2). http://www.bio.org/.

二、医药研发创新在不同大都市区分布

1. 医药研发创新的大都市分异

大都市人才、资金密集,医药产业集聚,研发创新能力因集聚规模和集聚强度而产生集聚创新。越是发达的医药产业集聚区,研发创新能力越强。

从大型的都市统计区看,达勒姆-教堂山、波士顿-剑桥-牛顿、圣迭戈-丘拉维斯塔-卡尔斯巴德、旧金山-奥克兰-伯克利、麦迪逊、罗利-卡里、盐湖城、费城-卡姆登-威尔明顿、阿尔伯克基、圣约瑟-森尼维尔-圣克拉拉等大型都市统计区医药研发、检测和实验业务集聚,区位商都在 2.0 至 8.7 之间。威明顿、肯纳威克-里奇兰、特伦顿-普林斯顿、奥什科什-尼纳、巴恩斯特布尔镇、博尔德、圣克劳德等中型统计区的医药研发也十分集聚,其区位商在 2.1 至 4.62 之间。伯灵顿、加利福尼亚-列克星敦帕克、芒特弗农-阿纳科特斯等医药研发的区位商在 2.5 至 13.03 之间。这些不同规模和等级的统计区分别处于北卡罗来纳地区、大波士顿地区、圣地亚哥地区、洛杉矶地区等美国主要生物科学产业集群之内,属于研发资源丰富、研发创新能力强、效率高的地区(见表 4-5)。

表 4-5

2018 年研究、检测和医学实验室区位商最高的都市统计区(按都市统计区规模排序)

都市统计区(Metropolitan Statistical Area)	区位商	2018 年就业人数
大型都市统计区(就业总量超过 250 000 人)		
达勒姆-教堂山,北卡罗来纳州(Durham-Chapel Hill, NC)	8.70	10 411
波士顿-剑桥-牛顿,马萨诸塞州-新罕布什尔州(Boston-Cambridge-Newton, MA-NH)	4.96	54 677
圣迭戈-丘拉维斯塔-卡尔斯巴德,加利福尼亚州(San Diego-Chula Vista-Carlsbad, CA)	4.70	27 037
旧金山-奥克兰-伯克利,加利福尼亚州(San Francisco-Oakland-Berkeley, CA)	3.53	34 745
麦迪逊,威斯康星州(Madison, WI)	3.50	5 001
罗利-卡里,北卡罗来纳州(Raleigh-Cary, NC)	3.12	7 753
盐湖城,犹他州(Salt Lake City, UT)	2.62	7 319
费城-卡姆登-威尔明顿,宾夕法尼亚州-新泽西州-特拉华州-马里兰州(Philadelphia-Camden-Wilmington, PA-NJ-DE-MD)	2.26	26 168
阿尔伯克基,明尼苏达州(Albuquerque, NM)	2.15	3 040

续表

都市统计区(Metropolitan Statistical Area)	区位商	2018年就业人数
圣约瑟-森尼维尔-圣克拉拉,加利福尼亚州(San Jose-Sunnyvale-Santa Clara, CA)	2.08	9 940
格林斯博罗-海波因特,北卡罗来纳州(Greensboro-High Point, NC)	1.95	2 855
伍斯特,马萨诸塞州-康涅狄格州(Worcester, MA-CT)	1.87	2 850
华盛顿-阿林顿-亚历山大,华盛顿特区-弗吉尼亚州-马里兰州-西弗吉尼亚州(Washington-Arlington-Alexandria, DC-VA-MD-WV)	1.83	21 142
堪萨斯城,密苏里州-堪萨斯州(Kansas City, MO-KS)	1.75	7 320
奥尔巴尼-斯内克塔迪-特洛伊,纽约州(Albany-Schenectady-Troy, NY)	1.64	2 667
中型都市统计区(就业总量在75 000—250 000人)		
威明顿,北卡罗来纳州(Wilmington, NC)	4.62	2 258
肯纳威克-里奇兰,华盛顿州(Kennewick-Richland, WA)	4.31	2 075
特伦顿-普林斯顿,新泽西州(Trenton-Princeton, NJ)	4.29	3 668
奥什科什-尼纳,威斯康星州(Oshkosh-Neenah, WI)	2.45	947
巴恩斯特布尔镇,马萨诸塞州(Barnstable Town, MA)	2.34	895
博尔德,科罗拉多州(Boulder, CO)	2.29	1 626
圣克劳德,明尼苏达州(St. Cloud, MN)	2.10	891
斯波坎市-斯波坎谷,华盛顿州(Spokane-Spokane Valley, WA)	1.55	1 392
盖恩斯维尔,佛罗里达州(Gainesville, FL)	1.41	703
拉斐特-西拉斐特,印第安纳州(Lafayette-West Lafayette, IN)	1.32	466
林肯,内布拉斯加州(Lincoln, NE)	1.31	875
哥伦比亚,密苏里州(Columbia, MO)	1.30	446
诺维奇-新伦敦,康涅狄格州(Norwich-New London, CT)	1.23	541
南本德-米沙沃卡,印第安纳州-密歇根州(South Bend-Mishawaka, IN-MI)	1.22	675
圣克鲁斯-沃森维尔,加利福尼亚州(Santa Cruz-Watsonville, CA)	1.16	470
小型都市统计区(就业总量小于75 000人)		
伯灵顿,北卡罗来纳州(Burlington, NC)	13.03	3 322
加利福尼亚-列克星敦帕克,马里兰州(California-Lexington Park, MD)	2.56	362
芒特弗农-阿纳科特斯,华盛顿州(Mount Vernon-Anacortes, WA)	2.55	474
罗根,犹他州-爱达荷州(Logan, UT-ID)	1.81	396
多佛,特拉华州(Dover, DE)	1.74	423

续表

都市统计区(Metropolitan Statistical Area)	区位商	2018年就业人数
伊萨卡,纽约州(Ithaca, NY)	1.50	310
艾姆斯,艾奥瓦洲(Ames, IA)	1.48	262
摩根敦,西弗吉尼亚州(Morgantown, WV)	1.43	345
刘易斯顿,爱达荷州-华盛顿州(Lewiston, ID-WA)	1.32	136
不伦瑞克,佐治亚州(Brunswick, GA)	1.28	209
班格尔,缅因州(Bangor, ME)	1.08	290
圣达非,新墨西哥州(Santa Fe, NM)	1.05	227
圣约瑟夫,密苏里州-堪萨斯州(St. Joseph, MO-KS)	1.02	222
泰瑞豪特,印第安纳州(Terre Haute, IN)	0.97	260
普韦布洛,科罗拉多州(Pueblo, CO)	0.95	214

资料来源：TEConomy Partners analysis of U.S. Bureau of Labor Statistics, QCEW data; enhanced file from IMPLAN.

2. 研发投资空间集聚

(1) 生命科学总研发投资州际特征

从生命科学研发总投资分布来看,列第一的是加利福尼亚州,第二是纽约州,第三是得克萨斯州,第四是宾夕法尼亚州,第五是北卡罗来纳州。马里兰州、马萨诸塞州、伊利诺伊州、密歇根州和佛罗里达州分列第6至第10位(表4-6)。

表4-6　　　　2016—2018年美国总研发投资额排名前10位的州　　单位：亿美元；%

各州2018年总研发投资额		各州2016—2018年总研发投资增长率	
加利福尼亚	66.44	犹他州	61.4
纽约	44.09	内华达	32.1
得克萨斯	35.50	新泽西	32.0
宾夕法尼亚	27.67	缅因州	28.6
北卡罗来纳	23.52	蒙大拿州	27.2
马里兰	19.32	亚利桑那	26.1
马萨诸塞	18.13	加利福尼亚	19.9
伊利诺伊	15.61	阿拉斯加	18.5
密歇根	15.36	南达科他	18.0
佛罗里达	15.30	罗得岛州	17.3

资料来源：TEConomy/BIO.The Bioscience Economy：Propelling Life-Saving Treatments, Supporting State & Local Communities[EB/OL].(2020-6-11). https://www.bio.org/sites/default/files/2020-06/BIO2020-report.pdf.

(2) 风险投资的州际分布特征

从风险投资来看,2014—2017 年风险投资最多的前 10 个州总计为 566.38 亿美元,投资额由大到小依次为加利福尼亚、马萨诸塞、纽约、华盛顿、宾夕法尼亚、得克萨斯、伊利诺伊、北卡罗来纳、科罗拉多和明尼苏达。而 2016—2019 年风险投资最多的前 10 个州投资额总计 883.89 亿美元,投资额由大到小依次为加利福尼亚、马萨诸塞、纽约、宾夕法尼亚、伊利诺伊、华盛顿、得克萨斯、新泽西、康涅狄格和马里兰(见表 4-7)。

表 4-7 2014—2019 年美国获风险投资额排名前 10 位的州

2014—2017 年		2016—2019 年			
州	金额(亿美元)	州	金额(亿美元)	州	人均风险投资(美元)
加利福尼亚	285.82	加利福尼亚	428.73	马萨诸塞	3 210
马萨诸塞	152.70	马萨诸塞	221.26	加利福尼亚	1 095
纽约	21.58	纽约	68.62	康涅狄格	474
华盛顿	19.93	宾夕法尼亚	34.76	纽约	353
宾夕法尼亚	17.78	伊利诺伊	27.36	华盛顿	314
得克萨斯	15.91	华盛顿	23.93	犹他	306
伊利诺伊	15.86	得克萨斯	23.37	特拉华	300
北卡罗来纳	13.68	新泽西	22.91	宾夕法尼亚	272
科罗拉多	11.80	康涅狄格	16.89	马里兰	266
明尼苏达	11.32	马里兰	16.06	新泽西	258
合计	566.38		883.89	—	—

资料来源:TEConomy/BIO.The Bioscience Economy:Propelling Life-Saving Treatments,Supporting State & Local Communities[EB/OL].(2020-6-11). https://www.bio.org/sites/default/files/2020-06/BIO2020-report.pdf.

(3) 获 NIH 研发投资额多的州

从生命科学研发投资中来自 NIH 的数量来看,2017 年、2018 年各州生命科学研发投资中来自 NIH 的数量由大到小依次为加利福尼亚、马萨诸塞、纽约、宾夕法尼亚、马里兰、北卡罗来纳、得克萨斯、华盛顿、伊利诺伊和俄亥俄,2017 年投资额合计 172.99 亿美元,2018 年增加为 203.62 亿美元(见表 4-8)。总体而言，美国生命科学研发投资在以下各州较为集中：

表 4-8 2017—2018 年获 NIH 资助额排名前 10 位的州 单位：亿美元

州名	2017 年资助额	2018 年资助额	州名	2017 年生命科学研发总投资额
加利福尼亚	39.46	45.92	加利福尼亚	55.39
马萨诸塞	27.17	30.24	纽约	40.57
纽约	23.86	28.92	得克萨斯	32.76
宾夕法尼亚	16.73	19.44	宾夕法尼亚	24.253
马里兰	16.12	19.20	北卡罗来纳	21.60
北卡罗来纳	12.46	15.90	马萨诸塞	17.23
得克萨斯	11.61	13.70	马里兰	17.08
华盛顿	9.98	11.35	伊利诺伊	14.30
伊利诺伊	8.06	10.12	俄亥俄	13.44
俄亥俄	7.54	8.83	密歇根	13.36

资料来源：TEConomy/BIO.The Bioscience Economy:Propelling Life-Saving Treatments,Supporting State & Local Communities[EB/OL].(2020-6-11). https://www.bio.org/sites/default/files/2020-06/BIO2020-report.pdf.

三、研发创新集群及其空间分布

医药研发创新集群本质上可以看作一个增长极，通过涓滴效应和扩散效应不断提升自身的同时，也在客观上成为推动外围医药研发创新的动力源。集群的组织机构有以下模式：大企业＋辅助企业、研发机构、大学等，研究型大学科研机构＋企业，中小企业＋协会＋政府＋优惠政策等。

医药研发创新集群也是医药企业基本的研发创新生态。构建医药研发创新集群是支持新药研发、提升医药产业研发创新能力的基本战略工具。医药产业是典型的全球性产业，医药研发创新集群是医药研发创新主体相对"舒适"的生境。世界上发明专利和新药多数需要具备基本的创新生境—医药产业集群的支持。如美国的医药企业主要分布在加利福尼亚州、宾夕法尼亚州、马里兰州、新泽西州、华盛顿州、伊利诺伊州、俄亥俄州、纽约州、弗吉尼亚州、马萨诸塞州、得克萨斯州、佛罗里达州和北卡罗来纳州等长期发育的医药产业集群之内。集群提供了研发平台系统和广泛的研发网络,它将政产学研密切结合为医药研发创新的"天堂"。

在各种医药产业经济政策引导下,美国的生命科学投资主要流向医药研发创新集群。如2017年,美国的生命科学投资总量中流向加利福尼亚的达55.39亿美元,流向纽约、得克萨斯、宾夕法尼亚、北卡罗来纳等地区的研发投资都超过21亿美元,流向排名第10的密歇根州的研发投资也高达13.36亿美元。人均生命科学研发投资最多的州是怀俄明州,为457美元。马里兰、阿拉斯加、密苏里、西弗吉尼亚和佛罗里达人均生命科学研发投资都超过200美元/人,排名第10的阿肯色为164美元/人。从生命科学研发投资占全部科学与工程投资比重看,前十个州的比重都超过70%。

美国大型跨国公司大多将重要的研发机构布局在这些医药产业集群之内。如辉瑞和百时美-施贵宝的研发主要布局在纽约医药产业集群内,强生、默克将研发机构布局在新泽西的产业集群内,雅培将研发布局在伊利诺伊的产业集群内,礼来将研发布局在印第安纳州的医药产业集群内。

从大都市标准统计区看,美国的加利福尼亚州、印第安纳州、纽约州、威斯康星州、马萨诸塞州和新泽西州等都市统计区内的医药产业集群的区位商较高(见表4-4和表4-5),说明医药产业的集聚性和专业化水平都是较高的,也强力支持了医药研发创新。

在美国本土内的其他国家的医药跨国企业也将研发创新布局在美国主要的医药产业集群内。如诺华将研发创新主要布局在马萨诸塞州的剑桥(Cambridge)、新泽西州的东汉诺威(East Hanover)、加利福尼亚州的拉荷亚(La Jolla)、爱莫利维尔市(Emeryville)、旧金山湾区(San Francisco Bay Area)(加利福尼亚,这是诺华全球三大癌症研究基地之一,也是诺华化学药研究基地,建有4个研究中心);罗氏在美国的亚利桑那州立大学、康涅狄格州的布兰福(Branford)建立研究中心;基因泰克(Genentech)在加利福尼亚的南旧金山(South San Francisco)、新泽西州的纳特利(Nutley)、加利福尼亚州的罗氏帕洛阿尔托(Palo Alto)、加利福尼亚的普莱森顿(Pleasanton)、威斯康星州的麦迪逊(Madison)建立了研究中心。赛诺菲安万特在美国马里兰州的贝塞斯达(Bethesda)、新泽西州的布里奇沃特(Bridgewater)、马萨诸塞州的剑桥(Cambridge)、宾夕法尼亚州的马尔文(Malvern)、亚利桑那州的图森(Tucson)设立研究中心。

美国主要的医药产业研发创新集聚区都具有大型医药企业的支持。如印第安纳州印第安纳波利斯有礼来公司,它是第一家批量生产青霉素和胰岛素的巨型药企。加利福尼亚州地区有基因泰克、吉利德等大型公司,伊利诺伊州有位于拉夫湖的艾伯维、雅培,纽约有辉瑞、百时美-施贵宝等巨型公司。新泽西州有强生公司、默克。马萨诸塞州有赛默飞世尔科技,夏尔、渤健等公司,其中渤健位于美国马萨诸塞州剑桥市,拥有治疗多种疾病的药物,包括血友病、多发性硬化症和牛皮癣。密歇根州卡拉马祖有成立于1946年的史赛克公司,它的主要产品涉及植入物、手术设备、内窥镜和其他医疗设备。纽约州的塔里敦有再生元,它是一家制药和生物技术公司,主要致力于研究大脑功能,如神经元的再生能力。[1]

总体而言,医药研发创新需要医药生态集群创造的"舒适性生境",不同的医药研发集群呈现不同的研发创新特征。美国医药生态集群依靠核心头部企业、政府强力资金投入与政策支持、一流高校的研发支持和人才培养支持及大量小型创新企业的生长和发育,从而支撑了美国乃至全球的医药产业链、创新链的强劲发展。其专利技术及新药的快速高效产出造就了良好的集群生态与生境。[2]

目前,美国10大医药创新集群吸聚了大量的研发创新投资,建造了大量的实验室及相关科技基础设施,创造了大量的专利和新药,吸纳了大量的就业。2019年美国10大医药创新集群125.17亿美元的NIH研发资助和501.87亿美元的风险投资,创造了医药领域39 758项发明专利,运营了1.678亿平方英尺的实验室(主要可以满足生命科学研究的湿实验室),吸纳了706 230人就业,而且主要是从事医药研发创新的人员。2020年上述5项指标分别变为219.44亿美元、1 361.36亿美元、51 755项、2.086 4亿平方英尺和987 492人。它们分别比2019年上升了75.31%、171.26%、30.18%、24.34%和39.83%(见表4-9)。

表4-9 美国各医药创新集群的研发差异及变化

综合排名	指标	2020年 数量	2020年 排名	2021年 数量	2021年 排名	2018—2021年增长率(%)
波士顿、剑桥:1(1)	NIH资助(亿美元)	24.57	1	37.11	1	51.04
	VC(亿美元)	61.62	1	101.13	2	64.12
	实验室用地(万平方英尺)	2 680	1	3 520	1	31.34

---

[1] http://www.kguowai.com/news/1023.html.
[2] 新垣结一. 政策利好、资本涌入,中国如何补足生物医药落后美国20年的差距[EB/OL].(2018-07-05). https://www.sohu.com/a/239379871_397362.

续表

综合排名	指标	2020年 数量	2020年 排名	2021年 数量	2021年 排名	2018—2021年增长率(%)
波士顿、剑桥：1(1)	专利(项)	7 666	2	9 099	2	18.69
	从业人员(人)	90 566	3	115 942	4	28.02
	1985—2019年FDA批准新药(种)	66	7			
	大型医药企业	渤健(Biogen)、祥峰(Vertex)、特萨罗(Tesaro)等				
	主要大学	麻省理工、哈佛大学等				
旧金山海湾2：(2)	NIH资助(亿美元)	14.16	4	24.74	4	74.72
	VC(亿美元)	60.58	2	107.49	1	77.43
	实验室用地(万平方英尺)	2 600	2	33 10	2	27.31
	专利(项)	11 163	1	12 777	1	14.46
	从业人员(人)	74 046	4	145 235	3	96.14
	1985—2019年FDA批准新药(种)	148	1			
	大型医药企业	安进(Amgen)、吉利德(Gilead)、拜玛林制药公司(Biomarin)、基因泰克等				
	主要大学	斯坦福、加州大学等				
纽约-新泽西：3(3)	NIH资助(亿美元)	20.67	1	33.08	2	60.04
	VC(亿美元)	10.76	4	37.73	3	250.65
	实验室用地(万平方英尺)	2 260	3	2 470	4	9.29
	专利(项)	3 208	5	5 332	5	66.21
	从业人员(人)	130 393	1	152 162	2	16.69
	1985—2019年FDA批准新药(种)	143	4			
	大型医药企业	百时美-施贵宝、强生、默克、新基(Celgene)等				
	主要大学	纽约大学、普林斯顿等				
圣地亚哥：5(4)	NIH资助(亿美元)	8.23	9	11.62	9	41.19
	VC(亿美元)	9	3	49.94	3	454.89
	实验室用地(万平方英尺)	1 800	5	2 330	7	29.44
	专利(项)	4 911	4	5 973	4	21.62
	从业人员(人)	66 567	5	71 626	7	7.60
	1985—2019年FDA批准新药(种)	148	1			
	大型医药企业	安进(Amgen)、吉利德(Gilead)、拜玛林制药公司(Biomarin)				
	主要大学	斯坦福大学、加州理工学院等				

续表

综合排名	指标	2020年 数量	2020年 排名	2021年 数量	2021年 排名	2018—2021年增长率(%)
马里兰州/弗吉尼亚州/华盛顿：4(5)	NIH资助(亿美元)	14.56	3	30	3	106.04
	VC(亿美元)	9.44	4	16.77	7	77.65
	实验室用地(万平方英尺)	2 250	4	2 970	3	32.00
	专利(项)	4 943	3	6 015	3	21.69
	从业人员(人)	41 322	9	74 542	6	80.39
	1985—2019年FDA批准新药(种)	28	9			
	大型医药企业	联合治疗(United Therapeutic)、诺瓦瓦克斯公司(Novavax)；西雅图遗传学公司(Seattle Genetics)等					
	主要大学	约翰霍普金斯大学、华盛顿大学等					
大费城地区：7(6)	NIH资助(亿美元)	8.87	6	14.8	8	66.85
	VC(亿美元)	7.73	6	29	5	275.16
	实验室用地(万平方英尺)	1 280	6	2 337	5	82.58
	专利(项)	1 798	7	5 184	6	188.32
	从业人员(人)	56 452	6	69 565	8	23.23
	1985—2019年FDA批准新药(种)	92	5			
	大型医药企业	火花疗法公司(Spark Therapeutics)、伊诺维奥公司(Inovio)					
	主要大学	宾夕法尼亚大学、卡内基梅隆大学等					
西雅图：8(7)	NIH资助(亿美元)	8.43	8	17.32	6	105.46
	VC(亿美元)	3.72	8	6.756	10	81.61
	实验室用地(万平方英尺)	1 000	7	1 125	10	12.50
	专利(项)	2 087	6	2 336	7	11.93
	从业人员(人)	36 102	10	35 914	10	−0.52
	1985—2019年FDA批准新药(种)	24	10			
	大型医药企业	西雅图遗传学公司(Seattle Genetics)等					
	主要大学	西北大学、华盛顿大学等					
罗利-达勒姆：9(8)	NIH资助(亿美元)	10.27	5	23.08	5	124.73
	VC(亿美元)	4.81	7	7.721	9	60.52
	实验室用地(万平方英尺)	1 240	7	1 140	8	−8.06
	专利(项)	1 124	10	1 408	10	25.27
	从业人员(人)	36 102	10	39 588	9	9.66
	1985—2019年FDA批准新药(种)	52	8			
	大型医药企业	G1疗法(G1 Therapeutics)等					
	主要大学	杜克大学等					

续表

综合排名	指标	2020年 数量	2020年 排名	2021年 数量	2021年 排名	2018—2021年增长率(%)
洛杉矶/奥兰治县：6(9)	NIH资助(亿美元)	8.53	7	15.35	7	79.95
	VC(亿美元)	2.21	10	15.25	8	590.05
	实验室用地(万平方英尺)	790	10	1 280	9	62.03
	专利(项)	1 612	8	1 876	8	16.38
	从业人员(人)	122 012	2	195 000	1	59.82
	1985—2019年FDA批准新药(种)	148	1			
	大型医药企业	安进(Amgen)、吉利德(Gilead)、拜玛林制药公司(Biomarin)等				
	主要大学	斯坦福大学、加州理工学院等				
芝加哥(伊利诺伊州)：10(10)	NIH资助(亿美元)	6.88	10	12.34	10	79.36
	VC(亿美元)	3.32	9	9.90	9	198.06
	实验室用地(万平方英尺)	880	9	382.3	11	−56.59
	专利(项)	1 246	9	1 755	9	40.85
	从业人员(人)	52 668	7	87 918	5	66.93
	1985—2019年FDA批准新药(种)	69	6			
	大型医药企业	艾伯维(Abbvie)等				
	主要大学	芝加哥大学等				
合计	NIH资助(亿美元)	125.17		219.44		75.31
	VC(亿美元)	501.87		1 361.36		171.26
	实验室用地(亿平方英尺)	1.678 0		2.086 4		24.34
	专利(项)	39 758		51 755		30.18
	从业人员(人)	706 230		987 492		39.83

注：括号内为2020年排名，下同。
资料来源：Alex Philippidis. Top 10 U.S. biopharma clusters: Pandemic reshuffles the bottom of GEN's regional rankings but not the top for now[J]. Genetic Engineering & Biotechnology News, 2021, 41(4): A14-15.

从10大医药创新集群的研发创新历程可以看出，医药行业的研发创新需要具备如下条件：

(1) 有强大的基础研究

上述集群中全球一流的大学和研究机构能够不断发现和创造生命科学知识，破解生命原理，解释疾病产生发展机制，同时源源不断地培养生命科学领域的精英研究者。

（2）具有充足的研发经费

医药研发创新需要巨量投资而且风险很大，这需要充足的研究经费以确保长期研究的支出。同时，大批风险投资者可以快速对研发人员新的技术、新的想法、新的工艺等给予进一步深入研究和产业化的支持。

（3）需要充足的高水平实验室

生命科学研究需要功能强大、管理和设备先进的实验环境。从10大医药产业集群看，高水平的实验室是不可替代的刚性医药科技基础设施。

（4）具有充足的高素质专业人才

新药一旦批准上市，需要迅速形成规模生产、高效率运营、快速营销，力求在专利保护期内以较高的价格尽快获取最大收益。这需要大量的、高素质的富有创新能力的生物医药领域的专业人才。

（5）具备创新精神和实践经验的企业家

根据熊彼特的理论，企业家是根本的创新者。有经验、富有冒险与创新精神的企业家可以充分调动一切可以利用的资源，实现新技术、新原理支持下的革命性生产、运营，实现技术成果的产业化，形成"投入—研发—生产—销售—资金回笼—增大研发投入"的循环及可持续发展。

（6）形成富有活力且不断升级的创新生态

医药研发创新需要关键的要素，如优良的区位积聚了研发资本、风险资本，能够产生新技术、新发明、新专利、新知识、一流大学、研发机构，能够自我培育和不断流入形成研发创新人才队伍，富有企业家精神的行业领军队伍，具有政产学研高效协同机制，具备不断更新的、科学的、激励医药研发—生产—销售的系统政策，更重要的是需要各要素科学配置，形成一个具有高效率的创新系统。每一个医药创新集群本身就是一个开放的生态系统，而且这一系统是动态升级与发展的。

第二节　美国医药研发的全球布局

一、企业研发创新投入的全球布局

医药企业对外研发投资比重不断上升。医药产业是全球性产业，强大的医药研发需要建构强大的研发网络吸聚研发资源来支持。美国之所以在全球医药产业中占据领导地位,与其强大的全球医药研发网络支持是分不开的。从美国药物研发与制造商协会对其会员研发投资布局的统计来看,1970年到2019年美国医药企业对外研发投资占全部研发投资比重呈现不断上升的趋势。1970年美国医药企业对外研发投资占全部研发投资比重为8.46%,到2019年这一比重上升到22.42%(见表4-10)。

表4-10　　　　美国医药企业在美国以外的研发投入与总研发投入占比　　　单位:%

年份	1970	1971	1972	1973	1974	1975	1976	1977
比例	8.46	8.35	9.82	14.17	15.70	14.88	15.49	16.70
年份	1978	1979	1980	1981	1982	1983	1984	1985
比例	16.94	18.40	21.63	20.05	18.21	16.98	16.66	17.14
年份	1986	1987	1988	1989	1990	1991	1992	1993
比例	18.25	18.14	19.94	17.85	19.21	18.31	18.80	17.73
年份	1994	1995	1996	1997	1998	1999	2000	2001
比例	17.39	21.92	19.39	18.42	18.31	18.60	17.93	20.89
年份	2002	2003	2004	2005	2006	2007	2008	2009
比例	17.27	21.44	20.16	22.30	20.96	23.58	24.93	23.87
年份	2010	2011	2012	2013	2014	2015	2016	2017
比例	19.76	25.23	24.36	21.73	23.50	19.34	20.02	21.91
年份	2018	2019						
比例	21.84	22.42						

资料来源:根据历年PhRMA调查整理。

二、全球布局网络

通过大量的海外研发投资,美国编织了一个强大的全球研发创新网络,从而有效动用全球资源,推动研发进程和新药研制,并将更多新药推向全球市场。如2017年,美国医药以本土为中心,向德国、英国、法国等欧洲国家,日本、中国、韩国等亚洲国家,加拿大、墨西哥、阿根廷等美洲国家,澳大利亚和新西兰等大洋洲国家,乃至中东和非洲等都有不同程度的投资,在全球布局广泛而强大的研发网络(见表4-10)。

这一研发网络中,美国将核心研发布局在美国,并依托不同的地区比较优势和竞争优势将非核心研发和市场开拓性研发或联合研发分区布局。根据全球研发中的地位建构不同等级的研发创新中心,形成具有层次等级和专业化分工双重特征的研发创新网络体系。这一体系包括基础的研发、药物发现、临床前的研究、临床1期、临床2期、临床3期、上市申请、临床4期、生产工艺、生产流程、市场开发、物流优化、用户管理等各个阶段和各个层面的专门研究和综合研究。这一网络具备柔性化特征,可以优化配置研发创新资源,降低研发创新成本,提高研发创新效率和新药的研制能力,并能提高整体的研发创新竞争力和盈利水平。

具体来看,美国海外的研发布局中心主要在日本、英国、德国、加拿大、法国和中国等。2017年美国上述各国的医药投资占全部研发投资比重分别为1.6%、3.6%、1.1%、0.8%、0.5%和0.7%等。

虽然美国医药研发总投资绝对量不断上升,如2002年为310.12亿美元,2016年650.38亿美元,2017年713.99亿美元,但2002年医药研发投资中美国本土份额为82.7%,2016年降为80%,2017年进一步降为78.1%,这说明美国在本土以外的研发网络正在不断扩张和加强。欧洲是美国医药企业研发最集中的地区,2017年美国医药企业在欧洲的研发投资为115.99亿美元,占美国医药企业研发总投资的16.2%,占美国以外总投资的74.0%,其中英国是美国医药企业研发投资最多的国家,其次是日本,再次是德国。2017年美国医药企业在英国、日本、德国和加拿大的研发投资分别为25.69亿美元、11.16亿美元、7.60亿美元和5.92亿美元(见表4-11)。

表4-11　2002年、2008年、2016年、2017年美国PhRMA会员企业研发投资地区分布

单位:百万美元;%

国家/地区	2002年 投资额	占比(%)	2008年 投资额	占比(%)	2016年 投资额	占比(%)	2017年 投资额	占比(%)
非洲	14.4	0.0	40.7	0.1				
埃及					12.6	0.0	7.3	0.0
南非					30.3	0.0	43.0	0.1
其他非洲国家					23.6	0.0	22.5	0.0
美洲								
美国	25 655.1	82.7	35 571.1	75.1	52 418.2	80.0	55 755.0	78.1
加拿大	304.5	1.0	572.5	1.2	500.2	0.8	591.5	0.8
墨西哥			81.2	0.2	81.3	0.1	88.9	0.1

续表

国家/地区	2002年 投资额	占比(%)	2008年 投资额	占比(%)	2016年 投资额	占比(%)	2017年 投资额	占比(%)
巴西			96.7	0.2	126.5	0.2	149.0	0.2
其他拉美和加勒比地区			210.4	0.4				
阿根廷					90.0	0.1	118.2	0.2
委内瑞拉					6.0	0.0	1.1	0.0
哥伦比亚					41.9	0.1	48.4	0.1
智利					30.5	0.0	25.6	0.0
秘鲁					11.2	0.0	10.9	0.0
其他拉美国家	113.4	0.4			77.0	0.1	98.5	0.1
亚太地区								
日本	706.4	2.3	925.3	2.0	1 019.2	1.6	1 115.6	1.6
中国			93.2	0.2	504.7	0.8	508.2	0.7
印度、巴基斯坦	3.3	0.0	94.4	0.2	32.9	0.1	40.7	0.1
中国台湾地区					47.5	0.1	71.8	0.1
韩国					93.0	0.1	83.9	0.1
除日本外亚太其他国家(地区)	79.2	0.3			148.3	0.2	221.6	0.3
除日本、中国、印度外亚太其他国家(地区)			318.1	0.7				
大洋洲								
澳大利亚及新西兰	80.0		190.3	0.4	3 230.4	0.4	293.3	0.4
欧洲								
法国	378.8	1.2	540.8	1.1	341.6	0.5	377.6	0.5
德国	401.2	1.3	781.2	1.6	822.7	1.3	759.6	1.1
意大利	232.2	0.7	284	0.6	187.3	0.3	227.3	0.3
西班牙	125.3	0.4	301.6	0.6	246.7	0.4	283.0	0.4
英国	1 324.9	4.3	2 732.9	5.8	2 277.0	3.5	2 569.2	3.6
其他西欧国家	1 453.6	4.7	4 046.4	8.5	5 212.2	8.0	6 547.7	9.2
捷克					41.1	0.1	45.8	0.1
匈牙利					29.3	0	31.6	0.0
波兰					71.1	0.1	86.5	0.1
土耳其			40.6	0.1	48.3	0.1	56.6	0.1

续表

国家/地区	2002年 投资额	占比(%)	2008年 投资额	占比(%)	2016年 投资额	占比(%)	2017年 投资额	占比(%)
俄罗斯	13.4	0.0	80.4	0.2	84.2	0.1	104.0	0.1
中东欧*	91.4	0.3	338.3	0.7	258.2	0.4	509.7	0.7
中东								
沙特阿拉伯					9.0	0.0	11.9	0.0
中东**	24.5	0.1	43.2	0.1	278.4	0.4	245.4	0.3
其他	10.8	0.0			79.1	0.1	248.2	0.3
合计	31 012.2	100	47 383.1	100	65 538.3	100.00	71 399.4	100.0

注：* 中东欧主要包括塞浦路斯、爱沙尼亚、斯洛文尼亚、保加利亚、立陶宛、拉脱维亚、罗马尼亚、斯洛伐克、马耳他及其他中东欧国家。

** 中东主要包括也门、阿拉伯联合酋长国、伊朗、伊拉克、科威特、以色列、约旦、叙利亚、阿富汗和卡塔尔等。

资料来源：PhRMA 历年报告；PhRMA.pharmaceutical industry profile_2010_final[EB/OL].(2014-12-15). http://www.doc88.com/p-9733388997195.html.

三、头部企业注重全球研发网络构建

医药头部企业为了动用全球资源、支持日趋扩大的研发需求，不断强化全球研发中心的布局和研发网络的构建。如强生的研发创新主要分布在心血管/代谢、免疫、抗感染和疫苗、神经、肿瘤和肺动脉高压等领域。[1] 强生依靠强大的投入能力构筑全球研发网络，其研发中心主要分布在比利时的贝尔塞(Beerse)，加拿大的多伦多，中国的北京和上海，法国的黑麦落下(Val de Reuil)，德国的诺伊斯(Neuss)，印度的孟买，爱尔兰的科克(Cork)，荷兰的莱顿(Leiden)，俄罗斯的莫斯科，西班牙的托莱多(Toledo)，瑞士的沙夫豪森(Schaffhausen)，英国的海威科姆(High Wycombe)，美国加利福尼亚州的弗里蒙特(Fremont)、拉荷亚(La Jolla)、洛杉矶(Los Angeles)和新泽西州的拉里坦(Raritan)、泰特斯维尔(Titusville)，宾夕法尼亚州的霍舍姆(Horsham)、马尔文(Malvern)和春屋(Spring House)。如此一来，以美国东西海岸重要的城市研发中心为依托，广泛关联中国、印度、俄罗斯、法国、德国、英国、爱尔兰和瑞士等各具特色的研发中

---

[1] Judith Hinton Andrew. Research & Development at Janssen: Innovations That Transform How Diseases Are Thought of, Managed, Prevented and Intercepted Rock Composite 22[EB/OL].(2021-7-1). https://www.janssen.com/research-and-development/about.

心,形成了一个有机网络,可以灵活、富有柔性和韧性地支持研发创新。①

又如百时美-施贵宝主要关注肿瘤、免疫学、心血管与纤维化方面药物的研发和药物递送,治疗平台包括抗体偶联药物(Antibody-Drug Conjugates)、生物药(Biologics)、细胞疗法(Cell Therapy)、药物递送技术(Drug Delivery Technology)、实验胚胎学(Epigenetics,解码蛋白质的表达与RNA的合成)、基因疗法(Gene Therapy)、蛋白质稳态(Protein Homeostasis)、小分子药物(Small Molecules)等。其研发布局不断全球化,已经在美国、加拿大、日本、中国等国布局了研发中心(见表4-12),并形成了一个不断增强的研发创新网络。

表4-12　　　　百时美-施贵宝的研发中心及其他功能布局

研发中心名称	所在国家	功能	说明
纽约	美国	总部	全球管理
新泽西州劳伦斯维尔(Lawrenceville)	美国	研发、财务、法律、人力资源	发现和开发癌症、免疫学、心血管和纤维化疾病领域的药物
新泽西州霍普韦尔(Hopewell)	美国	R&D	聚焦本公司主要疗法
新泽西州新不伦瑞克(New Brunswick)	美国	R&D	产品和工艺开发和制造以支持临床试验
新泽西州西温莎(West Windsor)	美国	信息管理、会计	主要活动涉及信息管理、全球采购和会计
马萨诸塞州德文斯(Devens)	美国	工艺开发和商业制造	生物药的工艺开发、临床和商业生产,生产阿巴西普ORENCIA®(abatacept),该公司的类风湿性关节炎生物疗法和免疫肿瘤药物埃罗妥珠单抗EMPLICITI(elotuzumab)
佛罗里达州坦帕(Tampa)	美国	金融、HR和IT	提供跨多个学科的知识型能力和服务,探索简化流程和提高运营效率和有效性的方法
纽约雪城(Syracuse)	美国	工艺开发和商业制造	生产biologics products:Opdivo、Nulojix、Yervoy and Empliciti。
加利福尼亚州雷德伍德城(Redwood City)	美国	R&D	生物制剂药物发现,侧重于抗体疗法
马萨诸塞州剑桥(Cambridge)	美国	R&D	新药研发
波多黎各马纳蒂(Manati)	美国	制造	生产生物药物和香豆素(Coumadin)

---

① Janssen. Research & Development Locations[EB/OL].(2021-7-1). https://www.janssen.com/research-and-development/locations.

续表

研发中心名称	所在国家	功能	说明
波多黎各乌马考（Humacao）	美国	制造	口服固体制剂生产基地，包括 Eliquis（心血管）、Glucophage（糖尿病）和 Sustiva（HIV）
蒙特利尔（Montreal）	加拿大	R&D 和商业	行政、商业、监管、临床运营和医疗事务
吕埃马尔迈松（Rueil-Malmaison）	法国	R&D 和商业	法国总部，研发、全球发展与医疗事务
布赖讷拉勒（Braine-l'Alleud）	比利时	R&D、赋能中心	全球监管科学和各种研发、临床操作
阿克斯布里奇（Uxbridge）	英国	商业	英国和爱尔兰商业总部
切斯特（Chester）	英国	金融、人力资源和IT	从财务、人力资源、研发等方面支持在英国业务
摩顿（Moreton）	英国	R&D	包括化学与合成开发、药物产品工艺、分析策略和临床供应
克鲁塞拉特（Cruiserath）	爱尔兰	制造	生产免疫肿瘤药物
慕尼黑（Munich）	德国	商业	商业和监管业务
东京	日本	商业、研发、职能部门	医学事务、药物警戒、监管、临床策略、临床操作、数据管理和早期开发
爱知（Aichi）	日本	制造	初级和次级包装
上海	中国	制造	生产抗生素、心血管药物、镇痛药和代谢药

资料来源：① BMS. BMS's Researchers [EB/OL].(2021-7-27). https://www.bms.com/researchers-and-partners/areas-of-focus.html.
② BMS. BMS's Layout of R&D worldwide [EB/OL].(2021-7-27). https://www.bms.com/about-us/our-company/worldwide-facilities.html.

再如辉瑞，其研发主要集中在内科用药、炎症与免疫学、肿瘤学、罕见病、疫苗与抗感染药等方面[1]，研究平台主要探讨基因疗法、下一代医疗技术与疗法、精准医疗、生物仿制药等。截至2021年5月4日，辉瑞现有研发管线100个，其中临床1期30个，临床2期38个，临床3期22个，上市申请10个[2]（见表4-13）。辉瑞主要在美国、英国、中国等国建立研发中心，形成了良好的全球研究网络（见表4-14）。

---

[1] Pfizer. Cancer drug development pipeline：Oncology Drug Pipeline & Cancer Clinical Trials [EB/OL].(2021-7-28). https://www.pfizer.com/science/oncology-cancer/pipeline#

[2] Pfizer. Pfizer Pipeline [EB/OL].(2021-5-4). https://cdn.pfizer.com/pfizercom/product-pipeline/Pipeline_Update_04MAY2021_3.pdf? wvwlGSjISq2WtPXKYz5xNS_WEuhGUQu.

表 4-13　　　　　　　　　　　　辉瑞研发管线及分布　　　　　　　　　　　单位：个

领域	临床1期	临床2期	临床3期	上市申请	合计
炎症和免疫学	3	16	1	2	22
内科用药	5	6	3	2	16
肿瘤	17	7	7	2	33
罕见病	3	2	6	1	12
疫苗	0	6	4	3	13
抗感染	2	1	1	0	4
合计	30	38	22	10	100

资料来源：Pfizer. Pfizer Pipeline[EB/OL].(2021-5-4). https://cdn.pfizer.com/pfizercom/product-pipeline/Pipeline_Update_04MAY2021_3.pdf? wvwlGSjISq2WtPXKYz5xNS_WEuhGUQu.

表 4-14　　　　　　　　　　辉瑞在全球的研发网络及研发中心布局

研发中心	国家	功能	说明
马萨诸塞州安多弗（Andover）	美国	研发、制造	结合了最先进的研发设施和灵活的多产品制造能力
科罗拉多州博尔德（Boulder）	美国	R&D	小分子药物发现，癌症疗法开发创新
马萨诸塞州剑桥	美国	治疗创新全球总部	在纽约市、圣地亚哥和旧金山设立办事处
康涅狄格州格罗顿（Groton）	美国	开发	几乎所有辉瑞产品中的部分是在格罗顿开发的
加利福尼亚州拉霍亚（La Jolla）	美国	研发	辉瑞拉霍亚实验室有力地加强了公司在全球生物技术行业的影响力
纽约州珠江（Pearl River）	美国	研发	全球疫苗研发基地
三维治（sandwich）	英国	战略管理	制药科学和全球法规事务小组的总部
密苏里州圣路易斯（St Louis）	美国	研发制造	生产创新的紧急护理产品，以满足严重医疗危机期间的独特需求
湖北武汉、上海	中国	开发	为全球生物及化学制药产品线提供全方位支持，包括药物临床试验、医疗、法律法规和药物安全

资料来源：① pfizer. Pfizer's Pipeline and Clinical Trials[EB/OL].(2021-7-28). https://www.pfizer.com/science/research-development/centers.

② Pfizer. Cancer drug development pipeline：Oncology Drug Pipeline & Cancer Clinical Trials[EB/OL].(2021-7-28). https://www.pfizer.com/science/oncology-cancer/pipeline#

③ Pfizer. Pfizer Pipeline[EB/OL].(2021-5-4). https://cdn.pfizer.com/pfizercom/product-pipeline/Pipeline_Update_04MAY2021_3.pdf? wvwlGSjISq2WtPXKYz5xNS_WEuhGUQu.

第五章 医药研发创新的基本动力机制

第一节 医药研发创新的基本动力系统

一、医药研发创新生态系统动力结构

医药研发是以核心企业为中心,通过持续增加的研发投资和研发人才的投入形成推动医药研发的最直接动力。而核心医药企业与由 CRx(CRO/CMO/CDMO 等)企业、行业协会、大型医药研发基础设施、国家重点实验室、初创公司、外贸公司、国内销售公司、专业猎头公司、各级政府、相关研究基金、VC 及资本市场、大学及研发机构、医院、患者及其他相关企业/专业公司等相互作用,形成基本的研发创新生态系统。这一系统进一步受到政府法规、一流大学、高端人才、VC、研究型医院、相关产业的支持等形成综合推动力。该系统还通过人口增加、老龄化、医疗支出能力增加、寿命延长等形成需求拉动力。总体而言,医药研发生态系统就是通过基于生命健康的推拉动力组合、螺旋式耦合升级,共同支持医药研发创新(见图 5-1)。

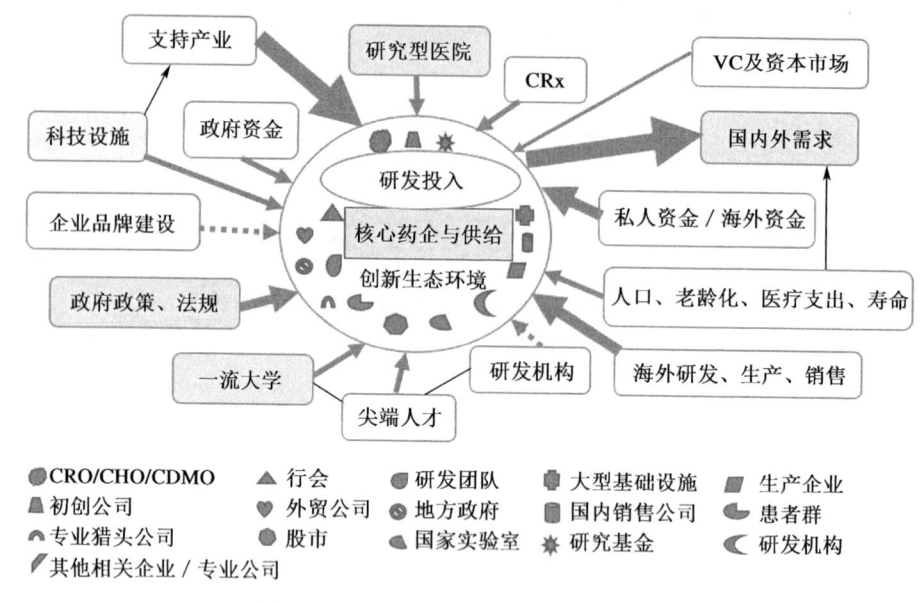

图 5-1　医药研发创新的基本机制示意图

二、美国医药研发创新生态系统动力结构

美国医药研发创新生态系统以生物医药研发企业为中心，以产学研密切互动合作为基础支持，并借助政府政策法规体系的支持，NIH 连续的大量研发资金支持，FDA 及专利商标局等不同政府部门对关键医药研发环节的强势对口支持，全球风险投资的强力支持，患者对新药需求的支持等（见图 5-2），从而形成政产学研及相关支持力量协同互动，产学研内生动力、政策与需求等外生动力耦合升级、螺旋式加强推进的医药研发创新生态系统。它具有很强的柔性组织力量、高效的研发能力和可持续发展的支持机制。美国相对完整的潜力生态体系成为医药研发创新的不竭动力源。

该医药研发创新系统具有如下具体特征：

1. 功能强大

该生态系统是由基础研究、应用—基础研究、应用研究和众多孵化器、龙头企业及不断生发的新建公司和其他各类组织构成，依靠政产学研的互动机制，形成了众多不断更新的医药产业集群，具备了成熟的产业化、市场化能力，广泛动用国际国内资源的能力和强大的创新能力。同时，该生态系统还具有稳定的金融保险支持的支付体系，具有不断增多的消费能力的支持，不断强大的新兴辅助

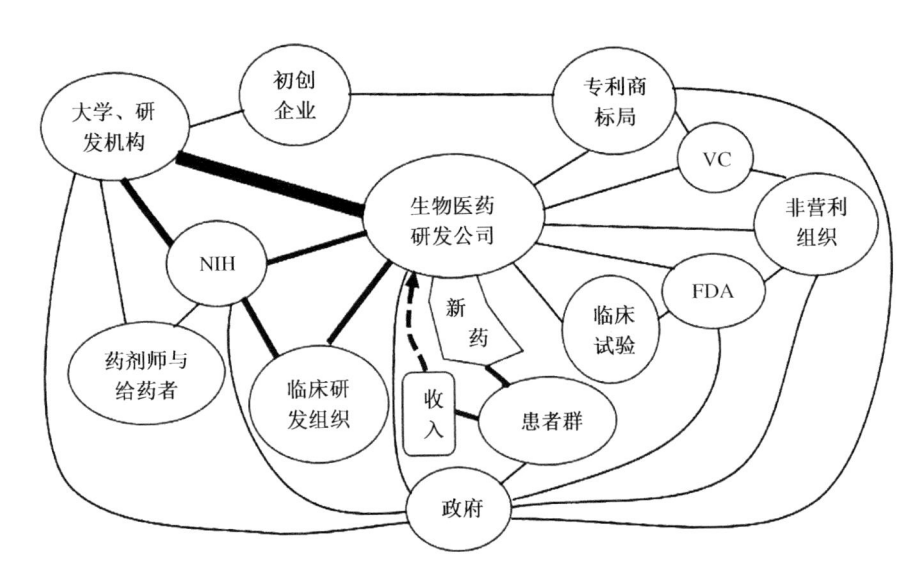

图 5-2 美国研发生态系统基本结构

资料来源：① PhRMA. Biopharmaceuticals_in_Perspective[EB/OL].(2021-2-2). https://www.phrma.org/-/media/Project/PhRMA/PhRMA-Org/PhRMA-Org/PDF/A-C/ChartPack_Biopharmaceuticals_in_Perspective_Fall2020.pdf.

② PhRMA. biopharmaceutical-industry-profile[EB/OL].(2021-2-2). http://phrma-docs.phrma.org/sites/default/files/pdf/biopharmaceutical-industry-profile.pdf.

产业的支持（AI/生物芯片、5G），细致的市场化的衔接机制（大企业内部有专门捕捉最新研究的应用技术或专利成果等，购买方式开发或储存减少竞争）。它还通过强大的并购机制和能力，形成了日趋增长的综合研发竞争优势和国际竞争力。

2. 具有相对完善的研发创新激励政策与制度管理体系

医药产业研发创新需要密集的激励政策与制度的有力支持。如医药价格政策、专利发明与产权制度、专利挑战政策、孤儿药支持政策、仿制药政策、医疗保险和支付政策、生物新药和生物类似药政策、医疗设备与疗法创新政策等涵盖了医药研发创新的各个环节，形成了医药研发过程中不同环节的激励效应。美国20世纪80年代初颁布实施的《拜-杜法案》及《斯蒂文森-威德勒技术创新法案》等医药政策和管理制度都强力支持医药研发创新。另外，美国推行 MAH（Marketing Authorization Holder，药品上市许可人制度），加入 ICH（The International Council for Harmonisation of Technical Requirements for Pharmaceuticals for Human Use，国际人用药品注册技术协调会），以及强力的公共财政支持政策、新药研发中严格的流程管理、滚动审评制度等都对医药研发形成了稳定的支持。

3. 具有多重复合型网络集成效应

美国医药研发创新系统网络十分复杂。从基本结构看，它首先以核心医药研发企业系统为内核，研发投入＋科学家员工组成核心层；以产学研为核心外围层；以政府、医药企业、研究型医院、大学、患者等为核心外围扩展层；以广泛的网络连结医药产业链的各个环节，连接国内外所有利益相关者，并及时接受老龄化、健康支出及国民收入状况、寿命长短等外围环境的不断变化，产生直接或间接的刺激，形成内部多层机制，产生内生动力和外部环境刺激产生的外生动力，在互动、集成作用下形成推动医药研发创新的动力系统（见图5-2）。

4. 巨型头部公司主导作用明显

大型医药公司的发展水平是医药研发创新水平的标尺和风向标。全球医药和生物技术产业中，排名前25家公司的平均销售收入从2006年的179亿元增加到2015年的228亿美元，平均规模增加了49亿美元。其销售收入合计从2006年的4 479亿美元上升到2015年的5 689亿美元，占全球医药与生物技术产业全部销售收入的比重虽然从83.88％下降为73.43％，但仍然呈现很高的集中度（见表5-1）。就全球而言，医药产业的发展和研发创新需要巨型医药企业的引领和支持。

表5-1　　全球排名前25位的制药公司医药与生物技术销售收入情况

单位：10亿美元；％

年份	排名前25位的制药企业	其他制药企业	总计	排名前25位的制药企业占全球比重
2006	447.9	86.1	534	83.88
2007	485.9	99.4	585.3	83.02
2008	505.9	114.4	620.3	81.56
2009	530.8	128.1	658.9	80.56
2010	576.9	143.3	720.1	80.11
2011	594.5	162.4	756.9	78.54
2012	569.5	184	753.5	75.58
2013	561.6	190.4	751.9	74.69
2014	564.8	196.4	761.3	74.19
2015	568.9	205.9	774.8	73.43

资料来源：GAO. Drug industry: profits, research and development spending, and merger and acquisition deals[EB/OL]. (2017-12-19). https://www.gao.gov/products/gao-18-40.

美国拥有众多世界医药领域的头部企业，具有很强的研发创新实力和引导能力。2000—2019年美国200家医药企业统计分析结果显示，多数年份具有正的净利润的企业主要是强生、默克、辉瑞、百时美-施贵宝、艾伯维、礼来、新基、安进、吉利德、勃健和雅培。从数量看，这些企业仅占200家企业的5.5％，其余医药企业因为处于研发投入为主的阶段,大多尚无产品或仅有少量产品生产,更无重磅药物产品,净利润为负值。因此,只有大型头部企业才有实力大规模推进新药研发创新。

PharmExec(美国《制药经理人》杂志)依据2018年企业处方药全球销售收入评出的2019年全球制药企业50强中,前10名依次为辉瑞、罗氏、诺华、强生、默克、赛诺菲、艾伯维、葛兰素史克、安进以及吉利德。其中6家是美国企业。50强中有17家是美国企业,占1/3强。[①] 美国的头部巨型医药企业是美国医药创新生态系统的核心力量,它不但主导了美国的研发创新,而且一定程度上成为推动和拉动世界医药研发创新的关键力量。

5. 医药CRO(Contract Research Organization,合同研究组织)也是医药研发创新系统的重要动力源

由于新药研发需要投资大,时间长,需要不同类型的研发者和投资者完成不同阶段的"接力"。要完成这一接力除了需要有强大的基础研发机构和大学外,还需要大量的风险投资,大量的CRO和巨型医药企业及繁多的医药和生物技术类创新型小公司。其中,CRO的快速发展成为明显的医药研发外包和分工细化的重要表征。

CRO是专门从事合同研发的组织,它能够有效地组织大型企业、研发机构和大学进行明确的目标任务研发。CRO本身具有研发设施和资金,可自行研发,也可投资建厂。由于它们通常拥有很多专利、技术、发明等,可以通过转让技术专利,支持其他投资者或企业在不同的集群内建立企业。CRO参与了全球1/3以上的新药研发,它可以缩短研发时间,节省20%以上的研发成本,已成为医药产业研发创新的"发动机"。另外,发达的风险资本市场是其医药产业研发创新的最有利的推进条件。据统计,美国1/4的医药产业发展曾得益于风险投资的支持。因此,动用各方力量,鼓励风投人才集聚,培育风投基金成长,吸聚大型国际风投基金进入并开展业务活动,以推进医药产业研发创新的发展。

第二节 基本动力机制分析

一、严格的专利制度和自由定价激励机制

专利是政府对发明者的新颖性、有用性和创造性的发明颁发的代表其权

[①] Michael Christel. Pharm Exec's Top 50 Companies 2019[EB/OL].(2019-7-12). https://www.pharmexec.com/view/pharm-execs-top-50-companies-2019.

利和利益文件,它记录了发明的内容,呈现为一种法律状态,在规定期内(一般为 20 年)不容侵犯。在保护期内,专利具有独占性和排他性,专利药可以通过垄断定价,获取高额的利润,弥补大量的前期研发投入成本。因此,专利为天才之火提供了燃料。[①] 而且美国对于孤儿药、儿童用药可以延长专利保护期,对因审批等占用的专利保护期给予一定的延期补偿。可见,专利保护对医药研发创新而言十分重要。另外,美国医药制度还允许专利挑战,挑战成功后可以给予 180 天独占期。美国还允许在专利药未到期时可以进行仿制,从而可以在专利药到期后迅速投入市场,促进药价降低,惠及患者,也激励药企为获取高额利润进一步研制新药。如此一来,在知识产权严格保护和新药研发者利益最大限度地得到保护的同时,又促进了竞争性市场,这为创新和获得药品创造了动力。

而且,严格的专利制度使得专利"悬崖"规律明显。如立普妥 1997 年销售额为 8.65 亿美元,接下来的几年持续攀升,2006 年达到 138.28 亿美元,之后持续下降,2017 年下降到 19.15 亿美元(见图 5-3、表 5-2)。如此明显的专利"悬崖"效应给企业的利润带来了巨大冲击,为了保持业绩的不断增长,医药企业必须加大力度研发新的重磅新药来对冲原有专利保护到期重磅药物的业绩损失,并有富足的业绩增量保持企业总体业绩的持续增长。因此,严格的专利保护制度,促进了专利"悬崖"效应,对医药企业研发创新形成巨大的激励作用。

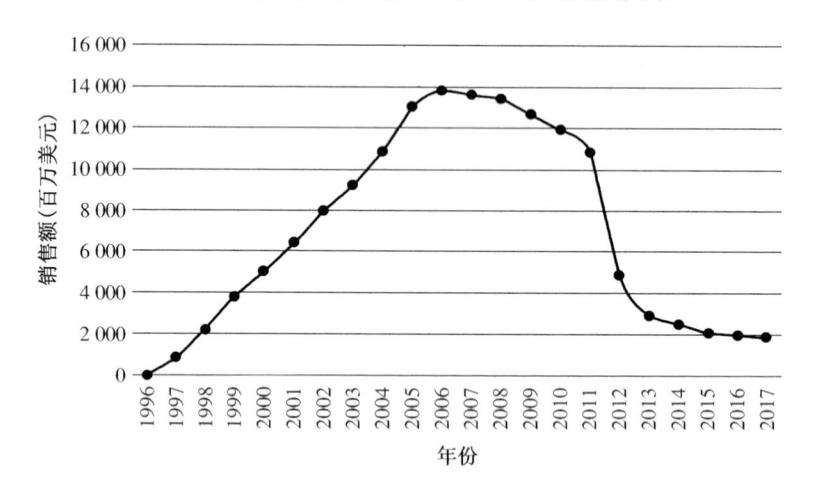

图 5-3 1996—2017 年立普妥销售额曲线

---

① GPO.Weekly Compilation of Presidential Documents[EB/OL].(2002-08-05). https://www.govinfo.gov/content/pkg/WCPD-2002-08-05/pdf/WCPD-2002-08-05.pdf.

表 5-2　　　　　　　　　1996—2017 年立普妥销售额表　　　　单位：百万美元

年份	1996	1997	1998	1999	2000	2001	2002	2003
销售额	0	865	2 208	3 795	5 031	6 448	7 972	9 231
年份	2004	2005	2006	2007	2008	2009	2010	2011
销售额	10 862	13 020	13 828	13 622	13 465	12 668	11 971	10 866
年份	2012	2013	2014	2015	2016	2017		
销售量	4 860	2 982	2 530	2 136	1 988	1 915		

资料来源：GPO.Weekly Compilation of Presidential Documents[EB/OL].(2002-08-05). https://www.govinfo.gov/content/pkg/WCPD-2002-08-05/pdf/WCPD-2002-08-05.pdf.

就新药价格而言，美国奉行自由定价，医药企业凭借对新药的垄断可以定出一个很高的垄断价格，获取高额垄断利润，以弥补新药研发过程中出现的巨大投入。因此，医药市场上受专利保护的新药实现的市场价值占绝对优势。2017 年美国专利药销售量仅占 10%，但销售额占 77%（见表 5-3），其他国家、地区几乎无出其右。这是美国富有成效的新药定价政策的重要体现，也成为激励医药企业研发创新的关键政策之一。

表 5-3　　　　　　部分国家/地区专利药销售量和销售额比重

年份	专利药销售量占比（%）	专利药销售额占比（%）	国家/地区
2017	10	77	美国
2015	18	56	日本
2015	25	75	中国台湾地区
2015	9	14	中国大陆

资料来源：美国政府问责办公室（United States Goverment Accountability Office）. https://www.gao.gov/.

在自由定价政策支持下，医药企业研发创新的积极性持续提高。即使在新药研制成本不断提升，成功概率不断下降，难度不断增加的情况下，新药研发管线还在不断增加，研发型医药技术公司增加很快。

美国通过有效的专利保护制度和新药自由定价制度，促使创新的成果能够在专利保护期内享受独占权利，攫取高额垄断利润。美国对新药的专利保护可达 20 年，某些特殊药物及专利还可以享受专利延长制度的保护，持续更长的垄断利润攫取期。2009 年美国市场上销量占 25% 的受专利保护新药的销售额占 75%，利润率高达 84%（见表 5-4）。可见强有力的专利制度和自由定价成为激励医药研发创新的有力支持机制。

表 5-4　　　　　　　　　　　美国专利药市场情况

市场估计	美国	9个国外市场①
专利药销售额比例(%)	75	67
专利药销售量比例(%)	25	39
专利药销售额(10亿美元)	120	86
专利药销售量(百万剂)	42	151
每剂价格(美元)	2.84	0.57
可变成本/剂量(美元)	0.45	0.45
利润率(%)	84	20
专利药利润(10亿美元)	101	17

资料来源：① Danzon P M, Furukawa M F. Cross-National Evidence on Generic Pharmaceuticals: Pharmacy vs. Physician-Driven Markets. Working Paper 17226[EB/OL].(2011-12-30). https://www.nber.org/system/files/working_papers/w17226/w17226.pdf.

② Council of Economic Advisers. Reforming biopharmaceutical pricing at home and abroad[EB/OL]. (2020-9-1). https://www.whitehouse.gov/wpcontent/uploads/2017/11/CEA-Rx-White-Paper-Final2.pdf.

在自由定价和严格的专利保护共同激励下，用量较小、常常被忽视的疾病治疗孤儿药的研发也在快速增加。特别是1983年美国制定了《孤儿药法案》，除税收抵免和其他优惠外还授予孤儿药制造商延长7年的市场独占权，这是一种强有力的垄断。后来，某些孤儿疾病开发商获得了FDA优先审查凭证的权利，从而促使开发用于罕见疾病的药物成为主流研发内容。由于开发成本低而市场价值高，因此该领域吸引了大量投资，出现了许多专注于开发罕见病治疗药物的公司，而且这类公司在药品开发市场上日趋增多。

自由定价往往呈现平均价格较高，有利于在高成本下厂商依然获利。从药物价格来看，世界上大多国家采取降价政策(见表5-5)，以减轻患者负担，提高居民的福利水平。② 美国主要采取增加政府折扣/最惠国待遇的方法，价格保持不断增长，如2005—2009年和2009—2013年美国医药价格分别增加了10.3%和2.7%(见表5-6)。这样不损及药企的利益，反而因增加了药品的购买能力而增加了药企利润，有力助推了药企研发新药的积极性。

---

① 9个国家分别是英国、加拿大、法国、德国、意大利、西班牙、日本、巴西和墨西哥。

② The Future of the Global Pharmaceutical Industry[EB/OL].(2018-10-1). https://torreya.com/publications/torreya_global_pharma_industry_study_october2017.pdf.

表 5-5 全球药物控费政策

政策	分类	代表性国家
价格控制和降价	专利药一次性降价	奥地利、比利时、德国、意大利、葡萄牙、西班牙、英国
	制定参考价	巴西、加拿大、法国、德国、意大利、墨西哥、新西兰、西班牙
	分类修改参考价格系统	希腊、冰岛、葡萄牙和西班牙
	减少分销商加价	奥地利、加拿大、希腊、冰岛、意大利、西班牙、葡萄牙
	颁布低价药物目录	阿根廷、中国、印度、俄罗斯、越南
	强制每年降价	日本、菲律宾
	增加政府退款/最惠待遇法	德国、美国
	非常规价格审查	希腊、冰岛、葡萄牙、斯洛伐克、西班牙
	分组购买/低价谈判	加拿大
支付政策	退还报销清单上的产品	捷克、希腊、葡萄牙、西班牙
	增加与病人共付	澳大利亚、法国、希腊、冰岛、瑞典
	健康技术评估/本益定价	德国、英国
	入境管理协议	比利时、意大利、英国
推广仿制药	实施国际非专有名称规定(不能使用品牌药)	法国、意大利、葡萄牙、西班牙、斯洛伐克
	激励医生开仿制药	比利时、法国、匈牙利、日本
	激励药剂师开仿制药	比利时、法国、冰岛、日本
	激励病人接受仿制药	法国、爱尔兰、冰岛、葡萄牙、西班牙
	一般降价和招标方式	加拿大、中国、意大利、越南

资料来源：Torreya. The future of the global pharmaceutical industry[EB/OL].(2017-10-1). https://torreya.com/publications/torreya_global_pharma_industry_study_october2017.pdf.

表 5-6 部分国家或地区药物价格的变化率 单位：%

国家或地区	2005—2009年	2009—2013年	国家或地区	2005—2009年	2009—2013年
葡萄牙	0.1	−11.1	斯洛伐克	5.4	−2.9
丹麦	−1.1	−10.4	冰岛	7.8	−2.5
冰岛	5	−9.9	澳大利亚	2.8	−2.1
希腊	11.6	−9.6	加拿大	3.4	−2.1
卢森堡	−1.2	−7.7	芬兰	1.1	−1.9
捷克	0.1	−6.4	比利时	−0.5	−1.1
西班牙	1.6	−6.4	法国	3.8	−0.7

续表

国家或地区	2005—2009 年	2009—2013 年	国家或地区	2005—2009 年	2009—2013 年
波兰	3.8	−5.7	德国	1.2	−0.3
荷兰	10.3	−5.3	奥地利	8.5	0.8
匈牙利	−6.6	−4.2	韩国	0.5	0.8
意大利	−1.4	−3.9	瑞士	5.5	2.1
斯洛文尼亚	−0.3	−3.6	挪威	2.2	−5.8
瑞典	−0.6	−3.2	美国	10.3	2.7
经合组织 28 国	2.7	−3.2	日本	5.4	4.9

自由定价可以促使研究者的专利成果通过市场实现最多收益，而投资者也可以通过市场最大化获取收益，这种双重激励促使研发者和投资者不断推进研制新药。

总体而言，美国新药自由定价和专利系统为医药研发创新提供了适宜的"环境土壤"。[1] 根据康涅狄格大学约翰·弗农（John Vernon）的研究，如在美国实行医药价格控制，会导致未来 50 年大幅度减少研发投资，进而减少新药的研发和问世。价格控制实施后的 50 年里新药将减少 60%—73%。[2] 若在 1980—2001 年实行价格控制今天会减少 330—365 种新药。[3][4] 若 1986—2004 年美国采取其他发达国家一样的价格控制政策将减少 117 种新药，减少全球研发投资的 23%—33%。[5][6]

---

[1] PhRMA. Pharmaceutical industry profile 2004 [EB/OL]. (2004-2-2). https://www.pharmamanufacturing.com/assets/Media/MediaManager/2004-03-31.937.pdf.

[2] Vernon J A. Simulating the Effects of Price Regulation on Pharmaceutical Innovation[J]. *Pharm Dev Regul* 2003,1(1): 55-65.

[3] C. Giaccotto, R. Santerre, and J. Vernon, *Explaining Pharmaceutical R & D Growth Rates at the Industry Level: New Perspectives and Insights*, AEI-Brookings Joint Center for Regulatory Studies (Washington, DC: AEI, December 2003).

[4] PhRMA. Pharmaceutical industry profile 2004 [EB/OL]. (2004-2-2). https://www.pharmamanufacturing.com/assets/Media/MediaManager/2004-03-31.937.pdf.

[5] Council of Economic Advisers. Reforming biopharmaceutical pricing at home and abroad[EB/OL]. (2020-9-2). https://www.whitehouse.gov/wpcontent/uploads/2017/11/CEA-Rx-White-Paper-Final2.pdf. PhRMA.Biopharmaceuticals_in_Perspective[EB/OL].(2021-2-2).https://www.phrma.org/-/media/Project/PhRMA/PhRMA-Org/PhRMA-Org/PDF/A-C/ChartPack_Biopharmaceuticals_in_Perspective_Fall2020.pdf.

[6] Vernon JA. Examining the link between price regulation and pharmaceutical R & D investment. Health Econ. 2005;14(1):1-16. doi:10.1002/hec.897.

二、并购成长机制

并购在医药行业是普遍现象。从并购的疾病治疗领域来看,癌症治疗方面的研发并购较多。2015—2019 年在癌症治疗药物领域的兼并十分活跃,其中美国的默克、新基、艾伯维、百时美-施贵宝、礼来、吉利德、辉瑞表现抢眼(见表 5-7)。

表 5-7 　　　　　　　　2015—2019 年部分癌症领域的并购情况[①]

公司	购并交易数（次）	平均交易额（百万美元）	总交易额（百万美元）	专利许可交易数（次）	总交易数量（次）
默克	6	716	4 297	65	71
新基	4	2 997	11 986	35	39
诺华	4	1 864	7 455	20	24
艾伯维	3	8 960	26 880	19	22
百时美-施贵宝	3	25 135	75 405	40	43
礼来	3	3 350	10 051	15	18
罗氏	3	900	2 700	41	44
安斯泰来	2	433	866	8	10
阿斯利康	2	4 800	9 600	29	31
贝塔制药	2	48	95	2	4
勃林格殷格翰	2	344	688	18	20
吉利德	2	5 255	10 509	12	14
立普森	2	528	1 055	8	10
爵士制药	2	755	1 510	3	5
辉瑞	2	12 750	25 499	15	17

从 2000 年以来的并购总量来看,全球制药企业与生物技术企业之间的并购金额在 2014 年达到一个前所未有的高峰,随后有所回落。2016 年全球生物制药的并购达到 653.42 亿美元,2018 年下滑至 416.37 亿美元。截至 2019 年 5 月底,全球生物技术与制药企业间并购总额飞升至 1 710 亿美元(见表 5-8),这主

---

① Torreya.Trends in Oncology Business Development[EB/OL].(2019-9-26). https://torreya.com/publications/trends-in-oncology-business-development_torreya-sep2019.pdf.

要是由于2019年1月日本武田制药以610亿美元收购英国制药巨头夏尔和百时美-施贵宝公司以890亿美元收购新基公司,引起了如此巨大并购额的提升。

表5-8　　　　2010—2019年5月美国生物医药行业的并购情况　　单位:百万美元

年份	2010	2011	2012	2013	2014
并购额	22 595	39 863	20 008	42 206	133 235
年份	2015	2016	2017	2018	2019.5.21
并购额	119 089	65 342	65 867	41 637	171 034

资料来源:巴克莱前瞻研究院[1]。

显然,并购是重构研发战略的主要手段。这些不同的医药企业通过并购扩张不但增强了研发创新实力,也调整了研发创新布局,是突出研发与技术特点、增强研发能力、优化研发结构、促进规模成长。如吉利德通过并购成为世界上最重要的癌症药物研发商。阿斯利康通过近年的并购已经成为全球COVID-19疫苗的重要研发商,也是世界免疫药物研发的领导者。[2]

一般情况下,并购主要是新药在临床研究中表现出明显的成功和具有较大的市场潜力的时候,或者是已经上市但市场潜力远未发挥出来的时候。[3] 如2015—2019年全球关于癌症治疗领域的25大许可交易中,在发明阶段的有4种,临床前的3种,临床1期的5种,临床2期的3种,临床3期的4种,获得上市许可的6种。[4] 2009年辉瑞以680亿美元收购惠氏一个重要的原因是看好惠氏的生物技术和疫苗(Prevnar,被美国政府推荐为儿童期抗肺炎疫苗)及惠氏几款不受仿制药威胁的新药。这样可以缓解辉瑞自身药物立普妥等到2011年专利到期带来的冲击。2000年辉瑞并购华纳-兰伯特,获得立普妥,并将在1999年销售量为37.95亿美元的销售扩展到每年超过100亿美元的超级重磅药物,2000—2015年立普妥累积销售额达到1 308亿美元。[5] 为了保持自身全球第一

---

[1] 火石创造.我国生物医药产业创新状况摸底:上市公司成为创新主体[EB/OL].(2018-07-23). https://med.sina.com/article_detail_100_2_49270.html.

[2] Torreya.Biopharmaceutical Sector Update:Market Outlook for 2021[EB/OL].(2021-1-11). https://torreya.com/publications/biopharma-market-update-torreya-2021-01-11.pdf.

[3] https://www.investopedia.com/ask/answers/032315/how-does-government-regulation-impact-drugs-sector.asp.

[4] Torreya.Trends in Oncology Business Development[EB/OL].(2019-9-26). https://torreya.com/publications/trends-in-oncology-business-development_torreya-sep2019.pdf.

[5] 李丽.全球顶级制药巨头之辉瑞——并购之帝国[EB/OL].(2017-11-01). http://www.360doc.com/content/17/1101/21/11265832_700114853.shtml.

大药房的地位，2015年与惠氏、华纳-兰伯特等多个实力企业合并后的辉瑞公司拥有17种年销售额超过10亿美元的更加丰富的产品组合，涉及的关键领域包括：心血管、中枢神经系统、肿瘤、女性健康、疫苗、传染病等治疗领域。其生物药剂Enbrel全球领先，其疫苗Prevnar、抗癌药Sutent、精神分裂症药物Geodon以及抗感染药Zyvox等全球销量领先。该并购也涉及营养品等其他消费领域，并获取了惠氏在过去建立起来的雄厚的研发能力，成为第二大专科护理供应商。如此实力的增加为后续研发创新提供了稳固的保障。[①]

研究表明，水平并购在一定程度上减少了竞争，减少了平行研发管线，降低了研发投资。这不利于研发创新，且对近期的研发创新无法起到积极作用。如默克公司并购后宣布它将关闭至少三处研发设施，并将研发总支出减少。[②] 再如2009年辉瑞水平并购了惠氏，并购前两公司研发投入113亿美元，并购后的2010年变成94亿美元，并宣布2012年投入研发资金在65亿—70亿美元之间，下降了57%—62%。并购后，辉瑞通过出售部分资产，关闭部分工厂和实验室以及大规模地裁员，对资产进行了深度整合。如辉瑞曾将消费者保健业务出售给强生，并向勃林格殷格翰出售动物疫苗、药品和专利。辉瑞准备并购惠氏前的2008年关闭了在密歇根州的3处科研中心以及在纽约州和内布拉斯加州的两处生产基地，同时裁减了10%的员工。2012年辉瑞将旗下惠氏营养品业务以118.5亿美元价格出售给雀巢。[③]

一般而言，并购会产生溢价功能，提高经销效益，为中长期的研发投资积累资金。同时，平行研发管线的减少或合并，会腾让更多资金加强本公司的主流管线，或加强特色管线，或开辟新的研发管线，从而对中长期的研发创新创造条件。从这个意义上来说，并购将强化和优化中长期的医药研发创新，促进新药的研发。

若并购发生在具有垂直研发能力梯度上，并购后会提升研发能力和技术水平较弱的组分。经济实力较强的医药企业并购经济实力不强但技术实力和研发能力较强的医药企业后，会迅速弥补或增强经济实力较强的医药企业的研发创新能力，提升企业总体的研发创新能力。当然，这明显提升了医药企业的市值及

[①] 医药经济报.辉瑞680亿收购惠氏大内幕[EB/OL].(2019-02-09). http://www.ebiotrade.com/newsf/2009-2/200926173832.htm.

[②] William S. Comanor, F.M. Scherer. Mergers and Innovation in the Pharmaceutical Market, MRCBG Faculty Working Paper No. 2011-10 [EB/OL].(2011-10-26). http://www.hks.harvard.edu/mrcbg.

[③] 国泰君安.辉瑞二十年并购史 海外并购启示录（一）：制药企业的并购迷思（sohu.com）[EB/OL].(2016-9-14). https://www.sohu.com/a/114352675_126503.

短期经济效益,并对长期研发创新能力的提高十分有益。

Sotaro Shibayama, et al.(2008)对日本医药企业并购进行研究,发现并购在短期内可以增加医药研发管线,从长期来看科学家们学到了来自合作科学家的新的知识和方法,并提高了他们的绩效和创新。这意味着并购后科学家层面整合的措施将加强基础研究的长期能力和创新动力。[①]

另外,购并后对小企业和大企业都会带来好处。小企业得到前期研发投入的回报资金,大企业有机会获得新的药品或技术专利,提高绩效。2000—2019年辉瑞并购活跃,累计并购额度占美国 10 大医药企业之首,获得大量专利,同时创造了骄人的经济效益,累积了巨大的研发投资能力。如按照人均创造售额来看,辉瑞为 50.88 万美元/人,次于吉利德(244.50 万美元/人)、安进(90.96 万美元/人)、强生(53.09 万美元/人),高于默克(38.95 万美元/人)、百时美-施贵宝(14.74 万美元/人)、礼来(45.85 万美元/人)。从净利润来看,辉瑞人均利润近 11.14 万美元,高于强生(9.65 万美元)、默克(8.65 万美元)、百时美-施贵宝(2.61 万美元)、礼来(7.32 万美元)、雅培(4.19 万美元),低于勃健(30.03 万美元)、安进(23.86 万美元)和吉利德(85.21 万美元)。[②]

大量的并购促进经济效益提高的同时,也促进了研发资金的累积和专利发明的产出。如 2000—2019 年辉瑞研发投入 1 496.19 亿美元,超过同期的强生(1 457.79 亿美元)、默克(1 279 亿美元)、百时美-施贵宝(766.85 亿美元)、礼来(770.84 亿美元)、吉利德(584.96 亿美元)。辉瑞在 2000—2019 年获得发明专利 3 535 项,仅次于同期百时美-施贵宝(3 613 项),多于强生(1 872 项)、默克(3 473 项)、礼来(2 151 种)。2000—2019 年辉瑞获得新药 31 种,仅次于默克(42 种),多于礼来(15 种)、百时美-施贵宝(27 种)、强生(8 种)。[③]

三、国际一流大学的驱动机制

1. 美国世界一流大学及一流学科占据全球优势地位

2021 年泰晤士综合排名前 50 名的大学中美国有 25 所,USNews 前 50 名大学中美国有 26 所,QS 排名前 50 名大学美国有 17 所。2021—2022 年 QS 学

[①] Sotaro Shibayama, Kunihiro Tanikawa, Hiromichi Kimura. Effect of mergers and acquisitions on drug discovery: perspective from a case study of a Japanese pharmaceutical company[J]. Drug Discovery Today,2008,13(1/2):86-93.

[②] 根据 WARDS(Wharton Research Data Services)计算。

[③] 根据 WARDS(Wharton Research Data Services)计算。

科排名前50名大学中,生物学专业美国有22所,医学专业美国有20所,生物科学与医学专业美国有22所(见表5-9、表5-10、表5-11和表5-12)。

表5-9　　　　　　　2021—2022年QS医学生理学大学排名

排名	生物科学与医学(22/50)	排名	生物科学(22/50)	排名	医学(20/50)
1	哈佛大学	1	哈佛大学	1	哈佛大学
3	斯坦福大学	2	麻省理工学院	3	斯坦福大学
5	约翰霍普金斯大学	4	斯坦福大学	5	约翰霍普金斯大学
6	麻省理工学院	6	加州大学伯克利分校	6	加州大学洛杉矶分校
7	加州大学旧金山分校	8	耶鲁大学	8	耶鲁大学
8	加州大学洛杉矶分校	9	加州大学洛杉矶分校	11	麻省理工学院
11	耶鲁大学	10	加州大学圣地亚哥分校	12	加州大学旧金山分校
14	宾夕法尼亚大学	11	加州理工大学	13	哥伦比亚大学
15	华盛顿大学	12	康奈尔大学	15	宾夕法尼亚大学
16	哥伦比亚大学	13	加州大学旧金山分校	16	杜克大学
16	杜克大学	19	哥伦比亚大学	20	华盛顿大学
16	加州大学圣地亚哥分校	20	普林斯顿大学	22	密歇根大学
20	康奈尔大学	23	宾夕法尼亚大学	26	加州大学圣地亚哥分校
20	加州大学伯克利分校	24	约翰霍普金斯大学	27	芝加哥大学
26	密歇根大学	29	芝加哥大学	33	康奈尔大学
30	华盛顿大学圣路易斯分校	29	密歇根大学	33	纽约大学
32	北卡罗来纳大学教堂山分校	33	华盛顿大学	36	华盛顿大学圣路易斯分校
36	纽约大学	37	洛克菲勒大学	46	匹兹堡大学
38	芝加哥大学	41	杜克大学	47	贝勒医学院
45	波士顿大学	44	纽约大学	49	埃默里大学
46	加州大学戴维斯分校	45	加州大学戴维斯分校		
48	匹兹堡大学	45	华盛顿大学圣路易斯分校		

资料来源:Quacquarelli Symonds.世界大学排名学科排名-2021/22[EB/OL].(2021-3-4). http://rankings.betteredu.net/qs/major/.

表 5-10　　2021—2022 年 QS 生命科学相关专业排名前 50 名中的美国高校

排名	解剖生理学(18/50)	排名	护理(17/50)	排名	药学与药理学(13/50)
3	斯坦福大学	1	宾夕法尼亚大学	3	哈佛大学
4	哥伦比亚大学	3	约翰霍普金斯大学	6	北卡罗来纳大学教堂山分校
5	约翰霍普金斯大学	4	华盛顿大学	8	加州大学旧金山分校
8	杜克大学	6	加州大学旧金山分校	9	约翰霍普金斯大学
9	加州大学洛杉矶分校	7	耶鲁大学	17	耶鲁大学
11	华盛顿大学圣路易斯分校	8	北卡罗来纳大学教堂山分校	20	加州大学圣地亚哥分校
13	加州大学旧金山分校	10	杜克大学	23	密歇根大学
13	宾夕法尼亚大学	17	密歇根大学	23	华盛顿大学
16	加州大学圣地亚哥分校	18	哥伦比亚大学	30	普渡大学
18	密歇根大学	18	埃默里大学	33	杜克大学
21	华盛顿大学	21	匹兹堡大学	36	明尼苏达大学
26	宾夕法尼亚州立大学	24	纽约大学	42	宾夕法尼亚大学
31	西北大学	27	加州大学洛杉矶分校	47	哥伦比亚大学
39	得克萨斯大学达拉斯西南医学中心	34	俄亥俄州立大学		
41	范德比尔特大学	43	宾夕法尼亚州立大学		
42	凯斯西储大学	44	伊利诺伊大学芝加哥分校		
45	威斯康星大学麦迪逊分校	47	范德比尔特大学		
46	佛罗里达大学				

资料来源：Quacquarelli Symonds.世界大学排名学科排名-2021/22[EB/OL].(2021-3-4). http://rankings.betteredu.net/qs/major/.

表 5-11　　2021—2022 年 QS 生命科学相关专业排名前 50 名中的美国高校

排名	兽医学(16/50)	排名	牙医(14/50)
2	加州大学戴维斯分校	2	密歇根大学
4	康奈尔大学	7	加州大学旧金山分校
6	俄亥俄州立大学	8	哈佛大学
11	密歇根州立大学	15	华盛顿大学
14	科罗拉多州立大学	16	宾夕法尼亚大学
15	宾夕法尼亚大学	17	纽约大学

续表

排名	兽医学(16/50)	排名	牙医(14/50)
20	明尼苏达大学	21	北卡罗来纳大学教堂山分校
21	威斯康星大学麦迪逊分校	22	艾奥瓦大学
27	爱荷华州立大学	25	加州大学洛杉矶分校
28	佛罗里达大学	28	明尼苏达大学
29	佐治亚大学	32	波士顿大学
31	北卡罗来纳州立大学	41	哥伦比亚大学
43	华盛顿州立大学	47	纽约州立大学布法罗分校
46	得州农工大学	50	塔夫茨大学
47	弗吉尼亚理工学院		
48	堪萨斯州立大学		

资料来源：Quacquarelli Symonds.世界大学排名学科排名-2021/22[EB/OL].(2021-3-4). http://rankings.betteredu.net/qs/major/.

表5-12　2021—2022年QS生命科学相关专业排名前50名中的美国高校

排名	心理学(22/50)	排名	农林(20/50)
1	哈佛大学	2	加州大学戴维斯分校
2	斯坦福大学	5	康奈尔大学
5	加州大学伯克利分校	8	威斯康星大学麦迪逊分校
6	加州大学洛杉矶分校	9	加州大学伯克利分校
7	耶鲁大学	10	密歇根州立大学
8	密歇根大学	14	爱荷华州立大学
9	麻省理工学院	14	普渡大学
10	宾夕法尼亚大学	16	得州农工大学
12	哥伦比亚大学	19	俄勒冈州立大学
13	纽约大学	24	宾夕法尼亚州立大学
14	芝加哥大学	25	佛罗里达大学
18	普林斯顿大学	29	伊利诺伊大学香槟分校
22	西北大学	31	俄亥俄州立大学
28	杜克大学	33	北卡罗来纳州立大学
32	伊利诺伊大学香槟分校	35	马萨诸塞大学,阿默斯特
36	得克萨斯大学奥斯汀分校	36	明尼苏达大学

续表

排名	心理学(22/50)	排名	农林(20/50)
37	卡内基梅隆大学	37	佐治亚大学
40	密歇根州立大学	40	堪萨斯州立大学
45	康奈尔大学	44	华盛顿州立大学
46	威斯康星大学麦迪逊分校	46	科罗拉多州立大学
48	俄亥俄州立大学		
50	加州大学旧金山分校		

资料来源：Quacquarelli Symonds.世界大学排名学科排名-2021/22[EB/OL].(2021-3-4). http://rankings.betteredu.net/qs/major/.

2. 大学是医药研发创新的关键推动力

大学及研发机构是医药产业研发创新的"策源地、发动机"，具有多种促进医药产业制度及产品创新的功能和机制。大学及研发机构积极参与医药研发创新及人才的培育。大学的研发投资规模不断扩大，成为医药行业研发创新日趋重要的投资重地。2010年美国大学研发投资中生命科学投资额为357亿美元，2016年美国高校生命科学研发投资为408.88亿美元(其中的217.98亿美元来自联邦政府支出)，占全部高校研发投资总额718.33亿美元的56.92%。[1] 2018年大学生命科学投资达到472亿美元[2](见表5-13)。

表5-13　　　　　2010—2018年美国大学生命科学产业研发投资　　　　单位：亿美元

年份	投资额	年份	投资额
2010	357	2015	398
2011	382	2016	419
2012	381	2017	443
2013	384	2018	472
2014	389		

资料来源：PhRMA.Biopharmaceuticals_in_Perspective[EB/OL].(2021-2-2). https://www.phrma.org/-/media/Project/PhRMA/PhRMA-Org/PhRMA-Org/PDF/A-C/ChartPack_Biopharmaceuticals_in_Perspective_Fall2020.pdf.

---

[1] National Science Board. Academic Research and Development Science & Engineering Indicators [EB/OL].(2019-5-25). https://www.nsf.gov/statistics/2018/nsb20181/assets/968/academic-research-and-development.pdf.

[2] PhRMA.Biopharmaceuticals_in_Perspective[EB/OL].(2021-2-2). https://www.phrma.org/-/media/Project/PhRMA/PhRMA-Org/PhRMA-Org/PDF/A-C/ChartPack_Biopharmaceuticals_in_Perspective_Fall2020.pdf.

大学研发机构的专利、技术及其基础理论与知识是医药企业研制新药的关键"燃料"和"启动力",是医药企业研发创新的赋能与发育的"母机"。欧美的许多医药企业本是大学或研发机构的实体,条件成熟后脱离母体成为独立的企业,或者大学、研发机构为了产业化其研发成果,以相关成果与投资公司或其他企业、个人共同组建的企业。因此,大学、国家实验室、大型研发机构集聚区往往形成研发驱动型医药产业集群。大学和研发机构越强,研发成果质量越高,数量越众,它们的附属机构也越多,就会形成众多医药企业,尤其会形成众多的医药技术公司,进而形成高等级的研发型医药产业集群。如英国的剑桥大学、牛津大学各自形成发达的医药产业集群,具有很强的研发创新能力。美国医药产业研发能力最强,与其具有全球最多的一流大学息息相关。如2007—2011年世界最有影响的50所大学中美国有34所,占世界全部50所大学的64%。从50所大学的科学出版物的引用所表达学术研究热点可以看出,美国的优势主要集中在农生科学、生物化学基因和分子生物学、神经科学、药学等领域。

在这些领域,美国大学牢牢占据全球30%左右的份额。这是美国医药产业科技体系牢牢控制若干关键产业研发的关键,是控制医药产业链条上游研发设计的根本原因。这一环节所带来的新技术数量、结构及更换节律控制着产业创新的规模、速度和水平。[1] 许多大型医药企业,如辉瑞通过赞助研究型大学、研发机构、医学中心开展联合研究。[2]

美国新泽西州、宾夕法尼亚州、纽约州、北卡罗来纳州、特拉华州、加利福尼亚州、马萨诸塞州等医药产业集群的形成和强大的研发能力也与这些州具有世界一流的大学和国家实验室进而组成一流的大型研发机构群有着密切关系。

美国东北部有10多家世界一流大学和众多联邦政府实验室。如麻省理工学院的药学院是世界三大药学院之一。因此,几乎所有大型医药跨国公司,如默克(2家)、雅培(1家)、辉瑞(1家)、罗氏(2家)、诺华(2家)、赛诺菲(5家)、阿斯利康(2家)、百时美-施贵宝(5家)、葛兰素史克(4家)等,都在这里设立了研发机构。

由于这些集群有着很好的发展环境与增长潜力,许多大型医药企业特别是跨国公司争相在其中布局研发子公司、研发机构,或者进行并购,或者组建战略联盟,进一步强化了集群之间的研发创新联系。大学和研发机构源源不断的新

---

[1] scopus custom data.
[2] Pfizer. Pfizer's research and development[EB/OL].(2021-7-28). https://www.pfizer.com/responsibility/working_with_hcp/research_development#Q5

发明和新专利,不但转让于本群企业,还转让于群外企业,获取源源不断的研发资金支持,接受医药企业的研发创新需求。而且,其他医药产业集群的企业也会委托这些大学和研发机构进行研发,或者与这些研发机构和大学联合研发创新。

在强大的大学支持下,美国对生命科学及生物医药领域的高质量的论文与专利及高端人才培养的产出方面长期以来处于领先地位。2016年,美国发表研究论文40余万件,而且在高价值生命科学领域的论文和发明专利远远超过其他各国,稳居世界第一。

就生命科学与医药领域的人才而言,美国也独具优势。1901—2020年诺贝尔生理学或医学奖(主要包含生理学、遗传学、生物化学、代谢学及免疫学5个领域)总共颁发了110次,获奖者总计219位,其中美国获得生理学与医学诺贝尔奖的人数为96位,位居世界第一,远超英国(25位)、德国(19位)、法国(13位)和瑞士(8位),中国迄今仅有1人。而且这些获奖者大部分来自美国的著名高校。如按照排名前20的高校统计,发现诺奖得主涉及美国11所大学,其中各高校培养出来的生理学与医学诺贝尔奖获得者数量分别为:哈佛大学20位,哥伦比亚大学11位,约翰霍普金斯大学10位,加利福尼亚大学8位,耶鲁大学7位,伊利诺伊大学5位,加州理工、宾夕法尼亚大学、威斯康星麦迪逊分校、康奈尔大学、华盛顿大学各4位。11校合计81位,占前20高校总获奖人数(137人)的59%。可见,美国一流高校对医药研发创新,特别是对生物医药基础研发创新起到了巨大的推动作用。[1]

四、强大的风险支持机制

1. 医药研发创新具有极高的不确定性和风险,也是制约医药研发创新的重要组织因素

构建抗风险机制来提升研发主体的创新动力是十分必要的。风险投资具有显著的抗风险机制。美国通过大量吸引VC提升医药研发动力。根据PhRMA的统计,2009年投向美国初创医药企业风险投资为21亿美元,占全球风险投资的41.3%。到2019年,投向美国医药企业的风险投资和占全球比重分别为77亿

---

[1] 中国科学院微生物研究所. 120年全部诺贝尔生理及医学奖获得者统计:获奖最小年龄为32岁,屠呦呦为最高女性获奖者[EB/OL]. (2020-10-04). https://baijiahao.baidu.com/s?id=1679610629683193701&wfr=spider&for=pc.

美元和46%①(见表5-14)。PhRMA的另一项研究表明2019年美国全部生物医药VC占全球的66.4%。而同期欧洲为14.9%,中国为12.7%,其他国家和地区为6%。②

表5-14　　　　2009—2019年美国投入初创医药企业的风险投资变化

单位:10亿美元;%

年份	2009	2010	2011	2012	2013	2014
生物医药风险投资额	2.1	1.4	1.8	2.2	3.0	4.0
占企业风险投资比例	41.3	30.6	36.4	42.0	47.0	51.4
年份	2015	2016	2017	2018	2019	
生物医药风险投资额	5.9	4.3	7.5	10.4	7.7	
占企业风险投资比例	55.1	47.7	59.4	55.9	46.0	

资料来源:PhRMA. Biopharmaceuticals_in_Perspective[EB/OL].(2021-2-2). https://www.phrma.org/-/media/Project/PhRMA/PhRMA-Org/PhRMA-Org/PDF/A-C/ChartPack_Biopharmaceuticals_in_Perspective_Fall2020.pdf.

2. 美国通过政府不断加大研发投资支持医药研发行业的细致分工,吸引企业等更多参与者来抵抗风险

1926—2015年,依赖政府基础研发支持的专利占全部专利的比重不断上升,由1926年的1%上升到1948年的5%,20世纪80年代初攀升到10%。随着《拜-杜法案》的颁布,这一比例迅速上升到21世纪初的30%,然后有所下降,但仍然接近30%。③ 美国2013年联邦和州政府研发投资额为356.35亿美元,2018年达到451.58亿美元,增长了26.72%。④从与主要国家比较来看,美国政府对医药研发的投入尤显突出。如2017年美国医药研发投入中企业投入570多亿美元,政府投入资金为330多亿美元。而同年欧洲医药研发投入中企业投入260多亿美元,政府投入不足120亿美元。日本这两项投入分别为140亿美元和20亿美元。其他OECD国家分别为30亿美元和40亿美元。中国企业研发投

---

① PhRMA. Biopharmaceuticals_in_Perspective[EB/OL].(2021-2-2). https://www.phrma.org/-/media/Project/PhRMA/PhRMA-Org/PhRMA-Org/PDF/A-C/ChartPack _ Biopharmaceuticals _ in _ Perspective_Fall2020.pdf.

② PhRMA.Biopharmaceuticals_in_Perspective[EB/OL].(2021-2-2). https://www.phrma.org/-/media/Project/PhRMA/PhRMA-Org/PhRMA-Org/PDF/A-C/ChartPack _ Biopharmaceuticals _ in _ Perspective_Fall2020.pdf.

③ Anusuya Chatterjee and Ross DeVol, Estimating Long-term Economic Returns of NIH Funding on Output in the Biosciences[EB/OL].(2012-8-31). https://milkeninstitute.org/.

④ Researc America.U.S. Investments in Medical and Health Research and Development 2013—2018 [EB/OL].(2019 Fall). https://www.researchamerica.org/sites/default/files/Policy_Advocacy/2013—2018InvestmentReportFall2019.pdf.

入 110 亿美元,政府投入不足 10 亿美元。①

3. 以雄厚的总量医疗健康研发投资和大量基础研究抗击风险

根据 Research America 的统计,美国 2013—2018 年医疗健康研发总支出从 1 431.45 亿美元增加到 1 941.75 亿美元,其中联邦政府研发资金从 339.06 亿美元增加到 430.16 亿美元。企业研发资金从 929.70 亿美元增加到 1 294.88 亿美元。学校研究机构研发投资从 113.24 亿美元增加到 157.05 亿美元。基金会、自愿健康协会和专业协会的研发投资从 32.17 亿美元增加到 38.25 亿美元,州和地方政府的研发投资从 17.29 亿美元增加到 21.42 亿美元。② 如此雄厚的不断增长的研发投资形成了很强的抗险能力。

对全球排名前 13 位的医药企业的研发数据统计发现,新药的研发需要大量的前期基础研究支持,成功的新药研发则需要更多的基础研究来保证,而失败的重要原因之一是前期基础研究不足。成功药物研发需要长达 20 年持续的论文支持,而且,从论文数量和新药数量的回归看,新药与论文数量呈现很明显的正相关。③ 关于新药的基础研究越多,新药研发成功的可能性越大。从 2006—2016 年全球排名前 13 位的医药企业研发的新药看,成功上市的大多有大量的基础研究的论文支持,而失败的新药研究获得论文支持较少(见表 5-15 和表 5-16)。美国强大的基础研究对新药研发形成了很强的抗风险能力。

表 5-15　2006—2016 年全球排名前 13 位的医药企业成功上市的新药与支持论文的对比

距离成功的时间(年)	0	1	2	3	4	5	6
生物新药论文(篇)	309	337	254	137	99	68	42
新药分子实体药物论文(篇)	1 076	1 220	881	653	486	352	228
距离成功或失败的时间(年)	7	8	9	10	11	12	13
生物新药论文(篇)	25	22	13	8	8	7	1
新药分子实体药物论文(篇)	183	145	122	83	62	46	16
距离成功或失败的时间(年)	14	15	16	17	18	19	20
生物新药论文(篇)	2	0	2	0	0	0	0
新药分子实体药物论文(篇)	26	7	9	3	2	1	1

资料来源:Xiong Liu, Craig E. Thomas, Christian C. Felder. The impact of external innovation on new drug approvals:A retrospective analysis [J]. International Journal of Pharmaceutics,2019,563,273-281.

---

① Stephen Ezell. Intellectual Property's Impact on Global Health & Life-sciences Innovation. www.itif.org.

② Researc America.U.S. Investments in Medical and Health Research and Development 2013—2018[EB/OL].(2019 Fall). https://www.researchamerica.org/sites/default/files/Publications/InvestmentReport2019_Fnl.pdf.

③ Xiong Liu, Craig E. Thomas, Christian C. Felder. The impact of external innovation on new drug approvals:A retrospective analysis [J]. International Journal of Pharmaceutics,2019,563,273-281.

表 5-16 2006—2016 年全球排名前 13 位的医药企业研发失败的新药与支持论文的对比

距离成功或失败的时间(年)	0	1	2	3	4	5	6	7
生物新药论文(篇)	22	21	28	15	26	12	16	13
新药分子实体药物论文(篇)	34	63	47	26	20	20	14	8
距离成功或失败的时间(年)	8	9	10	11	12	13	14	15
生物新药论文(篇)	12	4	8	4	8	6	6	4
新药分子实体药物论文(篇)	3	2	7	7	5	9	6	15
距离成功或失败的时间(年)	16	17	18	19	20	25		
生物新药论文(篇)	2	1	2	2	1	1		
新药分子实体药物论文(篇)	12	5	4	4	0	0		

资料来源：Xiong Liu, Craig E. Thomas, Christian C. Felder. The impact of external innovation on new drug approvals: A retrospective analysis [J]. International Journal of Pharmaceutics, 2019, 563, 273-281.

4. 医药企业通过不断并购扩张形成很强的抗险能力

经过不断并购扩张,美国形成了一批巨型医药企业,具备了很强的抵御风险的能力。如 2021 年全球制药企业排名前 50 位中美国的艾伯维、强生、百时美-施贵宝、默克、辉瑞、安进、吉利德和礼来的销售额分别达到 443.41 亿美元、431.49 亿美元、419.03 亿美元、414.35 亿美元、356.08 亿美元、240.98 亿美元、238.06 亿美元和 226.46 亿美元,在全球医药企业排名中位居第 3 名、第 4 名、第 5 名、第 6 名、第 8 名、第 12 名、第 13 名和第 14 名。[①] 如此庞大的巨型跨国企业可以支持各具特色且不断优化的研发结构,形成很强的抗风险能力,从而增强医药研发动力。

五、不断完善的政策体系支持

1. 基本政策体系及其影响

医药产业是政策规制密集型产业,需要不断优化的系列政策来保障。美国在不同阶段制定了不同的医药法规和政策,形成了对医药研发投入、新药研发过程、医药研发人才、医药发明专利、医药科技基础设施、医疗保障、医药税收优惠等全方位的支持和管理,对医药行业研发创新起到积极的促进作用。

---

① 乔靖芳. 2021 年全球制药企业 TOP50 榜单发布[EB/OL].(2021-06-14). https://baijiahao.baidu.com/s? id=1702525199066819751&wfr=spider&for=pc.

美国医药产业政策体系建设主要通过颁布相关基础法规与政策体系,建构专门政府组织(如 NIH、NIST、NSF 等)执行这些生物医药政策,制定细化的生物医药研发支持政策,以资金引导来布局和落实到细化的研发门类和创新主体(企业及学研机构),辅以医药金融与保险政策、医疗及支付政策、专利等知识产权政策、医药产学研及生态产业集群政策等激发和驱动医药研发创新主体的持续创新(见图 5-4)。

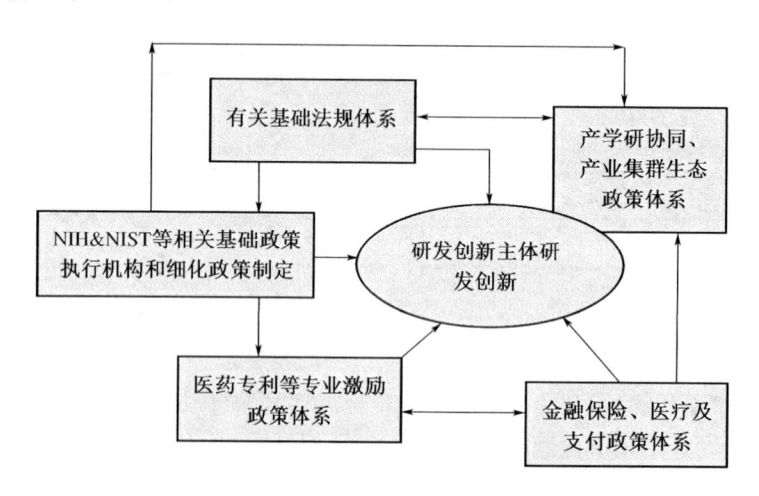

图 5-4　美国的政策体系及对医药研发创新的影响

2. 坚实有效的基础法规

1906 年美国颁布了《药物纯化和化妆品法案》,从此开启了一系列的医药行业的立法进程。

第二次世界大战之前,美国医药研发主要从天然药物的纯化和分离逐步向化学药物的研发过渡。战争对消炎药物和抗菌药物的巨大需求刺激了美国医药研发和生产。第二次世界大战结束后,美国医药研发逐步形成了完整的体系,并在政府、企业、高校及研发机构等诸多主体作用下形成了日趋良好的研发生态,促进了医药研发创新的蓬勃发展。相关医药法律法规主要围绕着上市前药品安全、生产规范及抗生素、胰岛素等重要药物的管理而不断完善和加强。

其中,《拜-杜法案》作为美国整体研发创新的里程碑法规,对医药研发创新形成了坚实的基础支持。一方面,《拜-杜法案》对美国各个领域的研发创新产生了深远的影响,并促使美国的技术转让在全球领先。仅在 1996—2015 年,基于《拜-杜法案》发起的许可活动就为美国贡献了近 5 910 亿美元 GDP,为 420 万人提供了就业。该法案促使大学及相关科研机构的发明专利有效地进入相关创业公司,降低了这些产品与产业的风险和成本,并转化为技术上和经济上可行的产品。仅 2016 年 80% 初创公司的成立是依靠来自大学研究的产品。①

另一方面,《拜-杜法案》对生物医药研发的创新意义深远,有效地推动了生物医药领域研发创新的迅速增长。它通过保护当前的技术转让框架,促使医药政策制定者、医药行业领导者、医药医疗机构研究人员和患者根据现实需要有效合作,成为美国医药研发创新能力不断增强的基本支撑。②

3. 成立核心组织机构执行法规和制定新法规以促进医药研发创新

首先,1930 年 5 月 26 号美国通过了《兰德尔法案》,并组建了国立卫生研究院,建立了联邦政府拨付研究金制度。从此,美国对于国家支持的医药卫生研究主要通过 NIH 来执行。美国每年通过 NIH 设计的研究项目、人才培养项目、设施建构项目等将大量的医药研发创新资金优化布局,激励医药研发创新人才不断突破医药前沿,产出更多的基础研究成果和大量的发明与专利,为进一步的新药研发提供了扎实的基础。

自 NIH 成立以来,每年的研发支出预算不断增加,目前该支出已超过 400 亿美元。在这一资金的大力支持下,美国医药研发创新政策得以充分执行,医药研发创新日趋加强,产业集群化、核心企业与核心研发能力不断强化,研发创新生态系统向着功能更强、规模更大、活力更加充沛的方向发展。

其次,成立国家自然科学基金。美国 1950 年组建国家自然科学基金来践行国家基础研发政策。其资金主要来自联邦政府预算,生物医药是其支持重点。它主要支持医药领域的基础研究,支持医药高校培育医药研发人才与科学教育及医药知识和理论的创造,发展科学信息,加强国际交流。如美国国家自然科学基金 2018 年的总资助资金为 74.71 亿美元,其中 54.40 亿美元流向了大学、研究机构及联盟合作,主要支持基础研究和人才教育。在所有的七大支持领域(物理、工程、数学、社会和心理学、环境科学、生物学和计算机科学)中,对生命科学的支持力度较大,项目申请支持率为 69%,仅低于计算机科学的 85%,远高于七

---

① Andrew Powaleny. IP Explained: Understanding biopharmaceutical innovation[EB/OL]. (2019-7-30). https://catalyst.phrma.org/ip-explained-understanding-biopharmaceutical-innovation?__hstc=46830328.d040702b9efddb19785d7cacd04d691f.1605448628494.1605448628494.1605448628494.1&__hssc=46830328.3.1605448628495&__hsfp=4072124701.

② Andrew Powaleny. IP Explained: Understanding biopharmaceutical innovation[EB/OL]. (2019-7-30). https://catalyst.phrma.org/ip-explained-understanding-biopharmaceutical-innovation?__hstc=46830328.d040702b9efddb19785d7cacd04d691f.1605448628494.1605448628494.1605448628494.1&__hssc=46830328.3.1605448628495&__hsfp=4072124701.

大支持领域的平均资助率的25%。[①] 正是在这一政策的支持下,成就了美国生物及医学基础研究全球最发达的地位。

1941年美国"政府科学研究与开发办公室"成立,办公室主任万尼瓦·布什制定了支持科学家自由选择研究内容的政策,基于基础研究和应用技术研究之间的共性技术研发投入不足而呈现"死亡之谷",制定了科技基础设施建设政策。在他的领导下建设了一批国家重点实验室,包含许多生物医药领域的国家重点实验室,通过国家的资金配给和任务的承担,集聚和培育生命科学领域的人才,为众多生物医药领域的发明专利和一些新药的形成起到了十分重要的驱动作用。

1988年,在1901年成立的国家标准局(NBS)的基础上组建了国家标准与技术研究院,其中一个职能是从事生物医学方面的基础应用研究及相关政策的制定与落实(见表5-17)。

表5-17　　　　　　　　1906年以来主要医药研发促进政策

年份	主要政策、法规
1906	药物纯化和化妆品法案
1931	FDA成立
1938	食品药品与化妆品法案(1954,1958修订);上市前药品安全要求和新标签法案
1941	胰岛素修正法案
1944	公共健康服务法案
1945	青霉素修正法案
1951	达勒姆-汉弗莱修正法案
1962	修订药物法案
1963	制定第一个GMP标准
1977	生物研究监测程序
1981	修订人类受试者保护条例
1983	孤儿药法案
1984	药品价格竞争与专利期补偿法(Hatch-Waxman Act)
1987	研究药物法规

[①] NSF. FY 2018 Performance and Financial Highlights[EB/OL].(2019-9-1). https://www.nsf.gov/pubs/2019/nsf19003/nsf19003.pdf.

续表

年份	主要政策、法规
1988	处方药营销法案
1991	加速审评治疗危重疾病的药物
1992	处方药用户费用法案； 共同建立国际协调会议（ICH）； 处方药使用者收费法（PDUFA I）
1993	修订育龄妇女早期药物研究政策和性别特异性药物反应评估方案
1994	乌拉圭回合协议法案
1997	FDA 现代化法案（FDAMA）；PDUFA II 重新授权
1998	不良事件报告系统（AERS）
1999	建成 ClinicalTrials.gov；制定电子提交指南、处方药广播广告最终指南、管理医疗产品使用风险：发布风险管理框架
2000	数据质量法案
2003	最佳儿童药物法案； 2002 年公共卫生安全和生物恐怖主义防范和反应法案； 现行良好生产规范（cGMP）倡议； PDUFA III；处方药用户收费法 III
2003	医疗保险处方药改进和现代化法案； 儿科研究公平法
2004	生物防护计划法案； 合成代谢类固醇控制法
2005	药物安全委员会宣布：风险管理绩效目标指南
2006	人用处方药和生物制品标签内容和格式要求终稿
2007	FDA 修订法案
2008	哨兵行动
2009	生物药价格竞争与创新法案； FDA 透明度倡议
2012	推出 FDA 不良事件报告系统（FAERS）；食品和药物管理局安全与创新法案（FDASIA）；仿制药用户费用修正法案
2013	药品质量和安全法案；全球唯一设备标识数据库（GUDID）
2016	21 世纪治愈法案
2017	现行良好生产规范（cGMP）； 再授权法案（FDARA；PDUFA VI）

资料来源：① Iraj Daizadeh. The dynamics of United States drug approvals are persistent and polycyclic: Insights into economic cycles and national policy [EB/OL].(2020-11-16). https://arxiv.org/abs/2012.09627.

② FDA. A brief history of the center for drug evaluation and research [EB/OL].(2018-1-30). https://www.fda.gov/about-fda/virtual-exhibits-fda-history/brief-history-center-drug-evaluation-and-research.

4. 引导医药研发创新结构

统计表明，NIH 每资助 1 000 万美元，就可以净增加该医药研究方向 2.3 项专利(Azoulay Danielle, 2015)。NIH 等公共资助的研究还可以通过多种方式和多种渠道影响创新：增加知识存量，培训毕业生，创建科学工具，建立网络和创建新公司(Salter and Martin, 2001; Cohen, Nelson and Walsh, 2002; Mansfield, 1995; Bekkers and Bodas Freitas, 2008)，将公共和私营部门的生物医学研究密切联结，广泛合作并提升了研发创新效率(Henderson, Orsenigo and Pisano, 1999)。

美国通过 NIH 行使对医药研发创新的引导。一方面，NIH 通过设计资助结构，促使空间上形成资助集聚功能区，促进医药研发创新。如 2017 年加利福尼亚得到 NIH 39.46 亿美元的资助，马萨诸塞州和纽约州分别得到 NIH 27.17 亿美元和 23.86 亿美元的资助。排在第 10 位的俄亥俄州也得到了 7.54 亿美元的资助。从人均获得最多的州来看，马萨诸塞州、哥伦比亚特区和马里兰州获得 NIH 资助人均超过 200 美元，排名第 10 位的蒙大拿州为 100 美元/人。从 2014—2017 年的 NIH 资助增长速度来看，怀俄明州、马里兰州、阿拉斯加州、密苏里州增长率超过 50%，排名第 10 位的阿肯色州为 29%(见表 5-18)。

表 5-18　　2017 年获 NIH 资助额排名前 10 位的州

资助州	资助总额(亿美元)	资助州	人均资助额度(美元)	资助州	2014—2017 年的增长率(%)
加利福尼亚	39.46	马萨诸塞	396	怀俄明	66.1
马萨诸塞	27.17	哥伦比亚特区	328	马里兰	59.4
纽约	23.86	马里兰	266	阿拉斯加	55.7
宾夕法尼亚	16.73	罗得岛	161	密苏里	50.9
马里兰	16.12	康涅狄格	146	西弗吉尼亚	49.2
北卡罗来纳	12.46	华盛顿	135	佛罗里达	37.4
得克萨斯	11.61	宾夕法尼亚	131	弗吉尼亚	34.6
华盛顿	9.98	北卡罗来纳	121	爱达荷	32.0
伊利诺伊	8.06	纽约	120	罗得岛	29.4
俄亥俄	7.54	蒙大拿	100	阿肯色	29.0

资料来源：① Biotechnology Innovation Organization.
② Investment, Innovation and Job Creation in a Growing U.S. Bioscience Industry 2018[EB/OL]. (2020-2-2). https://www.bio.org/.

NIH 还带来大量的投资，促使医药研发投资规模扩大，集聚增强。如 2017

年，在各种医药产业经济政策引导下，美国的生命科学投资总量以加利福尼亚州最多，达 55.39 亿美元。纽约、得克萨斯、宾夕法尼亚、北卡罗来纳州都超过 21 亿美元，排名第 10 的密歇根州为 13.36 亿美元。人均生命科学研发投资最多的是怀俄明州为 457 美元，马里兰、阿拉斯加、密苏里、西弗吉尼亚、佛罗里达州都超过 200 美元/人，排名第 10 的阿肯色州为 164 美元/人。从生命科学研发投资占全部科学与工程投资比重看，前 10 个州的比重都超过 70%（见表 5-19）。如此一来，NIH 通过直接和间接投资，促进医药研发创新的空间集聚和生态集群发育，促使美国医药研发创新的空间结构不断优化。

表 5-19　　　　2017 年生命科学研发获 NIH 投资额排名前 10 位的州

州	总投资（亿美元）	州	2014—2016 年增长率（%）	州	2016 年人均总投资（美元）	州	生命科学研发投资占科学与工程投资比重（%）
加利福尼亚	55.39	怀俄明	135.2	怀俄明	457	密苏里	84.6
纽约	40.57	阿拉斯加	24.1	马里兰	284	佛蒙特	81.8
得克萨斯	32.76	科罗拉多	21.8	阿拉斯加	258	阿肯色	80.8
宾夕法尼亚	24.253	蒙大拿	18.2	密苏里	253	康涅狄格	80.2
北卡罗来纳	21.60	内华达	17.8	西弗吉尼亚	213	肯塔基	78.2
马萨诸塞	17.23	宾夕法尼亚	17.6	佛罗里达	205	北卡罗来纳	75.9
马里兰	17.08	亚利桑那	15.0	弗吉尼亚	190	内华达	75.0
伊利诺伊	14.30	亚拉巴马	14.8	爱达荷	176	南卡罗来纳	72.6
俄亥俄	13.44	康涅狄格	14.6	罗得岛	166	蒙大拿	71.9
密歇根	13.36	马萨诸塞	13.7	阿肯色	164	俄勒冈	70.3

资料来源：Source：TEConomy Partners analysis of National Science Foundation（NSF）Higher Education Research and Development（HERD）Survey.

在 NIH 研发投资的引导下，美国医药研发的药物结构不断变化，如今医药研发聚焦在肿瘤、脑疾病、心血管、肝脏、关节炎、艾滋病、癌症、老年痴呆和新冠肺炎等领域。

5. 推动产学研协同创新

1986 年 10 月 20 日，美国颁布了《联邦技术转让法》，修订了 1980 年《斯蒂文森-威德勒技术创新法案》，授权政府运营的联邦实验室主任与其他政府机构、大学和私人组织订立合作研发协议，在国家标准局成立了联邦实验室联合会，并要求联邦机构收取的特许权使用费应与发明人共享。在这些政策的激励下,美国医药研发创新网络发育很快,大学——研究机构——企业之间基于人才、资金、技术的互动支持不断加强,大大促进了生物医药政产学研合作与协同研发创新。①

NIH 希望通过公共资金引导推动产学研合作,撬动尽可能多的社会创新。NIH 开创了"合作研究和开发协议"(CRADA)等协议和平台,促进研发创新合作及研发创新技术转让。

在这些政策措施的推动下,2005—2014 年美国新进行的医药研发创新中,建立合作伙伴关系的数量增长了 1.25 倍。建立研发共同体的数量增长了近 10 倍。新药早期研发阶段的合作伙伴关系增加了 1.26 倍。② 这些政产学研的强力合作与协同显著促进了美国医药研发创新。

六、需求驱动机制

首先,老年人群的增加形成了对新药研发的有力拉动。医药是保持人口寿命的重要支持因素。适症药物可以减缓或去除疾病、延长寿命。美国人口的平均预期寿命从 1980 年不足 74 岁,延长到 2019 年的 78.5 岁,每年 0.1 岁预期寿命的延长与新药的不断研制息息相关。由于预期寿命的延长,65 岁以上的老龄人口占全部人口的比重从 1980 年的不足 12% 上升到 2019 年接近 16%。Frank R. Lichtenberg(2013)研究发现使用创新药物后所有年龄段预期寿命和 25 岁以上的生存率都有了明显提高。1990 年以来创制的新药使寿命延长了 1.27 年,贡献了预期寿命增长量的 73%。③

当然,寿命延长的同时意味着老年阶段的延长,老年阶段平均带病生存时间延长。美国平均老年阶段带病生存时间为 10 年以上。带病生存人群强烈需要依靠药物给予生存支持、病痛缓解(或解除)以提高其生活质量和幸福感。因此,老龄人群的增加和带病生存的时间延长对药物特别是新药产生了很大的刚性需

---

① Iraj Daizadeh. The dynamics of United States drug approvals are persistent and polycyclic: Insights into economic cycles and national policy [EB/OL].(2020-11-16). https://arxiv.org/abs/2012.09627. https://www.fda.gov/about-fda/virtual-exhibits-fda-history/brief-history-center-drug-evaluation-and-research.

② CHART PACK. Biopharmaceuticals in perspective [EB/OL].(2020-2-1). https://www.phrma.org/-/media/Project/PhRMA/PhRMA-Org/PhRMA-Org/PDF/P-R/PhRMA_2019_ChartPack_Final.pdf.

③ Frank R. Lichtenberg, 2013. Pharmaceutical innovation and longevity growth in 30 developing and high-income countries, 2000—2009. NBER Working paper, No.18235.

求,是新药研发的重要推动力。

其次,疑难病症的治疗也渴求药物和疗法的创新。如新冠疫情的暴发一方面促进了疫苗的研发创新,另一方面促进了治疗药物的研发和新疗法的探索。Ajay Gautam,Xiaogang Pan(2016)[1]研究认为对新的治疗方法需求是推动医药研发创新的长期动力。

再次,通过医疗保障政策改革,提高支付能力,可促进医药研发的创新。如美国健康总支出从2013年的29 782.98亿美元增加到2018年的37 875.79亿美元。[2] 2018年美国医疗总支出占GDP的比重超过18%,人均医疗花费超过10 000美元,而且还在快速增长。其中药物的支付超过10%,这也成就了美国全球最大的医药需求市场的地位和对医药研发创新的持续刺激。因此美国通过完善医疗健康保险制度促使国民重视医疗健康的投资和不断加大的消费能力,进一步拉动了医药需求,客观上促进了医药研发创新。

最后,高疗效和仿制药促使药价降低,对医药研发形成拉动力。这主要是通过新药的更高疗效降低患者的支付压力,促进医药研发创新。具体而言,一方面通过创新的药物替代既有高价、低效的专利药物以减轻患者的药物负担,另一方面通过仿制药的研发加快专利到期的药物的及时替代和利用专利"悬崖"机制降低药价。[3] 这种降价策略既保护了新药的自由定价,也保持了对新药研发的显著激励作用。

七、通过促进竞争与降低成本推动医药研发创新

竞争可以提高新药研发创新的效率。一方面,通过专利链接制度、专利期补偿制度、仿制药简化申请程序、药品数据保护制度等,使得创新药与仿制药的利益得到有效平衡,推动美国医药研发创新的快速发展。[4] 同时,美国通过设立专利挑战制度,鼓励医药企业对独占期的专利发起挑战,提高专利质量,减轻过度

---

[1] Ajay Gautam, Xiaogang Pan. The changing model of big pharma: impact of key trends[J]. Drug Discovery Today, 2016, 21(3): 379-384.

[2] Researc America. U.S. Investments in Medical and Health Research and Development 2013—2018 [EB/OL]. (2019 Fall). https://www.researchamerica.org/sites/default/files/Policy_Advocacy/2013—2018InvestmentReportFall2019.pdf.

[3] Council of Economic Advisers. Biopharmaceutical Pricing at Home and Abroad[EB/OL]. (2018-02-09). https://www.whitehouse.gov/briefings-statements/cea-report-reforming-biopharmaceutical-pricing-home-abroad/.

[4] 王鑫,刘晓中,甄橙.美国医药产业百年发展历程[J].生物学通报,2018,53(3):58-61.

垄断。在严格的专利制度下,激烈的竞争促使美国专利"悬崖"现象明显,充分显示了创新药才是持续高额利润的来源,强力激发医药企业的研发热情和对新药研发的积极性。

另一方面,美国通过加快某些新药的优先审批制度等办法相对增加新药的市场独占期,以获取高额垄断利润。一般而言,通过优先审评和提高审评效率,加快新药上市,从而降低研发成本,也是激励新药研发创新的重要手段。如美国优先审评的新药数量从 1999 年不足正常评审的 40% 提高到 2019 年的接近 80%(见表 5-20)。

表 5-20　　　　　　　　中美优先审批的新药数量　　　　　　　　单位:种

年份	1999	2000	2001	2002	2003	2004	2005
美国正常评审	550	369	434	609	405	380	314
美国优先评审	199	199	214	482	272	182	180
年份	2006	2007	2008	2009	2010	2011	2012
美国正常评审	385	304	396	397	397	311	354
美国优先评审	180	183	183	336	277	273	183
中国正常评审	—	—	—	629	0	799	0
中国优先评审	—	—	—	—	—	—	—
年份	2013	2014	2015	2016	2017	2018	2019
美国正常评审	307	365	311	314	307	306	303
美国优先评审	182	240	239	239	239	230	240
中国正常评审	1045	1057	891	1211	0	992	401
中国优先评审	611	642	611	0	182	316	385

资料来源:① 国家药品监督管理局药品审评中心. http://www.cde.org.cn/news.do? method=changePage & pageName=service & frameStr=3#.
② FDA 药物数据. https://www.fda.gov/drugs/drug-approvals-and-databases/compilation-cder-new-molecular-entity-nme-drug-and-new-biologic-approvals.

优先评审通道花费时间总体上比正常审评时间花费大大下降。根据 1999—2019 年的不完全统计,A02、A10、B01 包含药物数分别为 50 种、86 种、62 种,其包含的同种药物在中国和美国的最早上市平均时间分别为 196 个月、160 个月、160 个月(见表 5-21)。

表 5-21　　　　　　　1999—2019 年不同药物中美上市时间差　　　　　单位：月

A02		A10		B01	
包含药物数	中美上市时间差	包含药物数	中美上市时间差	包含药物数	中美上市时间差
50	196	85	160	62	160

数据来源：① FDA. National Drug Code Directory. https://www.accessdata.fda.gov/scripts/cder/ndc/index.cfm.
② NMPA.国产药品数据库 http://app1.nmpa.gov.cn/data_nmpa/face3/dir.html? type=yp.[1]

如此一来,通过优先审评,促使新药快速上市,客观上缩短了研发时间,降低了新药研发成本,提升了新药收益,激励了持续的新药研发创新。

---

[1] 徐政等.医药新政下中国新药创新战略研究,上海交通大学第 37 期 PRP 研究论文.

第六章 研发创新动力实证分析

第一节 研发创新类型及其动力分析

一、新药研发的动力分析

1. 变量和数据

本研究的被解释变量为历年 FDA 批准新药数量,解释变量为美国医药行业研发投入(RD)、医药行业总销售额(SALE)、65 岁以上老年人口比例(Old)、预期寿命(lFE)、NIH 投资等。

R&D 投入是新药研制关键的支持因素,也是新药供给的重要基础。研发投入与新药产出遵循 Eroom 定律,没有不断快速增加的研发投入就没有新药研制成功。因此,医药研发投入是关键的解释变量。医药行业的销售收入可以描述市场需求,销售收入越多,表明需求量越大。

65 岁以上老年人口比例是描述患者对药物需求的变量。统计表明 65 岁以上人口健康消费是人均水平的 2 倍以上。一般而言,这一比例越大,对药品的需求越大,对新药需求越大。

预期寿命越长,人均带病生存时间越长,人们对药品的需求也会越大。

人均医疗费用描述了患者的平均支付能力,这一变量越大,越有可能拉动新药研发和创制。

医药出口额是美国海外市场需求,这一额度越大,越可能拉动新药的研发创新。

分析所用数据为美国 1970—2019 年时间序列数据,为减小异方差的影响,对老年人口比例以外的数据取对数处理。所有操作均在 Eviews9.0 完成。

2. 描述性统计

回归所用变量的描述性统计如表 6-1 所示。

表 6-1　　　　　　　　　　变量定义及描述性统计

变量名	定义	均值	标准差
lnDRUG	获批新药数量的对数	3.327	0.302
lnRD	医药 R&D 研发(百万美元)的对数	9.805	1.091
lnSALE	医药总销售额(百万美元)的对数	11.662	0.923
Old	65 岁以上老年人口比例	0.128	0.010
lnLIFE	预期寿命的对数	4.339	0.020
lnNIH	NIH 投资(百万美元)的对数	9.606	0.799

3. 数据平稳性检验

在回归分析之前,应当考虑时间序列的数据平稳性。只有平稳的时间序列数据,才能进行回归分析,否则可能导致虚假结果。为此,采用扩展的 Dickey-Fuller 检验(ADF)对经济变量进行单位根检验,其结果见表 6-2。

表 6-2　　　　　　　　　　ADF 单位根检验结果

Variable	ADF 检验值	检验类型 (c, t, q)	临界值
lnDRUG	−3.364	(c, 0, 0)	−2.951**
lnRD	−5.596	(c, 0, 0)	−3.616***
lnSALE	−3.163	(c, t, 4)	−3.207*
dlnSALE	−3.456	(c, 0, 0)	−2.943**
Old	−3.777	(c, t, 5)	−3.553**
lnLIFE	−1.641	(c, t, 0)	−3.198*
dlnLIFE	−6.879	(c, 0, 0)	−3.621***
lnNIH	−1.194	(c, t, 0)	−3.196*
dlnNIH	−3.972	(c, 0, 0)	−3.530**

注:*** $p<0.01$,** $p<0.05$,* $p<0.1$。ADF 检验原假设为"序列为单位根过程",若 ADF 检验值小于临界值,则在相应显著性水平拒绝原假设,即认为序列平稳。

(c, t, q)分别表示带有截距项、时间趋势和滞后阶数 q。可以看到，lnSALE、lnLIFE 和 lnNIH 均不能拒绝含单位根的假设，没有通过单位根检验，是非平稳的，但一阶差分后均为平稳序列；其余变量均为平稳序列，可加入回归中。

4. 自回归分布滞后模型（ARDL）回归

对美国新药研发的影响因素分析采用自回归分布滞后模型，即在回归的解释变量一侧加入被解释变量和解释变量的滞后项。考虑到样本量的限制，设置被解释变量和解释变量的最大滞后阶数为 3，并采用 SC 准则选择最优滞后阶数。回归结果见表 6-3。

表 6-3　　　　　　　　ARDL 回归结果，被解释变量 lnDRUG

Variable	Coefficient	Std. Error	t-Statistic	P value
lnDRUG（−1）	0.039	0.175	0.226	0.824
lnRD	−3.071**	1.256	−2.445	0.023
lnRD（−1）	−0.405	1.624	−0.249	0.806
lnRD（−2）	1.342	1.561	0.860	0.400
lnRD（−3）	1.902	1.181	1.610	0.122
dlnSALE	0.967	0.977	0.989	0.334
dlnSALE（−1）	3.468***	1.183	2.931	0.008
dlnNIH	−1.065	1.103	−0.965	0.346
dlnLIFE	−8.672	17.112	−0.507	0.618
Old	−199.903***	67.165	−2.976	0.007
Old（−1）	255.649	78.031	3.276	0.004
R^2	0.673			
Observations	33			

注：*** $p<0.01$，** $p<0.05$，* $p<0.1$。

结果表明，滞后 1 期的销售额以及滞后 1 期的老年人口对美国新药研发具有显著正向作用。当前 R&D 对新药研发具有负向作用，滞后 2—3 期 R&D 的作用为正，但不显著。另外，此回归用 Breusch-Godfrey 法检验回归误差的自相关，结果表明模型在 95% 水平上不存在自相关。

从回归结果可以看到，NIH 投资和预期寿命对新药无显著作用，并且考虑到样本量有限，因此从模型中剔除这两个变量重新回归，结果如表 6-4 所示。

表 6-4　　　　　　　　ARDL 回归结果，被解释变量 lnDRUG

Variable	Coefficient	Std. Error	t-Statistic	P value
lnDRUG（−1）	0.027	0.198	0.135	0.893 7
lnRD	−3.168***	0.643	−4.927	0.000 1
lnRD(−1)	−0.315	1.61	−0.196	0.846 5
lnRD(−2)	1.001	1.785	0.561	0.580 3
lnRD(−3)	2.239***	0.776	2.884	0.008 4
Old	−189.243***	59.388	−3.187	0.004 1
Old(−1)	244.547***	68.071	3.593	0.001 5
dlnSALE	0.899*	0.505	1.779	0.0885
dlnSALE(−1)	3.069**	1.168	2.628	0.015
R^2	0.657			
observations	33			

注：*** $p<0.01$，** $p<0.05$，* $p<0.1$。

回归结果表明，滞后 3 期的研发投入、滞后 1 期老龄人口以及当期和滞后 1 期的总销售额对新药数量有显著的正向作用，模型 R^2 为 0.657。经检验，模型在 95% 水平上不存在自相关，模型设定较为正确。

回归结果表明，每一年研发投资增加但当年的发明专利却减少了，由于当年投资增加对当年专利增加基本不起作用，反而拉低了当年单位投资带来的发明专利。不过每年的投资在投资后的第 3 年明显促进了发明专利的增加。每增加一单位研发投资会带来专利 2.239 单位的增加。这说明以研发投资增加推动发明专利的增加是硬道理，研发投入是医药研发的主要内在动力。

随着年龄增加，人们健康的保持和维护需要更多药物，因此 65 岁以上老人人口数增加表明对药物的需求增加。回归结果表明当期 65 岁老人人口数的增加反而对当年的发明专利起反作用，而滞后 1 期后 65 岁的老龄人口数每提高 1 个单位，发明专利会增加 244.547 项，说明老龄化会对医药发明专利起到明显的滞后促进作用，也一定程度上拉动医药研发。

市场销售收入对医药发明专利起到明显的促进作用，而且销售收入滞后 1 期对发明专利的促进作用更强：每增加 1 单位销售收入会增加滞后 1 期 3.069 单位的发明专利。这在一定程度上说明当年销售收入是促进次年进一步增加投资和专利发明的重要动力。

二、美国专利研发的动力因素分析

1. 变量和数据

国家(地区)或企业的专利申请情况,尤其是发明专利的申请,能够较好地反映创新能力。以药物专利申请数 PAT 为被解释变量,考虑到数据的平稳性和样本量限制,只选择研发投入 R&D 和总销售额 SALE 作为解释变量,进行时间序列分析。分析所用数据为 1999—2017 年时间序列数据,为减小异方差的影响,对三个变量均做取对数处理。所有操作均在 Eviews9.0 完成。

2. 描述性统计

相关变量描述性统计列在表 6-5。

表 6-5 变量定义及描述性统计

变量名	定义	均值	标准差
lnPAT	药物专利申请数的对数	8.564	0.102
lnRD	医药 R&D 研发(百万美元)的对数	10.673	0.306
lnSALE	医药总销售额(百万美元)的对数	12.425	0.240

3. 数据平稳性检验

采用 ADF 检验对变量进行单位根检验的结果见表 6-6。

表 6-6 ADF 单位根检验结果

Variable	ADF 检验值	检验类型 (c, t, q)	临界值
lnPAT	−3.519	(c, 0, 3)	−3.081**
lnRD	−2.379	(c, t, 3)	−3.325*
dlnRD	−3.385	(c, 0, 0)	−3.052**
lnSALE	−3.529	(c, 0, 0)	−3.040**

注: *** $p<0.01$, ** $p<0.05$, * $p<0.1$。ADF 检验原假设为"序列为单位根过程",若 ADF 检验值小于临界值,则在相应显著性水平拒绝原假设,即认为序列平稳。

检验结果表明,lnPAT 和 lnSALE 为平稳序列,lnRD 为单位根过程,而其一阶差分 dlnRD 为平稳序列,可以参与回归。

4. ARDL 回归

进行 ARDL 回归时均设置被解释变量和解释变量的最大滞后阶数为 3,并采用 SC 准则选择最优滞后阶数,回归结果如表 6-7 所示。可以看到,当期和滞后 1 期的研发投入对专利申请起到显著正向作用,滞后 2 期的销售额对专利申请有显著促进作用。此外,R^2 为 0.865,且自相关检验结果表明模型在 95% 的水平下不存在自相关,模型设定较为正确。

表 6-7　　　　　　ARDL 回归结果,被解释变量 lnPAT

Variable	Coefficient	Std. Error	t-Statistic	P value
lnPAT(−1)	0.125	0.333	0.376	0.717
dlnRD	1.330***	0.391	3.400	0.009
dlnRD(−1)	1.537*	0.697	2.203	0.059
dlnRD(−2)	0.490	0.434	1.129	0.292
lnSALE	−0.980*	0.512	−1.914	0.092
lnSALE(−1)	0.889	0.577	1.542	0.162
lnSALE(−2)	10.496**	3.501	2.998	0.017
R^2	0.865			
observations	36			

注：*** $p<0.01$, ** $p<0.05$, * $p<0.1$。

第二节　医药研发创新主体及其动力分析

一、空间视角的医药研发创新动力分析

1. 数据来源和说明

本部分研究所用数据来自 TEConomy/BIO,为覆盖美国 52 个地区(包括 50 个州、哥伦比亚特区以及波多黎各)的 Bioscience 行业相关数据,时间跨度为 2010—2016 年。

研究的被解释变量是 Bioscience 相关授权专利数量,解释变量包括机构数、员工数、平均工资、R&D 支出、NIH 资助以及 Bioscience 相关风险投资等。

其中机构数、员工数、平均工资以及R&D支出等缺2011年、2013年和2015年的数据,使用均值插补法填补缺失值。为减小异方差的影响,对数据均做取对数处理,且为了充分利用数据,避免部分0值被舍弃,对数据均加1后再取对数。

2. 变量和描述性统计

回归所用变量的描述性统计见表6-8。

表6-8　　　　　　　　　　变量定义及描述性统计

变量名	定义	均值	标准差
lnPAT	专利授权数的对数	5.413	1.498
lnRD	行业R&D支出(百万美元)的对数	5.922	1.272
lnESTAB	公司数量的对数	6.870	0.960
lnNIH	NIH投资(百万美元)的对数	5.255	1.458
lnWORK	员工数的对数	9.728	1.233
lnWAGE	行业平均工资(美元)的对数	11.249	0.299
lnVC	风险投资(百万美元)的对数	3.286	2.278

3. 实证分析

本研究利用多个模型对变量进行回归,相关结果汇报在表6-9。模型(1)、模型(2)和模型(3)分别为混合OLS、随机效应模型和固定效应模型,模型(4)在模型(3)的基础上控制了聚类稳健标准误。从表6-9可以看到,机构数和NIH投资对研发创新的作用在模型中表现不一致。通过进一步检验发现,拒绝"不存在个体特征"的原假设,即在OLS和固定效应模型中选择固定效应模型;拒绝"个体不存在随机效应"的原假设,即在OLS和随机效应模型中选择随机效应模型;Hausman检验显示,固定效应模型相对于随机效应模型更加合适。综合来看,在OLS、随机效应模型和固定效应模型中,应首选固定效应模型。因此,从模型(3)和模型(4)中可以发现,R&D支出能够显著促进Bioscience研发创新,机构数对创新也有显著的正向作用,而NIH投资对创新起负向作用,以上作用在控制聚类稳健标准误后结果依然显著。此外员工数能够促进研发创新,但控制聚类稳健标准误后作用变得不显著,而平均薪资和风险投资的系数虽然为正,但并不显著。

表 6-9　　　　　　　美国 Bioscience 行业研发创新影响因素回归

被解释变量	lnPAT OLS (1)	lnPAT RE (2)	lnPAT FE (3)	lnPAT FE (4)
lnRD	0.239*** (0.080)	0.472*** (0.081)	0.411*** (0.100)	0.411** (0.162)
lnESTAB	−0.271** (0.113)	0.366*** (0.130)	0.726*** (0.137)	0.726*** (0.187)
lnNIH	0.089 (0.067)	−0.110* (0.056)	−0.262*** (0.066)	−0.262* (0.147)
lnWORK	0.603*** (0.085)	0.412*** (0.116)	0.452** (0.200)	0.452 (0.386)
lnWAGE	0.456*** (0.104)	0.139* (0.073)	0.058 (0.069)	0.058 (0.082)
lnVC	0.214*** (0.026)	0.035** (0.017)	0.006 (0.016)	0.006 (0.019)
F 检验(P 值)	—	—	34.65(0.000)	—
LM 检验(P 值)	—	455.53(0.000)	—	—
Hausman 检验(P 值)	—	56.06(0.000)	56.06(0.000)	—
Observations	357	357	357	357
R-squared	0.874	—	0.279	0.279

注：*** $p<0.01$，** $p<0.05$，* $p<0.1$；括号内为标准误［模型(4)为聚类稳健标准误］。

回归结果表明，研发投资对地区的专利发明起到显著的促进作用，即本研究的期段内美国每增加 1 单位研发投资会带来 0.411 单位医药专利增加。新建研究型的机构数是活跃的创新组织，该类组织增加会带来医药发明专利的明显增加，即每增加 1 个单位该类组织，可能带来医药发明专利增加 0.726 单位。就业规模是医药研发人员规模的基本表征变量，模型(3)表明每增加 1 单位的就业量会带来 0.452 单位的发明专利的增加。这说明医药研发人员规模越大，越是有利于促进研发创新。

模型(2)表明 VC 增加 1 个单位会带来 0.035 单位的医药发明专利的增加，说明 VC 对于地区医药研发创新起到积极的促进作用。

模型(3)和模型(4)都表明 NIH 投资对于医药发明专利起到负向作用，说明政府医药研发投资对私人研发投资起到明显的挤出效应，这可能与 NIH 研发投资本身具有强烈的外部性和对私人投资的替代性所导致的。因此,政府投资医药研发需要科学优化投资结构,减少挤出效应。

模型(2)表明工资对发明专利也有促进作用,1 单位的工资水平提高会带来 0.139 单位医药发明专利增加。工资提高对医药研发创新具有双重影响:一方面可以吸引更多医药研究人员、吸引更加优秀的研究人才加入区域医药研发活动中,增加研发创新能力,增加医药发明专利和新药的创制。另一方面,某地区工资水平的提高可能抑制医药研发企业投资该地区,进而将研发投资布局到其他低研发成本区,从而减少了容纳更多研发人员的能力,减弱了该地区的研发投资能力。总体来看,模型回归结果表明工资水平对医药研发创新起到正向激励作用。

对于地区而言,增加研发投资数量、增加研发组织数量、提高产业规模、提高工资水平、增加研发人员数量、吸引风险投资是地区医药研发效率提高的关键动力。科学调整政府研发投入的资金结构,减少其对私人研发投资的挤出效应十分必要。一般情况下政府对基础理论的研发投资对私人研发投资起到正向诱发作用,而对应用技术的研发投入会一定程度地产生对私人研发投资的挤出效应。

总之,推动医药研发创新的主要微观动力至少包括如下几个方面:

(1) 研发投入是驱动医药研发创新的基础动力。对于研发驱动型和研发密集型的医药产业而言,发展的关键动力是不断增加研发投入。

(2) 随着老龄化的不断加深,对药品的需求增加,高龄患者对药品的依赖增加,推动医药企业增加研发创新能力。

(3) 对于注重产品和收入的医药企业而言,医药企业的销售收入是医药企业自身投资研发的主要资金来源,医药企业销售收入增长是促进其研发能力提高的基本保障。

(4) 新增加的机构数表明医药研发创新组织的活跃程度,也是医药研发动力的支持方式。美国每年新建研发机构不断涌现,形成了对医药研发的重要动力支撑。

(5) 就业是医药产业研发人员规模的重要表征,美国医药产业规模不断增大,医药产业研发分工日趋细化,形成了由医药制造、试验与实验、医疗器械、基因农业等次级部门与研究型大学、医药企业、研发机构和政府共同协同的医药研发生态系统,成为支持医药研发的综合动力。

(6) 由于高风险是医药研发的突出特征,VC 投入对医药研发创新是不可或缺的。美国是世界医药 VC 投入最多的国家,占全球 60% 左右,风险投资正在对医药研发动力起到重要的激发支持作用。

（7）医药人员的收入对医药研发的影响具有吸聚优秀研发人员进而成为促进医药研发创新的动力。然而，医药人员收入的提高给医药企业增加了更多成本，一定程度上抑制了医药企业研发积极性，成为研发创新的阻力。两者合成结果大致表现为地区工资提高对医药研发创新表现为推动力。

二、企业微观动力分析

1. 数据来源和变量说明

本部分利用200家美国上市医药公司2000—2019年相关数据研究医药企业创新影响因素，其中专利数据收集自世界产权组织（WIPO）专利数据库，公司财务相关数据主要来自WIND数据库，并利用OSIRIS数据库对缺失数据进行补充。虽然经过补充处理，但数据仍不可避免地存在缺失，这主要有两个原因：一是部分公司在时间范围2000—2019年内成立，对于这类公司，不会存在成立之前的数据；二是受数据库质量所限，部分样本的数据存在缺失。因此最终整理获得的数据为2000—2019年200家公司的非平衡面板数据。

本研究的被解释变量是公司每年的发明专利申请数量lnPAT。发明专利是质量最高、对企业最有价值的专利，能够很好地刻画企业创新能力，也被学者广泛研究，因此本书选用发明专利作为被研究对象。此外，由于专利授权需要额外的时间，不能及时地反映企业创新能力，因此本书选用发明专利的申请数量作为被解释变量。为了减弱异方差影响，对专利数据进行取对数处理。

为了控制影响公司创新能力的公司特征，本研究引入一系列控制变量：lnRD为公司R&D投入的对数；lnWORK为员工人数的对数；lnAT为企业总资产的对数，用以衡量企业规模；lnLEV为总负债与总资产比值的对数，衡量企业负债水平；lnLIQ为流动资产与流动负债比值的对数，衡量企业短期偿债能力；lnAGE为企业年龄的对数；ROA为企业的净利润除以总资产的比值，即资产收益率。为保证数据有效性，消除异常离群值对研究结论的影响，本研究利用winsorize方法对样本上下1%的异常值进行处理。

2. 变量描述性统计

经整理，最终得到的样本由199个医药上市公司的2 120个观测值组成（由于Cytodyn公司缺少各个年份的ROA数据，最终将其剔除）。回归所用变量的描述性统计如表6-10所示。可以看到，样本中的公司平均每年申请发明专利达到19.23件，但公司间差异较大，最多的达416件，最少的为0件。各公司在R&D研发、员工数量、公司规模、负债水平等其他方面亦存在巨大差异，以资产负率为例,个别公司资产负债率在个别年份达到300%以上,而最小值仅为2.8%。此外,企业平均年龄为20.75岁,平均来看资产收益率小于0。

表6-10　　　　　　　　　　　变量定义及描述性统计

变量名	定义	均值	标准差	最小值	最大值
PAT	发明专利申请数	19.233	41.747	0	416
RD	R&D费用(百万美元)	449.993	1 367.65	1.724	8 006
WORK	员工数量	4 775.865	17 742.23	5	108 300
AT	总资产(百万美元)	5 003.703	18 045.36	3.219	117 565
LEV	总负债与总资产比值	0.459	0.476	0.028	3.044
LIQ	流动资产与流动负债比值	7.122	6.622	.213	38.188
AGE	企业年龄的对数	20.746	21.739	2	116
ROA	企业资产收益率	−0.371	0.512	−3.061	0.434

3. 实证分析

首先建立起面板数据回归模型(1),此模型不考虑个体效应,使用混合OLS方法回归:

$$\ln PAT_{i,t+n} = \alpha + \beta \ln RD_{i,t} + \gamma X_{i,t} + \varepsilon_{i,t}$$

其中,$\ln PAT_{i,t+n}$表示公司i在$t+n$年的发明专利申请数对数(考虑到从研发到产出有一个过程,这里对被解释变量取超前项处理。为了充分使用数据,均做加1再取对数处理,下同),$\ln RD_{i,t}$是企业R&D研发费用的对数,$X_{i,t}$是其他控制变量。若考虑样本个体效应,则模型应改写为下式,需要使用固定效应模型回归:

$$\ln PAT_{i,t+n} = \alpha + \beta \ln RD_{i,t} + \gamma X_{i,t} + u_i + \varepsilon_{i,t}$$

此外,若个体效应u_i与$\ln RD_{i,t}$以及$X_{i,t}$均不相关,则使用随机效应模型进行估计。

本研究首先使用上述三种模型进行估计,比较各自结果,相关结果汇报在表6-11。模型(1)、模型(2)和模型(3)分别为混合OLS、随机效应模型和固定效应模型,从结果可以看出,研发投入和员工人数的系数在三个模型中均显著为正,说明两者均促进公司的创新能力。而企业规模、资产收益率、短期偿债能力和负债水平对公司创新的作用在模型中表现不一致。通过进一步检验发现,F检验拒绝"不存在个体特征"的原假设,即在OLS和固定效应模型中选择固定效应模型;LM 检验拒绝"个体不存在随机效应"的原假设,即在 OLS 和随机效应模型中选择随机效应模型;Hausman 检验结果显示,固定效应模型相对于随机效应模型来说更加合适。综合来看,在 OLS、随机效应模型和固定效应模型中,应以固定效应模型结果为准。企业规模 lnAT 对公司创新能力起正向作用,资产收益率 ROA、短期偿债能力 lnLIQ 和负债水平 lnLEV 对创新起负向作用。

表 6-11　　　　　美国医药上市公司研发创新影响因素初步回归

被解释变量	$lnPAT_{t+1}$ OLS (1)	$lnPAT_{t+1}$ RE (2)	$lnPAT_{t+1}$ FE (3)
lnRD	0.565 1*** (0.034 3)	0.128 3*** (0.035 9)	0.075 6* (0.039 3)
lnWORK	0.241 7*** (0.029 6)	0.121 6*** (0.030 1)	0.074 5** (0.034 1)
lnAT	−0.167 9*** (0.040 2)	0.131 5*** (0.035 6)	0.161 6*** (0.036 7)
ROA	0.122 7** (0.058 7)	−0.094 7** (0.046 3)	−0.127 6*** (0.046 4)
lnAGE	−0.127 0*** (0.031 8)	−0.049 1 (0.045 5)	−0.018 8 (0.057 6)
lnLIQ	0.151 1*** (0.040 1)	−0.040 1 (0.031 7)	−0.065 5** (0.031 8)
lnLEV	0.107 9*** (0.034 6)	−0.025 7 (0.028 1)	−0.048 5* (0.028 5)
F 检验(P 值)	15.46(0.000)	—	15.46(0.000)
LM 检验(P 值)	—	2 551.85(0.000)	—
Hausman 检验(P 值)	—	81.49(0.000)	81.40(0.000)
Observations	1 949	1 949	1 949
R^2	0.547 4	—	0.134 5

注:*** $p<0.01$,** $p<0.05$,* $p<0.1$;括号内为标准误。

为了加强研究结论的可靠性,在个体固定效应的基础上进一步控制时间固定效应,并在个体层面控制聚类稳健标准误,相关结果汇报在表 6-12。结果显示,研发投入依然促进公司研发创新,并且随着时间推移,这种作用逐渐减弱:当期研发投入对 1 年后的专利申请起到显著正向作用,对 2 年后的专利申请作用减弱,对3年后的专利申请没有显著作用。此外,员工人数的系数始终为正,企业规模促进研发创新的结论依然成立,资产收益率依然对公司创新起负向作用。短期偿债能力 lnLIQ 和负债水平 lnLEV 符号与之前回归一致,但是在控制时间固定效应和聚类稳健标准误后不再显著。

表6-12　美国医药上市公司研发创新影响因素:固定效应模型

被解释变量	$\ln PAT_{t+1}$ FE (1)	$\ln PAT_{t+2}$ FE (2)	$\ln PAT_{t+3}$ FE (3)
lnRD	0.132 3** (0.059 4)	0.105 8* (0.061 4)	0.016 9 (0.065 3)
lnWORK	0.132 4** (0.055 3)	0.165 8** (0.064 5)	0.126 1* (0.071 2)
lnAT	0.151 9*** (0.051 1)	0.066 4 (0.060 1)	0.109 5* (0.055 7)
ROA	−0.116 5** (0.054 0)	−0.047 3 (0.058 4)	−0.043 2 (0.064 8)
lnAGE	0.191 0 (0.144 6)	0.190 4 (0.158 9)	0.158 7 (0.172 1)
lnLIQ	−0.033 5 (0.042 1)	−0.044 8 (0.042 5)	−0.033 0 (0.045 4)
lnLEV	−0.017 0 (0.040 0)	−0.036 9 (0.041 5)	−0.015 6 (0.039 4)
时间固定效应	控制	控制	控制
Observations	1 949	1 762	1 565
R^2	0.233 4	0.186 7	0.147 1

注:*** $p<0.01$,** $p<0.05$,* $p<0.1$;括号内为聚类稳健标准误。

4. 加入州层面变量回归

本部分加入美国各州层面 Bioscience 行业相关数据,包括区位商 LQ、工资水平 WAGE、生物科学行业 R&D 投入 BIO_RD、NIH 投资以及风险投资 VC 等,时间跨度为2010—2016年。由于部分变量缺2011年、2013年和2015年的数据,因此使用均值插补法进行填补。回归结果如表6-13所示,公司 R&D 投入、员工人数促进公司研发创新的结论依然成立。公司所处州的区位商对专利申请有显著的正向作用。在区域经济学中,区位商是次区域特定部门的某一指标与所有部门该指标的比值与母区域对应比值的比值。这里用地区某一工业部门产值在全部工业总产值比重与全国该部门对应总产值比重的比值。在本研究中用区位商来衡量地区医药产业专业化、集聚化和集群化程度,回归结果显示,地区医药专业化程度越高,公司创新能力越强。其他控制变量在控制时间固定效应后不显著,可能是由于州层面数据质量受限,这表现在时间跨度不够以及数据缺失过多。

表 6-13　　　　　　　　控制州层面信息：固定效应模型

被解释变量	$\ln PAT_t$ FE (1)	$\ln PAT_t$ FE (2)	$\ln PAT_t$ FE (3)
lnRD	0.224 2*** (0.059 2)	0.158 6** (0.073 6)	0.170 8** (0.072 4)
lnWORK	0.160 1** (0.074 4)	0.099 6 (0.073 8)	0.125 2* (0.074 1)
lnLQ	0.123 7*** (0.029 0)	0.132 0*** (0.030 5)	0.126 5*** (0.032 3)
lnAT		0.036 5 (0.063 3)	0.030 1 (0.064 1)
ROA		−0.002 8 (0.002 0)	−0.002 9 (0.002 0)
lnLIQ		−0.041 4 (0.043 6)	−0.050 4 (0.043 8)
lnLEV		−0.054 5 (0.048 4)	−0.053 8 (0.047 0)
lnWAGE		0.942 3*** (0.317 6)	0.449 1 (0.390 2)
lnBIO_RD		−0.029 3 (0.296 5)	−0.469 0 (0.356 0)
lnNIH		0.039 3 (0.076 2)	0.081 0 (0.084 2)
lnVC		−0.029 9 (0.056 2)	0.027 2 (0.056 4)
时间固定效应	否	否	控制
Observations	958	958	958
R^2	0.218 2	0.171 0	0.112 3

注：*** $p<0.01$，** $p<0.05$，* $p<0.1$；括号内为聚类稳健标准误。

5. 稳健性检验

医药上市公司当年的研发创新能力还受到之前的创新水平影响。本部分为了验证结果的稳健性，进一步使用动态面板模型进行回归。具体而言，在解释变量中引入被解释变量的滞后1期和滞后2期，并利用被解释变量的滞后3—6期作为工具变量，利用系统 GMM 法进行估计，回归结果如表6-14所示。可以看到，发明专利申请数的滞后1期和滞后2期确实会影响当期专利申请。公司研发投入和员工人数对公司研发创新有正向促进作用，与之前研究结论一致。表6-14还列出了残差相关性检验和 Sargan 检验结果，AR(1) p 值均小于0.01，AR(2) p 值均大于0.05，sargan 检验 p 值均大于0.1，结合来看，系统 GMM 模型的设定是比较正确的。

表 6-14　　稳健性检验：系统 GMM 回归

被解释变量	$lnPAT_t$ GMM (1)	$lnPAT_t$ GMM (2)	$lnPAT_t$ GMM (3)
lnPAT(−1)	0.637*** (0.035)	0.620*** (0.038)	0.643*** (0.038)
lnPAT(−2)	0.095*** (0.023)	0.101*** (0.023)	0.084*** (0.023)
lnRD	0.171*** (0.021)	0.152*** (0.022)	0.167*** (0.028)
lnWORK		0.023* (0.012)	0.030* (0.018)
AR(1) p 值	0.000	0.000	0.000
AR(2) p 值	0.071	0.102	0.057
Sargan p 值	0.409	0.399	0.487
其他控制变量	否	否	是
时间固定效应	控制	控制	控制
Observations	1 688	1 688	1 688
R^2	196	196	196

注：*** $p<0.01$，** $p<0.05$，* $p<0.1$；括号内为标准误。

第七章 结论与启示

一、结论

（1）从宏观表现来看，美国医药行业是世界上综合研发创新能力最强的。美国医药行业的头部企业也大多是世界头部企业，是世界医药研发创新的发动机，具备复杂、有效的创新生态驱动系统。其医药行业规模不断增加，研发投入能力不断增强，研发创新能力持续加强。

（2）就投入产出而言，医药研发创新需要强大的资金支持。这些资金包括政府持续投入到基础研究和生物医药科技基础设施建设的资金，为新药研发提供基本支持，各种来源以分散各期临床研发风险的 VC，以及来自医药企业大量投入为临床和进一步研发提供保障的资金。研发创新成果表现为专利、论文、新的疗法、新药乃至新的工艺等相关成果。其中新药研制周期很长，有些药物从发现阶段到达产品上市需要十多年、几十年或更长，这让医药研发创新具有巨大的风险性。

（3）医药研发创新具有明显的空间集聚特征。美国的医药研发创新主要集中在 10 大医药产业集群中，这 10 大集群分别为：波士顿/剑桥市、旧金山海湾区、纽约-新泽西、圣迭戈、马里兰州/弗吉尼亚州/华盛顿、大费城区、西雅图、罗利-达勒姆、洛杉矶/奥兰治县、芝加哥等。这些地区不但高校云集，人才集聚，国际顶尖医药企业集聚、国际 VC 集聚，也是 NIH 和 NSF 集中布局地，自然也是专利、发明、论文和新药策源地、产出地。

（4）创新的生态系统和富有活力的生态集群是医药研发制胜之道。具体而言，美国医药研发创新生态系统是以激励性政策体系为支持、生物医药研发企业为中心、产学研密切互动合作为基础的综合体。其核心要素表现为：政府大量的基础研发投入；企业大量投资与公共投资的合作、强大的法规与政策体系，尤其是严格的专利制度。政府的支持政策体系通过 NIH、NSF 等投入连续的大量研发资金的支持来践行，联邦政府的 FDA、专利商标局等政府不同关键医药研发环节大力对口支持。另外，来自全球的风险投资、患者对新药的需求等也对医药创新生态系统形成潜在支持。如此一来，美国综合医药研发创新系统通过政产学研及其他支持力量协同互动，形成产学研内生动力和政策、需求等外生动力耦合升级、螺旋式加强推进的活力生态系统。它具有强大的柔性组织力量、高效的研发能力和可持续发展的支持机制，为医药研发创新提供源源不断的动力。

（5）实证分析表明：医药研发创新的动力系统包括投入的推动，需求的拉动及政策多侧面的推动拉动作用。滞后 1 期的销售额以及滞后 1 期的老龄人口对美国新药研发具有显著正向作用，当前 R&D 对新药研发有负向作用，滞后 2—3 期 R&D 的作用为正，但不显著。

NIH 投资和预期寿命对新药无显著作用。研发投入对专利申请起到显著正向作用，滞后 2 期的销售额对专利申请有显著促进作用。

从美国各州的空间数据模型来看，R&D 支出能够显著促进生物科学研发创新，机构数对创新也有显著的正向作用，而 NIH 投资对创新起负向作用，以上作用在控制聚类稳健标准误后结果依然显著。此外员工数能够促进研发创新，但控制聚类稳健标准误后作用变得不显著，而平均薪资和风险投资的系数虽然为正，但并不显著。

总体而言，医药研发创新受到市场需求和老龄人口需求的拉动，资金和研发人员等研发投入通过直接推动专利发明，进而影响新药创新。

另外，医药研发创新的动力作用机制非常复杂，它是由科技进步、原材料、市场需求、竞争、政府立法、公司科技/市场专业化等多种因素作用下形成的综合生态系统。这些因素对医药研发创新的动力影响可以分为推动力和拉动力。医药研发创新主体通过资金、人才、实验室等直接形成研发活动，形成医药研发产出的内在推动力。老龄化、医药支付能力及各种激励政策等构成了医药研发创新的外拉动力，而且内部动力与外部动力互动发展，形成医药研发创新的综合动力系统。

（6）医药研发创新的基本问题是新药研发的复杂程度加大，研发难度不断增加，研发费用不断增加。其竞争压力不断增加，主要表现为：新靶点增长不快，但研发管线迅速增加，同一个靶点出现很大的拥挤。研发管线成功率不断降低；投资力度越来越大，医药研发投入的回报率在下降，新冠疫情带来的重构和整合及不确定因素。

二、启示

（1）医药行业是永远的朝阳产业，具有规模增长趋势，支持研发创新具有坚实的基础。

（2）中国处于新药研发创新的初级阶段，很难弯道超车。一个新药研制需要坚实的基础理论研究支持，然后逐步进入临床研究，而临床研究分为1—4期，3期临床结束证明有效才可以申请上市。即使被批准上市了，成功市场化且弥补高昂的研发成本的新药也不足50%。这一过程需要10多年，无法过度超越，弯道超车对整体的医药研发创新难以成效。

（3）培养实践型专家人才和顶尖人才。目前美国医药研发创新能力很强的原因之一是具有最为丰富的各类研发人才和辅助研发人才，尤其具有大批实践性研发人才，他们对市场判断准确，能够将可转化的成果很快市场化。中国需要加强培育实践型医药研发人才，加强基础研发效率，提高研发成果转化。同时，注意培养全球顶尖人才，如诺贝尔奖级的人才，以其开拓性研究推动新药研制。

（4）加强基础研究。基础研究是新药研发创新的温床，是新药研发创新的沃土，中国需要加强基础研究，为大规模新药研制铺平道路。

（5）完善政策体系。美国经验表明完善的医药行业政策可以对研发创新形成强烈的激励作用。中国需要健全和更新医药行业政策，形成系统性政策体系，发挥科学政策对医药研发创新的强大激励作用。

（6）加强生态系统与生态集群的培育。对于中国而言，医药创新的动力不足虽然受到资金、技术、人才、VC等因素的限制，但对于任何国家而言，这些医药研发创新要素都是稀缺的，并不一定是"无解"的制约，而最关键的因素在于研发创新生态的发育水平和系统功能的强弱。美国具有强大的研发创新生态，有波士顿地区、旧金山湾区、纽约-新泽西地区、北卡三角地区等强大的医药研发创新生态集群，不但培育了许多医药跨国公司，还能够不断孕育新生企业，促进若干新型且具有创新活力的医药企业成长为大型医药研发创新企业。生态系统的不断升级创造需要巨大的吸聚人才、资金、企业及相关组织的魅力，形成医药研发创新系统不断升级和医药研发创新能力不断加强的耦合增强机制，表现为持续不断的发展动力的增强。可见通过培育和发展局部的医药创新生态集群是推动医药研发创新的重要手段。

（7）加强产学研深度合作。富有成效的新药研制需要强大的基础研究、应用技术研究和面向市场的技术开发研究。因此,医药研发创新需要资金—人才—设施—系统激励政策一体化。这需要医药政策的深度改革与建构,需要加强研究型大学、研究型医院和研究型医生及研发人员培养,需要继续推进医药国家重点实验室和重大医药基础设施建设,加强国家医药基础研究投入,吸聚VC,激发医药企业的研发投资热情,从而形成高效的产学研深度合作生态,推动医药研发创新的持续发展。

(8) 加强大型医药跨国公司的培育。大型医药企业或跨国公司能够充分利用不同医药产业集群的优势资源,吸收不同集群的技术,开拓不同集群的腹地市场,营造合理的研发网络、生产网络、营销网络和信息网络,努力在不同的医药产业集群内布局研发机构、生产组织、营销机构或其他机构,使自身成为各产业集群的重要组成部分,有效地促进了自身及不同医药产业集群的研发创新能力。大型医药企业凭借自己的规模优势,在全球主要医药产业集群遍设子公司或分支机构以获得广泛的研发资源和销售市场。在此过程中,跨国公司及其子公司迎合所在集群的发展,不断调整研发创新战略,提升自身研发创新能力,也提升了医药产业整体的研发创新能力。因此,面对中国医药企业普遍存在规模小、国际化水平低、国际竞争力不强的现实,培育和发展大型跨国公司是中国医药研发创新今后必须要强化的维度。

(9) 建设系统平台,培育更多的孵化器。医药创新系统需要多维度的支持,需要构建质量兼优的医药研发创新平台和孵化器。这至少需要五大基本要素和条件:

① 加强高质量的学术研究,为新药研发提供基础的理论工具。

② 集聚研发资本。由于医药研发创新需要政府公共研发资金巨大的投入,因此,中国应考虑尽快成立国家级卫生研究院,每年拨付充足的、稳定的财政资金推动政府医药研发投入的组织和布局,同时大力发展医药金融、医疗健康保险,特别是商业保险,加强VC集聚,提高患者支付能力,为医药研发资金筹集提供强力资金支持。

③ 建立大量的一流实验室。针对我国高质量生物医药实验室不足,需要政府加大国家实验室和地方高水准实验室建设,激励生物医药开发区、大型医药企业、孵化器及学研机构加强医药研发实验室建设,为加快新药研究提供可靠保障。

④ 培养富有经验和专业知识的企业家。医药创新的核心主体是企业家,其实践经验、组织能力和创新意愿对医药研发创新十分关键。因此,目前中国大力发展生物医药需要发掘、培育、引进这类富有创新实践能力的企业家队伍。

⑤ 强化 STEM 人才培育机制。STEM 人才是指包括科学、技术、工程和数学等专业的高素质人才的总称,是支持生物医药这种研发密集型和研发驱动型企业发展必要的条件,它是保障医药研发创新和各个创新环节提供充足的研发劳动力的基础保障。

⑥ 有效的激励政策。继续加强医药医疗体制改革,加强法规体系建设,完善激励型医药创新政策体系,继续稳步推进带量采购和一致性评价等新政策,放开新药定价,提高新药研发者的收入,倒逼医药研发创新。

参 考 文 献

[1] Aaron S. Kesselheim, Jerry Avorn, Ameet Sarpatwari. The high cost of prescription drugs in the United States origins and prospects for reform[J]. Clinical Review & Education, 2016, 316(6):858-871.

[2] Abdulkadir Civan and Michael T. Maloney. The effect of price on pharmaceutical R&D[J]. The B.E. Journal of Economic Analysis & Policy,2009,9(1), Article 15. Available at: http://www.bepress.com/bejeap/vol9/iss1/art15.

[3] Acemoglu, Daron, Joshua Linn. Market size in innovation: Theory and evidence from the pharmaceutical industry[J]. Quarterly Journal of Economics, 2004, 119 (3): 1049-1090.

[4] Acemoglu Daron, Joshua Linn. Market size in innovation: Theory and evidence from the pharmaceutical industry[J]. Quarterly Journal of Economics, 2004, 119 (3): 1049-1090.

[5] Adnan Badran. Role of Science, Technology & Innovations in Pharmaceutical Industry [EB/OL]. (2015-9-10). https://www.uop.edu.jo/download/Research/members/394_3558_Prof.pdf.

[6] Agarwal S P, Ashwani Gupta R D. Technology transfer perspectives in globalizing India[J].Technology Transfer, 2007, 32:397-423.

[7] Ajay Gautam, Xiaogang Pan. The changing model of big pharma: impact of key trends[J]. Drug Discovery Today, 2016, 21(3):379-384.

[8] Ahokangas P, Hyry M, Rasanen P. Small technology-based firms in fast-growing regional cluster[J].New England Journal of Entrepreneurship,1999,2:19-26.

[9] Alan E S. Can we afford to lose the pharmaceutical industry in the EU? [J]. European Business Review, 1996,96(4):18-25.

[10] Alan E S. The importance of the pharmaceutical industry to the UK economy[J].

Journal of Management in Medicine,1998,12(1):5-20.

[11] Alan E S. Recent legal and policy developments affecting the EU pharmaceutical business environment[J]. European Business Review,1997,97(6):267-278.

[12] Alan Gr and Scott M L. Pharmaceutical Supply Chain Security: A view from the pharmaceutical research and manufacturers of America[J]. Journal of Pharmacy Practice,2006,19:239-243.

[13] Alev M E. Bay Area and Hsinchu (the Taiwan region) biotech clusters: A comparative analysis[J]. Journal of Asia-Pacific Business,2005,6(4):45-61.

[14] Alexandra W. A competing or co-operating cluster or seven decades of combinatory resources? What's behind a prospering biotech valley? [J]. Scand. J. Mgmt.,2004,20:125-150.

[15] Alex Philippidis. Top 10 U. S. Biopharma Clusters[EB/OL].(2018-09-23). https://www.genengnews.com/a-lists/top-10-u-s-biopharma-clusters-6/.

[16] Alka C. TRIPs and patenting activity: Evidence from the Indian pharmaceuti8cal industry[J]. Economic Modelling,2009,26:499-505.

[17] Amalya L O. On the duality of competition and collaboration: Network-based knowledge relations in the biotechnology industry[J]. Scand. J. Mgmt,2004,20:151-171.

[18] Amnon F. Why high-technology firms choose to locate in or near metropolitan areas [J]. Urban Studies,2001,38(7):1083-1101.

[19] Andrew M. Hess,Frank T Rothaermel. research notes and commentaries when are assets complementary? Star scientists, strategic alliances, and innovation in the pharmaceutical industry[J]. Strategic Management Journal,2011,32:895-909.

[29] Andrea M H. Contrasting the resource-based view and competitiveness theories: how pharmaceutical firms choose to compete in Germany, Italy and the UK[J]. Strategic Organization,2008,6:343-374.

[21] Andreas A L, Vangelis S. Network embeddedness and new-venture internationalization: Analyzing international linkages in the German biotech[J]. Journal of Business Venturing,2008,23:567-586.

[22] Anhel S and Ray H. The strategic impact of internet technology in biotechnology and pharmaceutical firms: Insights from a knowledge management perspective [J]. Information Technology and Management,2003,4:289-301.

[23] Anil N, David A, Larry F. Localized advantage in a global economy: The case of Bangalore[J]. Thunderbird International Business Review,2007,49(5):591-618.

[24] Anna L. Licensing and scale economies in the biotechnology pharmaceutical industry[M]. Palo Alto: Stanford University,2007:56-76.

[25] Annick W, Marc B, Harry S. The role of inter-unit coordination mechanisms in

knowledge sharing: a case study of a British MNC[J]. Journal of Information Science, 2006, 32: 539-561.

[26] Anupama P. Breakthrough innovation in the U. S. biotechnology industry: the effects of technological special space and geographic origin[J]. Strategic Management Journal Strat. Mgmt, 2006, 27: 369-388.

[27] Anusuya Chatterjee, Ross DeVol. Estimating long-term economic returns of NIH Funding on output in the biosciences[EB/OL] (2012-08-31). https://milkeninstitute.org/.

[28] Athanasios Z. Pharmacoeconomics for the pharmaceutical industry in Europe: A literature review[J]. Int J Pharm Med, 2003, 17 (5-6): 201-209.

[29] Aubrey Cattell W, Gangi Mike J, Shankar S. Pharmacogenomics: the future of healthcare, Kellog School of Management working paper, 2005.

[30] Barak S A, Joel A C, Baum Anne P. Inventive and uninventive clusters: The case of Canadian biotechnology[J]. Research Policy, 2008, 37: 1108-1131.

[31] Basil Achilladelis, Nicholas Antonakis. The dynamics of technological innovation: the case of the pharmaceutical industry[J]. Research Policy, 2001, 30: 535-588. Battelle/BIO. Technology, talent and capital: State bioscience initiatives 2008. http://www.bio.org/sites/default/files/v3battelle-bio_2010_ industry_ development.pdf.

[32] Battelle/BIO. State bioscience industry development. http://www.bio.org/sites/default/files/v3battelle-bio_2012_ industry_ development.pdf.

[33] Battelle/BIO. State bioscience jobs, investments and innovation 2014. https://www.bio.org/sites/default/files/Battelle-BIO-2014-Industry.pdf.

[34] Bee Ed. Knowledge networks and technical invention in America's metropolitan areas: A paradigm for high-technology economic development [J]. Economic Development Quarterly, 2003, 17:1-15.

[35] Beer J. The emergence of the German dye industry[M]. Urbana: Univ. Illinois Press, 1959: 1-190.

[36] Bernard Munos. Lessons from 60 years of pharmaceutical innovation[J]. Nature Reviews Drug Discovery, 2009, 8:959-968.

[37] Bettina Becker. The impact of innovation policy on firm innovation and performance: A review of recent research developments[R] ifo DICE Report IV[J], 2019, 17: 10-15.

[38] Bio. PhRMA_Membership_Survey_2020. https://phrma.org/-/media/ Project/ PhRMA/ PhRMA-Org/ PhRMA-Org/PDF/P-R/PhRMA_Membership_Survey_2020.pdf.

[39] Bohumir P. Patent protection and pharmaceutical R & D spending in Canada[J]. Canadian Public Policy, 1999, 25(1):29-46.

[40] Bohumir P. Pharmaceutical innovation as a collective action problem: An

application of the economic theory of alliances[J]. The journal of world intellectual property, 2004,4: 157-192.

[41] Böing Philipp, Müller Elisabeth. Measuring China's patent quality: Development and validation of ISR indices, ZEW Discussion Papers: No. 19-017, ZEW-Leibniz-Zentrum für Europäische Wirtschaftsforschung, Mannheim[EB/OL]. (2019-01-01). https://www.econstor.eu/handle/10419/196126.

[42] Brian W, Stuart J and Richard K. Managing generic competition and patent strategies in the pharmaceutical industry[J]. Journal of Intellectual Property Law & Practice, 2008,3(4):226-235.

[43] Brigitte G, Bernard D. Innovation and network structural dynamics: Study of the alliance network of a major sector of the biotechnology industry[J]. Research Policy, 2005,34: 1457-1475.

[44] Bruce R B and Jeffrey S H. Walking a tight rope: Creating value through inter-organizational relationships[J]. Journal of Management, 2000,26(3):367-403.

[45] Bryan G. Reuben. The consumption and production of pharmaceuticals [M]. Amsterdam: Elsevier Inc., 2003:894-921.

[46] Calin G. Positioning strategies in the value-added chain of the biopharmaceutical sector: the case of UK SMEs[J]. Journal of Consumer Marketing, 2004,21(7):476-485.

[47] Carolin H, Hans-Martin Z. Cluster performance reconsidered: Structure, linkages and paths in the German biotechnology industry, 2006. http://papers.ssrn.com/sol3/papers.cf.

[48] Carmelo Giaccotto, Rexford Santerre, John Vernon. Explaining Pharmaceutical R&D Growth Rates at the Industry Level: New Perspectives and Insights[EB/OL]. (2016-05-03). https://www.researchgate.net/publication/46454100.

[49] Caroline L. and Helen N. Changing management-union relations: Consultation in the UK pharmaceutical industry[J], Economic and Industrial Democracy,2001, 22:357-382.

[50] Carine Staropoli. Cooperation in R&D in the pharmaceutical industry—The network as an organizational innovation governing technological innovation[J]. Technovation, 1998,18(1): 13-23.

[51] Caron H, John T, Richard W P. Technology clusters versus industry clusters: resources, networks, and regional advantages[J]. Growth and Change, 2006,37(2):141-171.

[52] Catherine M. Market structure, R&D and advertising in the pharmaceutical industry[J]. The Journal of Industrial Economics, 1999,47(2):169-194.

[53] Charles Pahudde M. Marketing pharmaceuticals in Japan: background and the experience of US firms[J]. European Journal of Marketing, 1997,31(8):561-582.

[54] Chang-Yang L. Do firms in clusters invest in R&D more intensively? Theory and

evidence from multi-country data[J].Research Policy, 2009,23:1-13.

[55] Chidem K. Dynamic economies of scope in the pharmaceutical industry[J]. Industrial and Corporate Change, 1998,7(3):501-521.

[56] Cho D-S, Moon H-C.A nation's international competitiveness in different stages of economic development[J].Advances in Competitive Research, 1998,6(1):5-9.

[57] Chris C, Simango B. Corporate strategy R & D and technology transfer in the European pharmaceutical industry: Research findings[J]. European Business Review, 2000, 12(1):28-33.

[58] Chris H and James B. Organizational networking in UK biotechnology clusters, British Journal of Management, 2006,17: 55-73.

[59] Chris Z, CPP, CFE. Protecting the pharmaceutical supply channel[J]. Journal of Pharmacy Practice, 2006,19(4):236-238.

[60] Christel L. The external sourcing of technological knowledge by US pharmaceutical companies: Strategic goals and inter-organizational relationships[J].Industry and Innovation, 2007,14(1):5-25.

[61] Christian Z. Clustering biotech: A recipe for success? Spatial patterns of growth of biotechnology in Munich, Rhineland and Hamburg[J].Small Business Economics, 2001,17: 123-141.

[62] Claudia Allemani, Tomohiro Matsuda, Veronica Di Carlo, et al. Global surveillance of trends in cancer survival 2000-14 (CONCORD-3): analysis of individual records for 37 513 025 patients diagnosed with one of 18 cancers from 322 population-based registries in 71 countries[J]. The Lancet, 391 (10125):1023-1075.

[63] Claudette C and Shari P. Economics of quality in a contract pharmaceutical organization[J].Managing Service Quality, 2000,10(5):269-272.

[64] Claudio J, Silvia P. Public administration and R & D localization by pharmaceutical and biotech companies: A theoretical framework and the Italian case-study[J].Health Policy, 2007,81: 117-130.

[65] Christina M L. Using the North American Industry Classification System to identify national industry cluster templates for applied regional analysis[J].Regional Studies,2008,42 (3):305-321.

[66] Chart Pack. Biopharmaceuticals in perspective summer 2019. https://www.phrma. org/-/media/Project/PhRMA/PhRMA-Org/PhRMA-Org/PDF/P-R/PhRMA_2019_ChartPack_Final.pdf.

[67] CMS. National Health expend data. https://www.cms.gov/Research-Statistics-Data-and-Systems/Statistics-Trends-and-Reports/NationalHealthExpendData.

[68] Chon Kit Chao, Hao Hu. Managing the challenges of pharmaceutical patent expiry:

A case study of Lipitor[J]. Journal of Science and Technology Policy Management, 2016,7(3):258-272.

[69] Coleman James S.. Social capital in the creation of human capital[J]. American Journal of Sociology, 1988,37(5): 95-120.

[70] Council of Economic Advisers. Reforming biopharmaceutical pricing at home and abroad. Published February 2018. Accessed September 2020. https://www.whitehouse.gov/wpcontent/uploads/2017/11/CEA-Rx-White-Paper-Final2.pdf.

[71] Daniel P. Kessler. The Effects of Pharmaceutical Price Controls on the Cost and Quality of Medical Care: A Review of the Empirical Literature. http://citeseerx.ist.psu.edu/viewdoc/download; jsessionid=06B7EE50364B21A1BD3F507A666822D0? doi=10.1.1.461.4648 & rep=rep1 & type=pdf.

[72] Daniel S. Evaluation of down stream integration in the US pharmaceutical industry[J].International Journal of Pharmaceutical and Healthcare Marketing,2007,1(2): 143-158.

[73] David B A. The role of small firms in U.S. biotechnology clusters[J]. Small Business Economics, 2001,17: 3-15.

[74] Davide C, Vittorio C. Forms of creation of industrial clusters in biotechnology[J]. Technovation,2006,26 : 1064-1076.

[75] David H. Understanding the dynamics of the pharmaceutical market using a social marketing framework[J]. Journal of Consumer Marketing,2005,22(7): 388-396.

[76] David M R, Richard D S, Zyglidopoulos C. The internationalization journey of a high-tech cluster[J].Thunderbird International Business Review, 2005,47(5):529-554.

[77] Devanath T. Role of technological innovations for competitiveness and entrepreneurship [J]. The Journal of Entrepreneurship, 2008,17(2):103-115.

[78] Dinar K & Steven L. From imitation to innovation: The evolution of R & D capabilities and learning processes in the Indian pharmaceutical industry[J]. Technology Analysis & Strategic Management, 2007,19(5):589-609.

[79] Dinesh A. Post-trips technological behavior of the pharmaceutical industry in India, Science[J]. Technology & Society, 2004,9(2):243-271.

[80] Diiara A M, Nancy D R. Research and markets: The Indian pharmaceutical industry: diversification[J]. Expansion & Ambitions, Business Wire,2009,3: 34-38.

[81] Dirk C H. Process analytical technologies in the pharmaceutical industry: The FDA's PAT initiative[J]. Anal Bioanal Chem,2006,384: 1036-1042.

[82] Dmitri G M. Using capital markets as market intelligence: Evidence from the pharmaceutical industry[J]. Management Science, 2005,51(10): 1467-1480.

[83] Donna M D C. Competencies and imitability in the pharmaceutical industry: An analysis of, their relationship with firm performance[J].Journal of Management, 2003,29:

27-50.

[84] Dominique Guellec, Bruno van Pottelsberghe. The impact of public R & D expenditure on business R&D. https://doi.org/10.1787/18151965.

[85] Donald S. Siegel et al.. Waldman,Leanne E. Atwater, Albert N. Link. Commercial knowledge transfers from universities to firms: Improving the effectiveness of university-industry collaboration[J]. Journal of High Technology Management Research, 2003, 14: 111-133.

[86] Duane M K. New horizons in pharmaceutical technology[J]. Annals of the American Academy of Political and Social Science, 1983,468:182-195.

[87] Duncan R W and Allen D. E. Generic substitution in the UK pharmaceutical industry: A Markovian analysis[J]. Managerial and Decision Economics, 1985, 6(2):93-101.

[88] Dunning J H. Internationalizing Porter's diamond[J], Management International Review, 1993,33 (2):7-15.

[89] Edward F, Henry R and Harvey G. Clusters and economic development outcomes: An analysis of the link between clustering and industry growth[J]. Economic Development Quarterly, 2008,22:324-344.

[90] Edward J F and Michael I L. Cluster analysis as a mode of inquiry: Its use in science and technology policy making in North Carolina[J].European Planning Studies, 2003, 11(1): 11-23.

[91] Eric V. Patridge, Peter C. Gareiss, Michael S. Kinch, Denton W. Hoyer. An analysis of original research contributions toward FDA-approved drugs[J]. Drug Discovery Today, 2015, 20(10):1182-1187.

[92] Ernst R B, Iain M C, Zvi G, Theodore E K, Martin N B. Pharmaceutical innovations and market dynamics: Tracking effects on price indexes for antidepressant drugs [J]. Microeconomics, 1996,96:133-199.

[93] Etienne B Y. Clusters as a driving engine for FDI[J]. Economic Modelling, 2009, 17(4):1-12.

[94] Foss, N J. Selective intervention and internal hybrids: Interpreting and learning from the rise and decline of the Oticon Spaghetti Organization[J].Organization Science,2003, 14: 331-349.

[95] Fotopoulos G, Spence N. Regional variation of firm births, deaths and growth patterns in the UK,1980—1991[J]. Growth and Change, spring 2001,32: 151-173.

[96] Francis Narin, Kimberly S. Hamilton, Dominic Olivastro.The increasing linkage between U.S. technology and public science[J]. Research Policy,1997,26:317-330.

[97] Frank R. Lichtenberg. Pharmaceutical innovation and longevity growth in 30 developing and high-income countries, 2000—2009. https://www. nber. org/system/files/

working_papers/w18235/ w18235.pdf.

[98] Frederic R. Curtiss. Perspectives on the "Generic Cliff"—Pushing and Falling[J]. Journal of Managed Care Pharmacy, 2008,14(3):318-341.

[99] Fredric J. Cohen. Macro Trends in Pharmaceutical Innovation[EB/OL].(2009-07-17). https://www.discoverymedicine.com/Fredric-J-Cohen/2009/07/17/macro-trends-in-pharmaceutical-innovation/

[100] Fuming J. The determinants of international pharmaceutical firms' FDI in China: a comparison between early (pre-1992) and late (from-1992) entrants [J]. Management Decision, 2001,39(1):45-56.

[101] Fu-Sheng T, Linda H Y H, Shih-Chieh F, Julia L L. The co-evolution of business incubation and national innovation systems in Taiwan[J]. Technological Forecasting & Social Change, 2009,76:629-643.

[102] Garth Boehm, Lixin Yao, Liang Hana, Qiang Zheng. Development of the generic drug industry in the US after the Hatch-Waxman Act of 1984[J]. Acta Pharmaceutica Sinica B,2013,3(5):297-311.

[103] Gertler M S, & Levitte Y M. Local nodes in global networks: The geography of knowledge flows in biotechnology innovation[J]. Industry and Innovation, 2005, 12(4): 487-507.

[104] Gilmore M. and Smith D J. Set-up reduction in pharmaceutical manufacturing: an action research study[J]. International Journal of Operations & Production Management, 1996, 16(3):4-17.

[105] Gino F & Pisano G. Do managers' heuristics affect R&D performance volatility?, Working Paper HBS Division of Research,2006.

[106] Glenna M. "The Los Angeles of the North" San Jose's transition from fruit capital to high-tech metropolis[J]. Journal of Urban History, 1999,25: 459-476.

[107] GPO. Weekly Compilation of Presidential Documents[EB/OL]. (2002-08-05). https://www.govinfo.gov/content/pkg/WCPD-2002-08-05/pdf/WCPD-2002-08-05.pdf.

[108] Grabowski H., Vernon J., and DiMasi J. "Returns on Research and Development for 1990s New Drug Introductions"[J]. Pharmacoeconomics, 2002,20(3): 11-29.

[109] Graham L. Strategic group theory: Review, examination and application in the UK pharmaceutical industry[J]. Journal of Management Development, 2006,25 (4):386-408.

[110] Granovetter M. Economic action and social structure: The problem of embeddedness[J]. American Journal of Sociology,1985, 91, 481-510.

[111] Gryphon Scientific. China's biotechnology development: The Role of US and other foreign engagement: A report prepared for the U.S.-China Economic and Security Review Commission[EB/OL]. (2019-02-14). https://www.uscc.gov/sites/default/files/Research/

US-China%20Biotech%20Report.pdf.

[112] Harrison A E. Productivity, imperfect competition and trade reform: Theory and evidence[J]. Journal of International Economics,1994,36: 53-73.

[113] Helen L S, Saverio R. and Shamistha S. Oxfordshire biomedical university spin-offs: evolving system[J]. Cambridge Journal of Regions, Economy and Society, 2008, 1: 303-319.

[114] Henry G G, John M V, Lacy G T. Estimating the effects of regulation on innovation: An international comparative analysis of the pharmaceutical industry[J].Journal of Law and Economics, 1978, 21(1):133-163.

[115] Henry G, John V. A new look at the returns and risks to pharmaceutical R&D [J].Management Science, 1990, 36(7):804-821.

[116] Hsien-Che L, Joseph Z S. A comparison of innovation capacity at science parks across the Taiwan Strait: the case of Zhangjiang High-Tech Parkand Hsinchu Science-based Industrial Park[J].Technovation, 2005,25:805-813.

[117] Hugh T, William M T. Pharmacoeconomics and pharmaceutical outcomes research: new trends, new promises, new challenges[J]. Medical Care, 1999, 37(4): 111-153.

[118] Humphrey J. Opportunities for SMEs in developing countries to upgrade in a global economy. Small Enterprise Development (SEED), Working Paper, 2002, No. 43, International Labour Organization, Geneva.

[119] Ian Lioyd. Pharma R&D Review 2020[EB/OL].(2020-03-01). https://pharmaintelligence. informa. com/ resources/product-content/pharma-rd-annual-review-2020-whitepaper.

[120] Isidre M. New directions for the biopharma industry in Canada: modelling and empirical findings[J]. Management Decision, 2008, 46(6):880-893.

[121] Ismo L, Raine H, Taru H. Price-cost margin in the pharmaceutical industry: Empirical evidence from Finland[J]. The European Journal of Health Economics, 2004, 5 (2):122-128.

[122] James D A, Eric. C, Jeffrey L J. The influence of Federal Laboratory R&D on industrial research[J]. The Review of Economics and Statistics, 2003, 85(4):1003-1020.

[123] Jason Owen-Smith, Massimo Riccaboni. A comparison of U. S. and european universityindustry relations in the life sciences,2002. https://web.stanford.edu/~woodyp/ms_ penult.pdf.

[124] Jan V, Bjorn A. Regions, Absorptive capacity and strategic coupling with high-tech TNCs: Lessons from India and China[J].Science, Technology & Society, 2006,11(1): 39-68.

[125] Jane D B, Julian C S. The Indian challenge: The evolution of a successful new global strategy in the pharmaceutical industry[J]. Technology Analysis & Strategic Management, 2007,19(19):611-624.

[126] Jason O S, Massimo R, Fabio P, Walter W P. Comparison of U.S. and European university-industry relations in the life sciences[J]. Technology Transfer, 2002, 20:24-43.

[127] Jean-Pierre S. Strategic partnering between new technology: Based firms and large established firms in the biotechnology and micro-electronics industries in Belgium[J]. Small Business Economics, 1993, 5: 271-281.

[128] Jeho L. Innovation and strategic divergence: An empirical study of the U.S. pharmaceutical industry from 1920 to 1960[J]. Management Science, 2003,49(2):143-159.

[129] Jennifer W S. Firms' knowledge-sharing strategies in the global innovation system: Empirical evidence from the flat panel display industry[J]. Strategic Management Journal, 2003,24(3):217-233.

[130] Jerker M, Ola J. Knowledge collaboration and proximity: The spatial organization of biotech innovation projects[J]. European Urban and Regional Studies, 2006, 14(2): 115-131.

[131] JohanH, Mark K. Embodied knowledge and sectoral linkages: An input-output approach to the interaction of high-and low-tech industries[J]. Research Policy, 2009, 38: 459-469

[132] John A, Adetola A. Biotechnology R&D partnership for industrial innovation in Nigeria[J]. Technovation, 2005, 25:349-365.

[133] John A. Vernon. Simulating the effects of price regulation on pharmaceutical innovation[J]. Pharm Dev Regul 2003,1(1):34-45.

[134] John B. Transnational regulation of the pharmaceutical industry[J]. The annals of the American Academy of Political and Social Science, 1993, 525: 12-30.

[135] John M V, Peter G. Technical change and firm size: The pharmaceutical industry [J]. The Review of Economics and Statistics, 1974,56(3): 294-302.

[136] John R V, Weston J F. Returns to research and development in the US pharmaceutical industry[J]. Managerial and Decision Economics, 1980,1(3):103-111.

[137] John V D, Mine K Y. An overview of science and cents: Exploring the economics of biotechnology[J]. Economic & Financial Policy Review, 2002, 3: 1-17.

[138] Jorge N, Tomas G B. The competencies of regions - Canada's clusters in biotechnology[J]. Small Business Economics, 2001, 17: 31-42.

[139] Josep D. Pharmaceutical expenditure in Spain: Evolution and cost containment measures during 1998—2001[J]. The European Journal of Health Economics, 2003, 4(3): 151-157.

[140] Josh L, Robert P M. The control of technology alliances: An empirical analysis of the biotechnology industry[J]. The Journal of Industrial Economics, 1998,46(2):125-156.

[141] Joyce G, Barry G. British Columbia's biotechnology industry: Blending research, business and lifestyle[J]. Drug Discovery Today, 2005, 10(12): 816-819.

[142] Judith J M. Networks and linkages among firms and organizations in the Ottawa-region technology cluster[J]. Entrepreneurship & regional development, 2004, 16:351-368.

[143] Jui-Kuei C, I-Shuo C. TQM measurement model for the biotechnology industry in Taiwan [J]. Expert Systems with Applications,2009,36: 8789-8798.

[144] Jürgen B. Competition, innovation and regulation in the pharmaceutical industry [J]. Managerial and Decision Economics, 1983,4(2):107-121.

[145] Justman M, Teubal M, Zuscovitch E. (Editors). Technological infrastructure policy for renewed growth: The Jerusalem Institute for Israel studies[M] Jerusalem, in Hebrew,1993:123-201.

[146] Kaplinsky R. Globalization and unequalization: What can be learned from value chain analysis? [J].Journal of Development Studies,2000,37(2):117-146.

[147] Kaplinsky R, Morris M A. Handbook for value chain research[C]. Paper for IDRC 2002.

[148] Karel C, Lars-Hendrik R, Benoit L. The relative impact of actual and potential rivalry on firm profitability in the pharmaceutical industry[J]. Strategic Management Journal, 1999, 20(1): 1-14.

[149] Karel O C, Dan S. Strategic group formation and performance: The case of the U. S. pharmaceutical industry, 1963-1982[J].Management Science, 1987, 33(9):1102-1124.

[150] Karen R. Technology sourcing through acquisitions: Evidence from the US drug industry [J].Journal of International Business Studies, 2005,36: 89-103.

[151] Kartik K. Globalised research and development: A case study of Bangalore, India [J]. Journal of Entrepreneurship,2003,12:225-240.

[152] Kartik K. Does collaborating with academic improve industry science? Evidence from the UK biotechnology secto 1988—2001 [J]. Aslib Proceedings: New Information Perspectives, 2005,57(3): 261-27.

[153] Kazuyuki M. Growing R & D collaboration of Japanese firms and policy implications for reforming the national innovation system[J]. Asia Pacific Business Review, 2008,14(3):339-361.

[154] Keat-Chuan. Singapore's biomedical sciences landscape[J]. Journal of commercial biotechnology,2008, 14(2):41-148.

[155] Kelly Davio. Report: US medical health research spending on the rise, but for how long? [EB/OL]. (2017 - 11 - 16). https://www.ajmc.com/view/report-us-medical-health-

research-spending-on-the-rise-but-for-how-long.

[156] Kevin R. Interregional collaboration and innovation in Vancouver's high-tech cluster[J]. Tijdschrift voor Economische en Sociale Geografie,2005, 96(3):298-312.

[157] Knut B. Hariolf Grupp. Interdependencies between the science and technology infrastructure and innovation activities in German regions: Empirical findings and policy consequences[J].Research Policy,1999,28:451-468.

[158] Krugman P. Geography and Trade[M]. Cambridge: The MIT Press,1991:76-79.

[159] Lanjou w. The introduction of pharmaceutical product patents in India: "Heartless exploitation of the poor and suffering"?,NBER Working Paper No. 6366,2009.

[160] Laura B. Cardinal, technological innovation in the pharmaceutical industry: The use of organizational control in managing research and development[J]. Organization Science, 2001,12(1):19-36.

[161] Laura M, Fabio P, Massimo R. Dynamic competition in pharmaceuticals: Patent expiry, generic penetration, and industry structure source[J].The European Journal of Health Economics[J].2004, 5(2):175-182.

[162] Laura W. Research and markets: The Indian pharmaceutical industry [J]. Management, 2009,19(5), 589-609.

[163] Lawton S H, Ho K. Measuring the performance of Oxford University, Oxford Brookes University and the government laboratories' spin-off companies[J].Research Policy, 2006, 35: 1554-1568.

[164] Lea P K. The performance appraisal process of pharmaceutical product managers in Canada: an empirical study[J]. Journal of product & brand management, 1999, 8(6): 463-487.

[165] Lee Fleming, Hillary Green, Guan-Cheng Li, Matt Marx, Dennis Yao. Government-funded research increasingly fuels innovation[J]. Science, 2019,364(6446): 1139-1141.

[166] Liz B. Improving the pharmaceutical supply chain: Assessing the reality of equality through e-commerce application in hospital pharmacy[J]. International Journal of Quality & Reliability Management, 2005,22(6):572-590.

[167] Louis G, Jeffrey L S. Pharmaceutical firms and the transition to biotechnology: A study in strategic innovation[J]. The Business History Review, Gender and Business, 1998, 72(2):250-278.

[168] Lovel E R, Evel M D, Rose R, Lamb E J. NHS laboratories can provide a service to the pharmaceutical industry: a personal experience[J]. Ann Clin Biochem, 2000, 37: 751-757.

[169] Luigi O. The (failed) development of a biotechnology cluster: The case of

lombardy[J]. Small Business Economics,2001, 17: 77-92.

[170] Lynn Helena Caporale, 1995,Chemical ecology: A view from the pharmaceutical industry[J]. Proc. Natl. Acad. Sci. USA,92:75-82.

[171] Massachusetts Institute of Technology (MIT). Center for Biomedical Innovation. About MIT NEWDIGS[EB/OL].(2020-04-01). https://newdigs.mit.edu/about.

[172] Mahmud H. Do mergers and acquisitions create shareholder wealth in the pharmaceutical industry? [J]. International Journal of Pharmaceutical and Healthcare Marketing, 2007, 1(1):58-78.

[173] Manucher F. Managing technology transfer to China conceptual framework and operational guidelines[J].International Marketing Review, 1997,14(2):92-106.

[174] Martin H. Innovation patterns and location of European low-and medium-technology industries[J].Research Policy,2009,38:483-494.

[175] Maryann F, Schreuderb Y D A. Initial advantage: The origins of the geographic concentration of the pharmaceutical industry in the mid-Atlantic region[J]. Industry and corporation change,2006, 15(3):839-862.

[176] Maryann P F, Richard F. The geographic sources of innovation: Technological infrastructure and product innovation in the United States[J]. Annals of the Association of American Geographers, 1994, 84(2):210-229.

[177] Michael G. The tyranny of distance: Biotechnology networks and clusters in the antipodes [J].Research Policy,2008, 37: 1132-1144.

[178] Michel G L. Streamlining the supply chain in the pharmaceuticals industry[J]. Logistics Information Management, 1996,9(6):6-10.

[179] Michelle G. National institutions, public-private knowledge flows, and innovation performance: A comparative study of the biotechnology industry in the US and France[J]. Research Policy,2006,35:1052-1068.

[180] Michel R, Nicholas J A, Janet C. Pratitioner perpestive pharmaceutical marketing return-on-investment: A European perspective[J]. International Journal of Pharmaceutical and Healthcare Marketing, 2007,1(2):174-189.

[181] Mohammed R, Tim S. R & D and marketing integration in NPD in the pharmaceutical industry[J]. European Journal of Innovation Management, 2000, 3 (4): 222-231.

[182] Mohan R K N, Prasad B. V. L. S. Strategic management of biopharmaceutical knowledge for improved R & D productivity[J].Global Business Review, 2003, 4:257-269.

[183] Moon H-C, Rugman A M, Verbeke A. A generalized double diamond approach to the global competitiveness of Korea and Singapore[J], International Business Review,1998, 7:135-50.

[184] Monica S, Martin J B, Holbrook J A. A comparison of R & D indicators for the Vancouver biotechnology Cluster[J]. Journal of commercial biotechnology, 2008, 14(3): 233-246.

[185] Moshe J, Morris T. Technological infrastructure policy (TIP) creating capabilities and building markets[J].Research Policy,1995,24:259-281.

[186] Nadine R, John H. Inter-firm R & D partnering in pharmaceutical biotechnology, since 1975: Trends[J].patterns, and networks Research Policy,2006, 35: 431-446.

[187] Namatie T. Networks and rapid technological change: Novel evidence from the Canadian biotech industry[J].Industry and Innovation,2006, 13(1):41-68.

[188] National Science Board. Academic Research and Development Science & Engineering Indicators 2018. https://www. nsf. gov/statistics/2018/nsb20181/assets/968/academic-research-and-development.pdf.

[189] Nic S. Terblanche. New pharmaceutical product development: Barriers to overcome and opportunities to exploit[J]. Journal of Commercial Biotechnology. 2008, 14(3): 201-212.

[190] Osmo K, Jukka V. The emerging field of biotechnology—The case of Finland, science[J]. Technology, & Human Values,2003, 28 (1):141-161.

[191] Padmore T, Schuetze H, Gibson H. Modeling systems of innovation: An enterprise-centered view[J]. Research Policy, 1998, 26(6):605-624.

[192] Pankaj Agarwal,David B. Searls. Can literature analysis identify innovation drivers in drug discovery? [J]. Nat Rev Drug Discov,2009,8:865-878.

[193] Paul B, Alok C. Generic knowledge strategies in the U.S. pharmaceutical industry [J]. Strategic Management Journal, Special Issue: Knowledge and the Firm,1996, 17: 123-135.

[194] Paul Grootendorst. Patents and Other Incentives for Pharmaceutical Innovation [J]. Encyclopedia of Health Economics, 2013,2:434-442.

[195] Philip C. Life sciences clusters and regional science policy[J]. Urban Studies, 2004, 41(5/6):1113-1131.

[196] Phil Cooke. Global bioregions: knowledge domains, capabilities and innovation system networks[J]. Industry and Innovation,2006, 13(4):437-458.

[197] PhRMA. Pharmaceutical industry profile 2004[EB/OL].(2004-07-01). https://www.research gate. net/publication/23744988_The_Global_Pharmaceutical_Industry_2004.

[198] PhRMA. 2020 PhRMA Annual Membership Survey. https://phrma.org/-/media/Project/ PhRMA/ PhRMA-Org/PhRMA-Org/PDF/P-R/PhRMA _ Membership _ Survey _ 2020.pdf.

[199] PhRMA. Biopharmaceuticals _ in _ perspective _ Fall2020. https://www. phrma.

org/-/media/Project/PhRMA/PhRMA-Org/PhRMA-Org/PDF/A-C/ChartPack_Biopharmaceuticals_in_Perspective_Fall2020.pdf.

[200] PhRMA. The unique R&D ecosystem: Delivering new treatments and cures to patients [EB/OL]. (2020-09-16). https://www.phrma.org/Video/The-Unique-R-and-D-Ecosystem-Delivering-New-Treatments-and-Cures-to-Patients.

[201] PhRMA. Public-private collaboration fuels the US biopharmaceutical ecosystem [EB/OL] (2020-09-23). https://www.phrma.org/Graphic/Public-Private-Collaboration-Fuels-the-US-Biopharmaceutical-Ecosystem.

[202] Pietrobelli C, Rabellotti R. How globalization affects Italian industrial districts: The case of Brenta[C]. In Local Enterprises in the Global Economy: Issues of Governance and Upgrading, ed. Hubert Schmitz. Cheltenham, UK: Elgar,2004:99-132.

[203] Poh-Lin Y, Kendall R. An empirical analysis of sustained advantage in the U.S. pharmaceutical industry: Impact of firm resources and capabilities[J]. Strategic Management Journal,1999,20(7): 637-653.

[204] Porter M E. The Competitive Advantage: Creating and Sustaining Superior Performance[M]. New York : Free Press, 1985: 23-133.

[205] Porter M E. Competitive advantage of nations[J]. Harv. Bus. Rev.,1990,68 (2): 73-93.

[206] Porter M E. The economic performance of regions[J]. Regional Studies, 2003,37 (6-7):549-578.

[207] Porter M E. The five competitive forces that shape industry[J]. Harv. Bus. Rev., 2008,86 (1): 78-93.

[208] Pounder, St. John, Folta, Geographical clusters of firms and innovation [J]. Academy of Management Review,1996,21(4):45-67.

[209] Pradeep K R, Shams U. Public policy and the role of multinationals and local enterprises in the Indian drugs and pharmaceuticals industry[J]. Global Business Review, 2000,1:207-229.

[210] Pradeep K M, Atul S. India: Coping with the challenges of the global technology order[J].Science Technology Society,2001, 6:23.

[211] Rachel L, Pascale R, Sandrine W. An analysis of science-industry collaborative patterns in a large European University[J]. J Technology Transfer, 2009,34:1-23.

[212] Raine H, Martti K, Pekka Y. International mega-trends and growth prospects of the Finnish biotechnology industry: Recent economic research and policy implications[J]. Journal of commercial biotechnology,2005, 11(2):134-145.

[213] Ranjana Chakravarthy et al.. Public-and private-sector contributions to the research and development of the most transformational drugs in the past 25 years: From

theory to therapy[J]. Ther Innov Regul Sci., 2016,50(6):759-768.

[214] Rajesh K P. Leveraging knowledge: Indian industry. expectations and shortcomings[J]. Global Business Review, 2005,6:231-249.

[215] Ramkrishnan V T. Social networks and planned organizational change: The impact of strong network ties on effective change implementation and use[J]. Journal of Applied Behavioral Science,2003,39:281-300.

[216] Rao S L. Indian companies in an open economy[J]. Economic and Political Weekly,2001, 36(5/6): 457-461.

[217] Rarkesh B, Panka J C. Role of educational and R&D institutions in city clusters: An exploratory study of Bangalore and Pune Regions in India[J].World Development,2007,35(6):1037-1055.

[218] Raveendra C, Sougata R. Internationalization paths of Indian pharmaceutical firms — A strategic group analysis[J]. Journal of International Management1,2007,3:338-355.

[219] Raymond S. The Research university and the development of high-technology centers in the United States[J]. Economic Development Quarterly, 2007,21 (3): 203-222.

[220] Rebecca H, Iain C. Measuring competence? Exploring firm effects in pharmaceutical research [J]. Strategic Management Journal, 1994, 15 (Special Issue: Competitive Organizational Behavior):63-84.

[221] Rebecca H, Iain C. Scale, scope, and spillovers: The determinants of research productivity in drug discovery[J].The RAND Journal of Economics, 1996,27(1):32-59.

[222] Reinhilde V T, Bruno C. R&D cooperation between firms and universities. Some empirical evidence from Belgian manufacturing [J]. International Journal of Industrial Organization,2005, 23:355-379.

[223] Researc America.U.S. Investments in medical and health research and development 2013—2018. https://www. researchamerica. org/sites/default/files/Publications/Investment Report 2019_Fnl.pdf.

[224] Richard Jensen, Marie Thursby.Proofs and prototypes for sale: The licensing of university inventions[J].American Economic Review, 2001,91:240-259.

[225] Richard D. Balancing localization and globalization: exploring the impact of firm internationalization on a regional cluster[J].Entrepreneurship & regional development, 2006, 18:1-24.

[226] Richard F, Martin K. The globalization of Japanese R & D: The economic geography of Japanese R&D investment in the United States[J]. Economic Geography, 1994, 70(4):344-369.

[227] Richard T H, Sarah Y C, Colin M M. Entrepreneurial activity and the dynamics of technology-based cluster development: The case of Ottawa[J].Urban Studies,2004, 41(5/

6):1045-1070.

[228] Robert D. Atkinson. Five free-market myths about increasing Federal Research Funding, 2021.https://itif.org/sites/default/files/2021-five-rd-myths.pdf.

[229] Robert D. Interaction between public research organizations and industry in biotechnology[J]. Managerial and decision economics,2003, 24: 171-185.

[230] Robert D. Interaction between public research organizations and industry in biotechnology[J]. Managerial and Decision Economics, 2003, 24(2/3):171-185.

[231] Robert K. Evaluation of the external transfer of quality management systems of the world's largest corporations[J].The TQM Magazine, 2004,16 (6):418-425.

[232] Roberto S. The Dynamics of Pharmaceutical Patenting in India: Evidence from USPTO Data[J].Technology Analysis & Strategic Management, 2007,19(5): 625-642.

[233] Roger A P, Stuart R W, David D H, Tucker A M. Pharmaceutical innovation and R&D investment in the UK [J].Managerial and Decision Economics, 1988, 9(3):197-203.

[234] Ruiyan Wang, Qin Cao, Qiuwei Zhao, Yin Li. Bioindustry in China: An overview and perspective[J]. New Biotechnology, 2018, 40, Part A:46-51.

[235] Rupert B. The role of supply-chainre-engineering in the pharmaceutical industry [J]. Logistics Information Management,1996,9(3): 4-10.

[236] Rupert W. Social networks in high-technology local economics, the case of Oxfordshire and Cambridgeshire[J]. European Urban and Regional Studies, 2005,15(1): 21-37.

[237] Sachin C. Evolving a national system of biotechnology innovation: Some evidence from Singapore[J]. Science Technology Society, 2005, 10:105-223.

[238] Samuel B G, Nan S L. Innovative productivity and returns to scale in the pharmaceutical industry[J]. Strategic Management Journal, 1993, 14(8):593-605.

[239] Sandra S L. Toward a framework for entering China's pharmaceutical market[J]. Marketing Intelligence & Planning,2000, 18(5): 227-235.

[240] Sandro M. Brave old world: Accounting for 'high-tech' knowledge in 'low-tech' industries[J].Research Policy,2009, 38:470-482.

[241] Sanjaya L. Multinational companies and concentration: The case of the pharmaceutical industry [J]. Social Scientist, 1979, 7 (8/9), Multinationals and Underdevelopment:3-29.

[242] Scott A J. Regions and the World Economy: The Coming Shape of Global Production, Competition, and Political Order[M]. Oxford: Oxford University Press,1998: 56-67.

[243] Shams U, Pradeep K R. Public policy and the role of multinationals and local enterprises in the Indian drugs and pharmaceuticals industry[J]. Global Business Review,

2000,1:207-228.

[244] Shaver J, Flyer F. Agglomeration economies, firm heterogeneity, and foreign direct investment in the United States[J]. Strategic Management Journal, 2000 (12): 1175-1193.

[245] Sina J F, Galer D M, Sussman R G, Gautheron P D, Sargent E V. A Collaborative evaluation of seven alternatives to the Draize Eye Irritation Test using pharmaceutical intermediates[J].Fundamental and applied toxicology,1995, 26:10-31.

[246] Shubham C, Pinelopi K G, Panle J. Estimating the effects of global patent protection in, pharmaceuticals: A case study of Quinolones in India [J]. American Economic Review,2006,96(5): 1477-1514.

[247] Simcha J. How organizational structures in science shape spin-off firms: the biochemistry departments of Berkeley, Stanford, and UCSF and the birth of the biotech industry[J].Industrial and Corporate Change,2010, 15(2):251-283.

[248] Stafford R O. The growth of American pharmaceutical biology, bioscience, 1966, 16(10):672-679.

[249] Steven C, Anastasios K. Commercializing science in Europe: The Cambridge biotechnology cluster[J].European planning studies, 2003,11(7):805-821.

[250] Steven C. How do technology clusters emerge and become sustainable? Social network formation and inter-firm mobility within the San Diego biotechnology cluster[J]. Research Policy,2007, 36:438-455.

[251] Stephen Ezell. Ensuring U.S. biopharmaceutical competitiveness[EB/OL].(2020-07-01). http://www2.itif.org/2020-biopharma-competitiveness.pdf? _ga=2.2972293.

[252] Stephen Ezell. The state of global health technology innovation policy[EB/OL]. (2017-09-11). https://itif.org.

[253] Stephen Ezell. Preserving Bayh-Dole—the "Inspired" Law that underpins U.S. leadership in life-sciences innovation.http://www2.itif.org/2019-preserving-bayh-dole-stephen ezell.pdf.

[254] Subba N P, Sohel A. Technological knowledge and firm performance of pharmaceutical firms[J]. Journal of Intellectual Capital, 2003,4 (1):20-33.

[255] Sujata P. Work and workers in Mumbai, 1930s—1990s: Changing profile[J]. Enduring Problems Economic and Political Weekly, 1998,33(46):2904-2908.

[256] Susan S, Craig S, Chad L. A Framework for managing knowledge in strategic alliances in the biotechnology sector[J]. Systems Research and Behavioral Science Syst. Res. 2008,25:783-796.

[257] Swan P, Prevezer M. A comparison of the dynamics of industrial clustering in computing and biotechnology[J].Research Policy,1996,25: 1139-1157.

[258] Tai-shan H, Chien-yuan L, Su-Li C. Role of interaction between technological communities and industrial clustering in innovative activity: The case of Hsinchu District, Taiwan[J].Urban Studies,2005, 42(7): 1139-1160.

[259] TEConomy/BIO. The bioscience economy: propelling life-saving treatments, supporting state & local communities 2020. https://www.bio.org/sites/default/files/2020-06/BIO2020-report.pdf.

[260] Theresa W. Canada: On the biopharmaceutical fast track[J]. Academic Research Library.2004, 17(2): 62-66.

[261] Timothy B F, Arnold C C, Yoon-suk B. Geographic cluster size and firm performance[J].Journal of Business Venturing,2006, 21:217-242.

[262] Timothy S S, Arnold C C. The role of firm resources and organizational attributes in determining entry timing: A cross-industry study[J]. Strategic Management Journal, 1998, 19(12):1127-1143.

[263] Toby E S, Salih Z O, Waverly W D. Vertical alliance networks: The case of university-biotechnology-pharmaceutical alliance chains [J]. Research Policy, 2007, 36: 477-498.

[264] Torreya. The future of the global pharmaceutical industry[EB/OL].(2017-10-01). https://torreya.com/publications/torreya_global_pharma_industry_study_october2017.pdf.

[265] Tsai-Ju L. Cluster and performance in foreign firms: The role of resources, knowledge, and trust[J]. Industrial Marketing Management,2008,2:1-9.

[266] Ulrich D. Technological innovations and sectoral change: Transformative capacity, adaptability, patterns of change: An analytical framework[J]. Research Policy, 2009,38:1066-1076.

[267] Urs D. Biotechnology: From inter-science to international controversies[J]. Public Understand. Sci., 2002,11:87-92.

[268] Vesela V, Maureen H. Indicators for measuring environmental sustainability: A case study of the pharmaceutical industry[J]. Benchmarking: An International Journal, 2003, 10 (2):107-119.

[269] Victor G, Bart N, Wim V, Geert D, Ad van den O. Network embeddedness and the exploration of novel technologies: Technological distance, between centrality and density [J]. Research Policy,2008, 37:1717-1731.

[270] Vittorio C. Network of collaborations for innovation: The case of biotechnology [J]. Technology Analysis & Strategic Management,2004, 16(1): 73-96.

[271] Weiping W. Cultivating research universities and industrial linkages in China: The Case of Shanghai[J]. World Development, 2007,35(6):1075-1093.

[272] William S C. Research and competitive product differentiation in the Pharmaceutical industry in the United States[J]. Economica, New Series, 1964,3(124): 372-384.

[273] William S C. Research and technical change in the pharmaceutical industry[J]. The Review of Economics and Statistics,1965,47(2): 182-190.

[274] William W M J, Paul M S. Motivations for strategic alliances in the pharmaceutical/biotech industry: Some new findings, Journal of High Technology Management Research[J]. 2004, 15:197-214.

[275] WU John and Ezell J. Stephen. How National Policies Impact Global Biopharma Innovation: A Worldwide Ranking[EB/OL]. (2016-04-01). http://www2.itif.org/2016-national-policies-global-biopharma.pdf?_ga=2.234760734.1860480694.1614732563-492913963.1601892847

[276] Xiong Liu, Craig E. Thomas, Christian C. Felder. The impact of external innovation on new drug approvals: A retrospective Analysis[J]. International Journal of Pharmaceutics,2019,563: 271-283.

[277] Xiong Liu, Craig E. Thomas, Christian C. Felder. The impact of external innovation on new drug approvals: A retrospective analysis [J]. International Journal of Pharmaceutics,2019: 563,273-281.

[278] Yann F, Christina M L K, Ke, Howard A S. Biotechnology in Cincinnati: Clustering or colocation? [J]. Economic Development Quarterly,2009,23:127-140.

[279] Yi Q. Do national patent laws stimulate domestic innovation in a global patenting environment? A cross-country analysis of pharmaceutical patent protection, 1978—2002[J]. The Review of Economics and Statistics, 2007,89(3): 436-453.

[280] Yoshiyuki T, Yuya K, Ichiro S Katsumori M. An analysis of geographical agglomeration and modularized industrial networks in a regional cluster: A case study at Yamagata prefecture in Japan[J]. Technovation,2008, 28:531-539.

[281] Young M D. Globalization of the pharmaceutical industry: The physician's role in optimizing drug use, J. Clin. Pharmacol, 1990,30:990-993.

[282] Yu-Chung H. Critical factors in adopting knowledge management system or the pharmaceutical industry[J]. Industrial Management & Data Systems, 2005, 105(2):164-183.

[283] Yu-Shan S, Ling-Chun H. Spontaneous vs. policy-driven: The origin and evolution of the biotechnology cluster[J]. Technological Forecasting & Social Change,2009, 76: 608-619.

[284] Yulia Nedelcheva. Competitiveness in the pharmaceutical industry: A historical overview[J]. Entrepreneurship, 2019, VII(1): 36-47.

[285] Yuti D, Scott O. Examining an innovative financing alternative for mid-stage

biotechs[J]. Health Management,2006，455 Special Topics(Winter)：1-23.

[286] 别春晓,王素,陈玉文.我国医药制造业研发投入影响因素的实证分析[J].沈阳药科大学学报,2016,33(09):748-753.

[287] 蔡宝家.区域体育用品产业集群实证研究[J].上海体育学院学报,2006(1):65-65.

[288] 蔡之兵,张可云.中国标准区域体系划分研究[J].湖北社会科学,2007(6):72-76.

[289] 曹军伟,顾海.基于偏离—份额法评价江苏省医药制造业各子产业竞争力[J].中国药房,2006(8)：568-570.

[290] 曹阳,洪亮,茅宁莹,宋文.跨国制药企业在华研发投资的技术溢出效应分析:基于医药行业数据的实证研究[J].中国卫生经济,2013,32(04):65-68.

[291] 曹阳,张文思.我国医药制造业创新效率及其影响因素的空间计量分析[J].中国新药杂志,2017,26(12)：1351-1356.

[292] 陈国东.长澳牵手美国CRO——主流企业创新提速[N].医药经济报,2008-11-17.

[293] 陈国东.只有创新才能圆制药强国梦[N].医药经济报,2008-11-24.

[294] 陈剑锋,唐振鹏.国外产业集群研究综述[J].外国经济与管理,2002(8):22-27.

[295] 陈晶.科技政策与我国产业研发空间结构[D].中国科学技术大学博士论文,2011.

[296] 陈柳钦.论产业集群竞争力的内涵和性质[J].福建行政学院学报,2009(1)：88-93.

[297] 陈晓东.对江苏沿江医药制造业发展的调查和分析[J].产业经济研究,2005(3):72-78.

[298] 程正中.我国医药制造业投入产出效果实证分析[J].科技与管理,2007(6)：40-42.

[299] 褚淑贞,韩之俊.我国医药产业集群风险投资[J].经济管理,2010,32(10)：46-50.

[300] 褚淑贞.中国医药制造业产业集聚实证研究[J].经济问题,2007(5)：53-55.

[301] 范纯增.姜虹产业集群间互动发展的动力机制、合争强度与效应——以长三角医药产业集群为例[J],经济地理,2011,31(08):1319-1325.

[302] 范纯增.产业集群互动机制研究:以长三角化学医药为例[M].上海：上海交通大学出版社,2015.

[303] 范纯增.医药政策改革与医药行业研发创新[M].上海:上海财经大学出版社,2019.

[304] 顾海.中国医药制造业的区位分析[J].南京社会科学,2007(9)：50-57.

[305] 洪进,李敬飞,李晓芬.两阶段创新价值链视角下的我国医药制造业技术创新效率及影响因素分析[J].西北工业大学学报(社会科学版),2013,33(02)：51-56+64.

[306] 蒋琳,郭文,华雪蔚,周斌.国家药品价格谈判背景下我国专利药品市场分析,世界临床药物,2017,38(05):369-372.

[307] 江岩,曹阳.我国医药制造业产学研合作创新效率评价——基于三阶段DEA模型[J].科技管理研究.2021,41(02)：54-60.

[308] 李明珍.印度医药制造业发展路径、特点及其启示[J].科技管理研究,2011(17)：34-37.

[309] 李树祥,庄倩,褚淑贞.基于社会网络视角的江浙沪地区医药产业空间分布特征分析[J].中国医药工业杂志,2018,49(07)：1027-1032.

[310] 李瑱玲,冯国忠.我国医药产业创新效率测度研究——基于三阶段 DEA 和 Malmquist 模型[J].广东药科大学学报.2018,34(05)：623-628.

[311] 吕建黎.江苏医药产业集群集聚力研究——基于生命周期理论视角[J].产业与科技论坛.2016,15(12)：29-31.

[312] 彭司勋主编.中国医药统计年报[M].北京：中国医药出版社,2014：111-201.

[313] 彭司勋主编.2007 中国药学年鉴[M].上海：第二军医大学出版社,2008：251-253.

[314] 彭司勋主编.2008 中国药学年鉴[M].上海：第二军医大学出版社,2009：251.

[315] 任冲.印度制药业走向世界模式探究——以印度制药业巨头瑞迪博士制药厂(DRL)为例[J].东南亚纵,2012(1)：75-81.

[316] 尚洪涛,黄晓硕.中国医药制造业企业政府创新补贴绩效研究[J].科研管理,2019,40(8):32-42.

[317] 谈维,王硕,郭冬梅.我国国家级医药创新型产业集群的发展现状[J].中国医药导报,2019,16(09):176-180.

[318] 王美华.中国医药迈向创新[N].人民日报海外版,2021-02-02.

[319] 王彦芳.医药制造业竞争态势分析及战略选择[J].商业时代,2006(3)：7-9.

[320] 吴晓隽.美国生物医药产业集群的模式、特点及启示[J].中国科技论坛,2008(1)：132-135.

[321] 新垣结一.政策利好、资本涌入,中国如何补足生物医药落后美国 20 年的差距[EB/OL].(2018-07-05). https://www.sohu.com/a/239379871_397362.

[322] 徐锋,李兰冰.中国医药制造业综合效率评价:基于双阶段效率评估模型[J].中国行政管理,2013(3):85-88.

[323] 徐俐颖,翁坤玲,蒋丹,褚淑贞.基于三阶段 DEA 的我国医药产业创新效率评价研究[J].中国药房,2020,31(16):1921-1926.

[324] 杨舒杰,郭玮华,王瑞麟,陈晖,武志昂.我国医药产业专利技术结构演变分析[J].中国医药工业杂志,2019,50(07):814-817+822.

[325] 曾焕恒.我国医药制造业市场绩效影响因素实证分析[J].中国药房,2008(13)：961-962.

[326] 张少兵.长三角地区医药产业链发展现状分析[J].江苏商论,2008(1)：165-167.

[327] 赵丹,颜建周,邵蓉.医药产业"接力式"创新模式研究——基于丹诺瑞韦的实证分析[J].中国医药工业杂志,2018,49(06):864-868.

[328] 赵玉林,邢光卫.我国医药制造业区域竞争力评价[J].经济问题探索,2007(11)：63.

后　记

本书的撰写得到上海交通大学行业研究院2020年和2021年行研资金及国家统计局上海调查总队统计重点研究课题"长三角一体化背景下的产业链发展研究"(No.21Z970202940)的支持,得到了国家自然科学基金重点课题(No.71333010)、上海市政府重点课题(No.2016-A-77)、上海市科委重点课题(No.066921082、No.086921037、No.08DZ1206200)及上海市政府咨询课题(No.2016-GR-08、No.2016-GR-08、No.2009-A-14-B)等课题的支持,同时得到上海交通大学安泰经济与管理学院出版基金的支持。

医药产业是一个支持人类生命健康的关键产业。医药产业的重要产品之一是药品,药品的质量和疗效事关患者的疾病治疗水平和生命长短与生活质量。医药产业又是一个高风险、高投入的产业。因为新药研发首先需要大量基础研究,然后从5000—10000个化合物中选择出成药可能性较大的化合物,经过复杂的研究过程才可能最终得到一种新药。这个过程包括临床前的研究、临床1期、临床2期、临床3期、审批上市乃至临床4期研究,还需要对上市后药物进行安全性评估和管理等多环节的复杂处理。一种新药的研制一般花费10多亿美元乃至20多亿美元,付出10年或更长的时间。

由于医药产业关系到生命健康、民生福利,因此需要政府制定各种政策,密切管理,激励研发创新,生产更多质量高、疗效确切、价格合理、患者支付得起的药物,以提高国民福利。

长期以来,我国医药产业因为投入、技术、制度、政策、研发能力等多方面因素,呈现出重生产流通、轻原发创新、药价虚高、药品质量良莠不齐、新药注册审批缓慢、重复建设和恶性竞争等现象。药品的生产以普药和低值仿制药为主,原发创新药较少。这一局面无法满足新时代国民日益增长的对高质量药品和高疗效新药的需求。因此,近年来国家开启了前所未有的深度改革,涉及减降医药价格、提高药品质量、鼓励新药研制等,几乎涉及医药产业发展的各个环节。其中激励研发创新是核心和关键内容,只有医药产业资源更多地投入到首仿药、难仿药、孤儿药和新药研发创新,才能解决当前的医药产业发展的诸多问题,生产的药品才能不断满足国民日益增长的需求。当前若干医药新政出台的效应如何？医药产业在医药新政下的绩效如何？新政下医药产业研发创新的阻制因素有哪些？如何快速提升我国原研新药的创新动力和能力？对这些问题的回答是落实医药新政、促进研发创新的关键。

前车之鉴,后事之师。国外成功的经验虽无法照搬,但也许会给我们的医药新政及其研发创新带来一定的启发和启示。美国作为世界上生物医药最为发达的国家,其医药产业总体非常成熟,医药创新政策与制度较为完备,医药创新生态系统富有活力,综合创新能力很强。因此,研究美国医药行业研发创新动力对中国医药产业研发创新乃至医药行业可持续的快速发展具有重要意义。

本研究基于作者 2013 年、2014 年、2015 年、2020 年对美国医药行业研发创新进行过多次实地考察,目睹了美国不断快速发展的医药行业,较详细地了解了美国医药分离、多重分诊机制与患者的基本支付机制,不同州、城市对生物医药的政策支持差异及联邦政府对生物医药的强力支持机制,收集了大量关于美国医药研发创新的翔实资料。基于对美国医药发展的历程,美国医药研发研究的现状,对美国医药研发创新的机制、政策与制度的分析,利用系统的数据库资料计量分析了美国医药研发创新的动力,并总结了美国医药研发创新的启示。

本书写作过程中得到上海交通大学安泰经济与管理学院顾海英教授和史清华教授的大力帮助,在此深表谢意！本书写作也得到了上海交通大学行业研究院的大力支持,得到了医药行业研究团队诸位成员的大力支持,在此表示感谢！感谢美国加州从事医药研发的丁吉新博士,美国印第安纳大学的谷红梅女士,加拿大西安达略大学的王静博士、卞学兵博士后及 John Whalley 教授,美国华盛顿大学的赵鹏飞博士后,美国康涅狄格大学的张传荣教授,曾在喜康生物医药、菲吉乐科生物医药、Sanofi 中国、葛兰素史克中国任首席医学官/医学总监的陈兆荣博士,上海交通大学转化医学中心的彭大银书记,上海交通大学转化医学中心的刘瑶博士,宿迁人民医院的王彦杰主任,国家统计局上海调查总队的甄明霞处长、山东大学的王军教授,华南农业大学的金丰良教授,聆听他们的演讲及与他们的交流对本书的完成也起到很大的支持作用。也得到上海交通大学对外联络中心主任黄淑娟老师、复星集团的王琳总经理的大力支持,在此深表感谢！

硕士研究生李康隆从收集数据到数据处理做了大量的工作。王许、吕锋、崔智森、金玉婷、庄盛义等硕士生及 MBA 同学也为本研究查阅、整理了部分数据并参与了讨论。

  本书能够出版离不开上海财经大学出版社的邱仿女士、刘光本博士的鼎力支持,在此深表感谢!

  由于水平有限,本书中的缺点和错误在所难免,敬请广大读者包涵和批评指正。

范纯增
2021 年 10 月 18 日